點燃成功之火的
哈佛專注力革命

# 完全沉浸
# LIT

Jeff Karp, Ph.D.
傑夫・卡普
Teresa Barker
泰瑞莎・巴克——著
陳筱宛——譯

LIT:
Life Ignition Tools: Use Nature's Playbook to Energize Your Brain,
Spark Ideas, and Ignite Action

# 目次



## 1

## 扳動開關：什麼讓你裹足不前？

打斷日常慣性模式，做出刻意的改變。

# 4

## 積極探索機會：到處發掘點子、見解和靈感

訓練大腦探索多元體驗，並抓住機會。

## 5

## 刺激你的大腦：注意力是你的超能力

懂得有意識地運用經過鍛鍊的注意力。



## 6

## 愛上動起來的感覺：這是演化成功的關鍵

不只是運動，對一切形式的身體活動都欣然接受。

# 7

## 愛上練習：品味大腦發達的樂趣

享受重複帶來的獎勵，體驗逐步改進的喜悅。

# 8

## 做不同的新鮮事：邀請驚喜和意外發現的方法

把玩細微差異與新奇之處，就能產生新的可能性。



# 9

## 失敗不是重點：爲再出發蓄積能量

從成功的角度重新詮釋失敗，並從中反思。

# 12

## 擁抱大自然：讓你的根煥發活力

擁抱你在自然生態系的位置，連結生命強大的資源，讓自己茁壯成長

推薦序

# 點燃內在的專注引擎，讓每個人都能創造自己的高峰時刻

周博

身爲長期投入教育與學習策略研究的工作者，我經常被問到：「專注力能訓練嗎？」、「我是不是天生不適合深度工作？」

在閱讀《完全沉浸LIT》這本書之後，我理解高度專注，其實來自一套可以反覆實踐、具體操作的工具與環境設計。

這本書最令我驚豔的是，它不講空泛理論，而是以作者傑夫・卡普自身從ADHD孩童到哈佛實驗室創辦人的眞實轉變爲例，誠實地揭露了他如何從「無法專注」的人，靠著十二個「LIT專注工具」，逐步走入人生的高峰表現區。

書中每個章節都像一場深入腦內的專注力工作坊，從習慣設定、任務分解，到情緒掌控與環境布局，每個工具都經過親身實測與科學驗證。它告訴我們，專注不只是一種狀態，更是一種可以訓練的肌肉。更重要的是，這些方法並不僅限於頂尖科學家，任何一位對學習與生活品質有所追求的人，都可以從中找到適合自己的方法。

我尤其感動於作者不斷重申的一句話：「最強的專注，不是抵抗分心，而是主動點燃熱

情。」這點燃不只是技巧，更是一種價值選擇。我在實際教學中，常見學生因目標模糊、情緒被動而難以進入深度學習，但我相信透過本書的LIT工具，能協助他們從日常中刻意設計出高專注場域，慢慢建立起自我驅動的能力。

如果你曾在學習中迷失方向、工作中感到卡關，這本書會是一場啓動的革命。它不只是談專注，更是在教你如何掌握生活的節奏，重新選擇自己的成長節點。

這是一本我會反覆閱讀、並推薦給學生、教師、創業者與職場專業人士的書。因爲它眞正做到了：讓人相信「完全沉浸」不是天賦，而是一場可以被複製的個人革命。

（本文作者爲《周博教你高效閱讀做筆記》粉專版主、閱讀與學習策略講師）

## 推薦序

# 不是你不夠努力，是你少了這把點火器——來自哈佛的ＬＩＴ人生工具箱

黃貞祥

讀完《完全沉浸ＬＩＴ：點燃成功之火的哈佛專注力革命》，我不禁心有戚戚焉。這不僅是一本教你「怎麼專注」的書，還是一本幫你重新相信「自己值得發亮」的書。

本書作者傑夫．卡普，是哈佛與麻省理工的生醫工程教授，擁有百項專利、十二家新創公司、超過三萬五千次學術引用。但若倒帶至他在加拿大的混沌少年時，那卻是一幅濁世難清的畫面。他有學習障礙、有注意力不足過動症（ＡＤＨＤ），是老師眼中的「問題學生」，甚至被老師當眾羞辱爲「盲人領瞎子」。這樣的出身，竟能浴火重生、脫胎換骨，不得不令人拍案叫絕。

我身爲一位從馬來西亞成長、一路被老師放棄的「野孩子」，感同身受。童年常被罵無藥可救，考卷和作業常一片空白，課堂外胡作非爲，球拍當刀劍，笛子成暗器。當年若不是命硬，八成早已中輟，遑論博士、教師頭銜。當時，資源匱乏、教育保守，我的狀況若發生

在今日，或許會被診斷爲「亞斯伯格症候群／自閉症譜系障礙」及ADHD。

所以當看到卡普用自己的經驗，提煉出十二套「人生點燃工具」，讓人即使身處雜音重重、干擾不斷的現代社會，也可以破繭而出、心流再現，我心中的共鳴，如黃鐘大呂般震盪不已。

卡普，不是心理學家，卻用科學的手術刀解剖心智機制。他不是宗教家，卻像牧羊人一樣，領我們從混亂的大腦草原穿越到名爲「心流」的綠洲。幼時被視爲問題學生，甚至被建議退學，他卻臥薪嘗膽、破繭重生，寫下這本既具學術分量又接地氣的書。

這本書的核心，就是LIT。聽起來抽象，但卡普透過十二種具體可行的策略，一步步帶我們破解分心、啓動專注、創造改變。他不是在空中畫餅，而是以自己「從地獄爬出來」的親身經歷，示範如何化腐朽爲神奇。這些工具不只是理論，而是在實驗室與現實生活反覆驗證的實戰兵法。

看到卡普談「培養探究精神」，我想起了自己兒時總是被老師當成是「死路一條」的學生，從來沒人教我怎麼問問題，只會叫我閉嘴。但卡普說：「提問，是連接未知與可能的橋梁。」這句話讓我如醍醐灌頂。

卡普在書中提到大腦的可塑性與適應力，是人類進化賦予我們的禮物。他用神經科學說明「心智肌肉」能透過訓練變得更強壯。這不是畫大餅，而是實實在在的、經過千錘百鍊的科學結論。

全書節奏明快、章節分明，每一段都像點燃火花的火柴。從「發揮想像力」到「擁抱大自然」，從「按下暫停鍵」到「照亮世界」，你會感受到卡普的眞誠、他的燃燒、他的使命感。他不是教你變得偉大，而是教你看見：你原本就可以很偉大。

這不只是一場專注力的革命，而是一場對抗自我設限的逆襲，是一封寫給每個曾被誤解、被忽視、被低估的靈魂的情書。卡普用一把火，把我們內在早已熄滅的那盞燈，一根一根地重新點亮。

如果你曾懷疑過自己，請翻開這本書。如果卡普和我都做得到，你也一定可以。如果你正被生活壓得喘不過氣，更要讀它。這本書不是藥，但它是火——一把讓你重新相信自己、重新相信未來的火。

因爲你本來就可以「發亮」。

（本文作者爲國立清華大學生命科學系副教授、GENE思書齋齋主）

前言

# 男孩的旅程

這宇宙充滿神奇事物，耐心等待人類變得更睿智。

——伊登・菲爾波茲，英國作家、詩人和劇作家①

身爲二十一世紀的公民，時常感覺這世界正在失控，超出**我們**能控制的範圍。災難與失序的陰影籠罩我們心頭，揮之不去。焦慮和憂鬱已被宣告爲公衛流行病。②有時候，我們對掌握自己人生的能力感到遙不可及，乾脆選擇放棄。我們無法按照自己想要的方式集中注意力，也無力抗拒當下的干擾和要求，只好任由自己隨波逐流。面對駭人的新聞，火藥味十足的推文與簡訊、鋪天蓋地的廣告和網紅行銷，以及別有企圖的媒體和社群媒體演算法無時無刻在吸引人的注意力，我們也只能被動反應。

我是以樂觀主義者的角度說出這番話，我相信人性本善，也相信人類確實關心其他生物

（包括彼此）和地球的健康。即便如此，有時我們還是覺得很難按照自己的意圖行動，創造眞心想過的那種生活。不過，有兩個理由讓我抱持樂觀態度。

首先，我們開始意識到自己此時此刻的職責，也具有解決地球問題的潛能。科學近來結合原住民的知識和深厚的專門技術，不斷找到新證據，證明這個星球上的生命間存有複雜的相互關係。隨著我們逐漸認清自己在生態系當中的角色，以及我們（往往會帶來破壞）的選擇引發的複雜影響，就更明白新穎、創新思維的迫切需求。我們不能再假裝對現況或危機一無所知，更不能盲目接受漠視後果、混淆我們直覺感知並讓人動彈不得的文化規範。

另一個理由是：我們也逐漸意識到，無論境遇如何，我們都渴望活出有意義、有目標的人生。我們想要人際關係良好、工作有成就感，也想從中得到快樂。但我們知道，這一切不能坐等別人來實現，必須自己來。

最棒的是，神經科學告訴我們，大腦有能力勝任這項重任。人類大腦具有可塑性與適應力，渴望合適的挑戰。大腦能發揮創意、學習新知，即使到老也依然如此。這正是我們擁有、可以掌控的能力，是我們的演化遺傳，是大自然賦予我們的生存指南。我們可以選擇活化能喚醒大腦的神經網絡，扳動使感官活躍的開關，以及刺激思考過程，甚至超越自己原本認定的極限。

我們要從哪裡著手？該如何濾除雜訊和干擾、克服慣性和其他障礙，設計出自己想要的生活？生活在喧囂的現代世界中，我們又該如何拿回一些控制權，施展自己與生俱來的能力，專注在最重要的事情？

或許，最適合傳授因應之道的人選，正是最需要在注意力和學習挑戰上費勁奮戰的那些人。因爲他們當中有很多人在這個充滿持續刺激、干擾和壓力的世界中，已經鍛鍊出茁壯成長必備的技能。

你問我怎麼會知道？因爲我就是其中一員。

## 我的發亮旅程

身爲哈佛醫學院與麻省理工學院教授，我很幸運，有機會向醫學、科學和科技界中最富原創力的人學習，並與他們合作。可是我本來「不該」身在此處。沒有人預料到我會有今天的發展。

我在加拿大鄉下讀小學，當時的注意力和果蠅一樣短暫，得拚命努力跟上進度。閱讀、寫作、課堂討論和老師的教學，我通通無法理解。這不只是因爲我容易分心、大腦運作方式和大多數人不同，而是我感覺自己的心思是完全敞開，始終和這個世界、宇宙融爲一體。對我來說，將事物拆解開來定義、硬要確切說明想法、再把學習局限在我看來是片段資訊的內容中，感覺很奇怪。我認爲，如果新知識不斷讓舊想法變得過時，那比較合理的假定是：萬事萬物都處在不斷變化中——不僅僅是我們周遭的世界，也包括我們對這世界的理解。在我看來，學校感覺比較像是博物館，而非工作坊。我花了好大工夫才能縮小注意力範圍，讓學習內容能進入、黏住，然後留下。

再說，我是個焦慮不安的孩子，無法放鬆做自己，無法坦然以「古怪的孩子」自居，因為我感覺自己比這更糟：像個外星人、異類。我很早就明白，有很多事我「理當」去做，偏偏這些事沒有哪件對我是輕而易舉或合情合理的。更讓我煩惱的是，它們大多感覺不像是正確的行動，而且錯得離譜。當老師問我問題，無論透過試卷或在課堂上，我時常發現那個問題本身模糊不清，往往無法作答，而「正確」答案似乎只是眾多可能性的其中之一。（至今這仍舊困擾我，使我在督導孩子做功課時幫助有限。）因此，我的學校生活大多是在盡力弄明白、解讀和符合他人的期望。

上幼兒園時，我每天都得爬上古老磚造建築的階梯，經過校長辦公室，走下走廊，才能到達我的教室。教室裡有說故事時間專用的方形大地毯，還有許多書和互動玩具。我跟大多數幼童一樣，既好奇又精力十足。我坐不住，一切都讓我好興奮。我想到處探索，東看看西摸摸。要我坐在椅子上好幾個小時乖乖聽老師說話，實在不可能。我的幼兒園老師鼓勵大家：「假裝你的屁股黏在椅子上。」我心想，**好吧，這我做得到！**我用手指抓住椅子底部，把椅子抵在屁股上站起身，在教室裡搖搖擺擺地走動。全班同學都咯咯偷笑，老師罰我去校長室報到。那一年，我跟校長變得很熟。

到了小學二年級，我的同學彷彿擁有超能力，可以破解書本上的奇怪字母。可是我的心智無法理解它們，也不懂其他同學怎麼有辦法念出那些字母，還用它們拼出文字。我媽媽試過自然發音法、字卡，什麼方法都用了，但是那個學年結束前，老師還是建議我留級。

媽媽很想幫我，替我報名專爲有學習障礙孩童開辦的暑期班。在那裡，我得到一對一的指導。老師從我的強項著手，我因此表現得很不錯。暑假結束時，一位私人教育顧問建議我回到正規學校，在普通班和同學一起升上三年級，同時在安靜的資源教室接受補救教學。

可是我的三年級老師看不見暑期班老師眼中的那份潛力。這個老師給我貼上「問題學生」的標籤，此後它在我大半個學校生活裡總是如影隨形。有一次考試，她用直立式折疊隔板圍住我的課桌，然後說：「好了，這樣你就不能東張西望，也不會分心了。」接著她拿出馬表幫我計時，這讓我很焦慮。她當著全班的面這麼做，班上每個人都跟著她取笑我。我常常是大家嘲弄的對象。

有一天，我注意到有個同學很不會解數學題。我想幫忙，就走過去打算教他怎麼解題。那個老師揶揄地說：「哎呀，這豈不是盲人爲瞎子帶路嗎？」我聽了滿頭霧水。盲人爲瞎子帶路是什麼意思？我又不是盲人！爲什麼她這麼說？

那天晚上，我問媽媽這件事。她讓我在床邊坐下，接著深吸了口氣，說：「你的老師是渾球，但你還是得尊敬她。你必須盡力這麼做。」

我努力遵循媽媽的建議，偶爾會表現得很出色。我多次參加演講比賽，而且屢屢獲獎。媽媽帶我去上電腦程式設計課，第一堂課結束後，授課老師在教室門口遇到我媽，對她說：「不用再帶他來上課了，他已經懂得比我多。」

可是有很多技能，尤其是熟記，是我做不到的。（至今我仍會忘記剛才正在想什麼，而且往往需要把同一份資料讀過二十遍才能逐漸理解。）我總是無法專心，加上在理解上格外費勁，學習進度緩慢，進一步讓可能得到的回報變得更少，也打擊了我的信心。

我是老師眼中難解的謎，在傳統學術標準下的異類，社交上徹頭徹尾的邊緣人。年復一年，許多老師放棄了我。有個老師說我是「懶惰的騙子」，另一個老師告訴我：「你在現實世界絕對混不下去。」我四年級的成績單上滿是C和D※，五年級和六年級的狀況也沒有起色。我非常洩氣。要不是我頑固的媽媽，還有七年級班導師兼理科老師萊歐．考區（Lyle Couch），我可能早就放棄自己了。考區老師著眼於我的獨特強項，對我多方鼓勵。

也是這一年，我媽繞過學校的行政管理系統，直接說服教育局。一份正式的鑑定確定我有「溝通障礙」，也就是我不擅長從某種媒介（比如從黑板或書本）擷取、吸收與理解資訊，進而回答某個問題，或將這些資訊轉移到另一種媒介（如筆記本或作業簿）上。教育局接受了這個學習障礙診斷，同意在時間和學習評量上給予我長久以來一直被剝奪的特殊調整。

注意力不足過動症（ADHD）是我後來被診斷出的其中一項狀況。今日社會對過動症有更充足的理解，也發展出專爲過動兒（和成年過動者）培養自律技能的實證方法。但是在那個年代、那種環境，唯一的選擇是隨機應變。

多年來，我慢慢培養出動機，也變得更堅持不懈。當時我並不知道自己學習的進化歷

---

※加拿大小學的學期成績單不打分數，而是以A、B、C、D四個等第表示，依序分別代表：優秀、良好、滿意、尚需努力。

程，正好呼應了神經元如何變化與成長（也就是神經元如何學習）的兩大基本概念：**習慣化**和**敏感化**——這也是生物對反覆接觸刺激的反應。這正是神經科學家艾瑞克．肯德爾（Eric Kandel）後來認定為海蛞蝓和人類在學習與記憶上共同擁有的基礎機制。（海蛞蝓只有兩萬個神經元，而人類估計有大約八百六十億到一千億個神經元，這還不包括連接它們、估計有一百兆到一千兆個突觸！）③習慣化指的是我們對刺激的反應會變得比較遲鈍，如同你對窗外的行車噪音可能會愈來愈沒有感覺。敏感化則相反，是我們的反應變得更強烈，比如某個聲音、氣味，甚至對某件事的念頭成為觸發因素時，就會發生這種情況。

我拿自己做實驗，學會善用這兩種機制。我發現幾種基本方法能讓大腦習慣某些刺激（例如：那些令我分心的尋常事物），又對其他刺激保持敏感（使注意力更敏銳），因此能將漫遊的心思拉回來，並有意識地改變神經突觸傳遞訊息的方向。以前在我念書的自習室裡，座位旁一度有座彈珠台，背後還有架電視機。我學會忽略它們，並以打彈珠當成完成作業的獎勵。

久而久之，我的覺察力愈來愈敏銳，知道如何刻意把持大腦的運作歷程，讓它根據需要減弱反應或更準確聚焦。結果是：我能專注在看起來最有意義的事情上，並堅持到底；當機會來臨時，也能發揮最大的影響力。我不斷改進微調，直到學會如何運用這些強大的工具，發掘我稱為「發亮」（LIT）的高度敏銳意識和深度沉浸狀態。

我稱它為**「發亮」**出於兩個理由。首先，**發亮**傳神地描述靈感閃現給人的感受——彷彿一道耀眼光芒劃破黑暗，或是一顆火花點燃你的思維。當你突然頓悟、充滿敬畏，或者純粹覺得超級興奮時，就會感受到這種火花。其次，在研究這些時刻的科學家眼中，**發亮**就是它們看起來的模樣。全然沉浸的狀態會活化大腦（還有腸道）的神經元，也會促使大腦血流增多，只要神經科學家使用功能性磁振造影（fMRI）就能看見這種變化。在螢幕上，這些含氧血液會讓原本灰色的腦部影像亮起點點的橘黃色活動熱點。新興科學顯示，這種神經活化不僅和特定認知活動或情緒（比如恐懼和憤怒）有關聯，也和愛、敬畏、幸福、樂趣，以及「巔峰狀態」或心流息息相關。[4]

我對**發亮**的看法是，它是一股生命力，一種在大自然、宇宙和每個人身上律動的能量。它驅動我們與世界產生連結，也驅動了好奇心，這些特質是人類與生俱來（儘管並非人類獨有），深植於DNA中，形成我們追求驚奇或「一體感」的迴路——這在嬰兒與幼童身上展現得淋漓盡致。由於我們遺忘了自己閃閃**發亮**的嬰兒時期，因此必須刻意努力解鎖並接通這股能量流。出人意料的是，我們可以透過生活經驗輕鬆地做到這一點。如同所有旅程中總有挑戰得克服，也不免有障礙或情勢削弱了**發亮**的連結，但這些都是可以解決的。唯有全心投入人生的歷險中，才能完全激發**發亮**。要點燃它，往往只需要一絲微弱的火花。

這個**發亮**火花，是大腦接通了關鍵轉化能量的機制，啓動了我們的感官和思考歷程。在**發亮**模式下，我們會發揮最高水準的能力，全心投入，這不僅鍛鍊出保持專注的「心智肌肉」，也建立信心和敏捷，才能迅速吸收新資訊、靈活應對。我們更有可能運用批判性思考的技巧，防止自己盲目接受別人告知或灌輸的事，尤其當直覺認爲事有蹊蹺時。我們也會更容易與人建立關係、更意識到周遭的各種可能性，也更有能力把握它們。在不斷補充的能量流當中，我們持續學習、成長、創造和迭代。我們一邊做出最佳成果，一邊拓展自身能力。

當我逐漸精練出一套能隨意活化自己大腦的種種策略時，也發覺十二種易於使用又不敗的方法，總能對應當下所需（無論是什麼）開拓我的思維。無論是引導我的注意力或打斷它、讓注意力更聚焦或更廣、做一些讓自己興奮或靜下心的事，這套**人生點燃工具**（Life Ignition Tools, LIT）對我有用，在我與人分享這些工具後，發現它們同樣對其他人有幫助。

發現自己可以隨意進入那種**發亮**狀態，改變了我和各種障礙的關係。在物理學中，慣性是物體抵抗其運動速度或方向被改變的一種性質。除非有外力介入，否則靜者恆靜，動者恆動。重力和摩擦力會讓滾動的球慢下來，飛快一踢能讓它加速。打個比方，**發亮**就是打破慣性，讓球動起來的那記飛快一踢。就我的經驗看來，無論這種慣性來自外部阻力、習慣、冷漠，或是停滯太久的低潮，多年來且直到今日，當我處在這種大腦狀態下，任何事都阻止不了我，因爲我**發亮**了。

一學會如何應對自己的神經非典型發育、好奇心旺盛與混亂的大腦，我就發現，身爲生物工程師和企業家，有無數機會可以在全球提問、創造和創新，也能幫助別人這麼做。這套人生點燃工具帶我從困惑又沮喪、在加拿大鄉下的特教教室受人排擠的孩子，變成生物工程師和醫療創新者，還獲選爲美國國家發明家學院、英國皇家化學學會、美國醫學與生物工程學院、美國生物醫學工程學會，以及加拿大工程院等單位的院士與會士。身爲大學教授，我培育了超過兩百名學生，其中許多人如今是全世界各大學術機構的教授，以及產業界的創新者。我發表了一百三十篇通過同儕審查的論文，引用次數超過三萬次，並取得超過一百項獲證或申請中的美國專利與國際專利。這套工具也幫助我共同創辦了十二家公司，有的產品已問市，有的還在開發中。最後，多虧這些工具的協助，我的實驗室才能創造出多產高效、相互支持、想法活潑、活力十足的環境，最近從卡普實驗室（Karp Lab）轉型爲「加速醫療創新中心」（Center for Accelerated Medical Innovation）。

對我這個小時候被說沒前途、年輕時又長年受挫的人來說，人生點燃工具很有效。我受邀在二〇一一年回到高中母校爲畢業典禮致詞，也是該校首批傑出校友入選者；同年另外兩位入選者是更早畢業的校友，兩人都是加拿大指標性搖滾樂團「我是大地母親」（I Mother Earth）的成員。這個教育體系中，有許多教過我的老師曾認爲我未來成功的機會很渺茫。

雖然我每天仍舊以各種方式努力奮鬥，但很高興能說，這套人生點燃工具讓我不僅達成那些曾不被看好的早年期望，甚至還遠遠超越。但我最興奮的是，這些工具爲其他人帶來的變化。我的實驗室成員離開後會繼續成立自己的實驗室或創辦其他企業，不斷展現他們的工作對世界帶來難以估量的巨大影響，因爲他們致力於讓世界變得更好，推動各自領域的進步，並改善數百萬人的生活。在接下來的章節，你會認識其中一些人。

如果希望在科學和醫療上取得重大突破；如果想在各個方面實現成功且顛覆性的創新，進而支持更健康的社區；如果想排除雜訊，專注在最重要的事情上……就必須學會如何運用大自然法則中的所有工具，也就是我們在演化過程中發展出的「軍火庫」。我們必須顛覆自己的思維模式——不是偶爾，而是每天。

在實踐時，人生點燃工具讓我們能利用與生俱來的任何特質，包括不理想或無益的行爲與習慣，並刻意引導當中的能量，創造出正向結果。這比你想的簡單很多，因爲你愈常這麼做，獎勵、動力和正面影響力就愈大。用這種方式爲大腦充電永不嫌晚，更不用說對那些還年幼的孩子了。人生點燃工具其實可說是孩子的救命繩，如同它們當年拯救我一樣。

## 發掘神經多樣性

有些人認定自己不具備高度創造力和專注力，或者無法保持高水準的生產力、紀律和投入感。很多時候，人會相信這種謊言，是因爲從小接收到的訊息。在任何搜尋引擎中輸入「名人的失敗經歷」，你很快就會得知，教育工作者曾認爲愛因斯坦的學習能力很差、愛迪生「腦袋裝漿糊」，不值得讓他繼續上學。[5]華特．迪士尼曾一度遭開除，因爲上司認爲他「缺乏想像力，想不出好點子」。歐普拉有位雇主曾說她「不適合電視新聞這一行」。

這些只是被人記錄下來的故事。仍有無數不爲人知的人曾被認定是失敗者、成績落後、學習遲緩、格格不入、能力不足、不積極，最終卻取得不凡的成就。我相信，你肯定認識幾個這樣的人。如今我們知道，許多學生之所以學得很辛苦，是由於學習方式與大多數同儕不一樣，或是因爲別人一直告訴他們不擅長數學或閱讀，因而深信自己永遠學不會。已故英國作家、演說家、國際教育和藝術顧問肯．羅賓森在史上最多人觀看的TED演講〈學校扼殺了創意嗎？〉中提到，這樣的結果是：「我們的教育抹殺了學生的創造力」。政治壓力只會讓情況益發惡化，持續窄化能培養學生批判性思考能力的內容與教學。這些內容與教學包括了解學生都是有能力的學習者，在很多方面展現多樣性，每個人生來都具備成爲重要貢獻者的潛能。

說來令人驚訝，孩童只需要短短一**小時**的教學就懂得：只要努力，就能提高自己的智力。[6]根據全美學習心態研究（National Study of Learning Mindsets）指出，孩子一旦學會這項重要的道理，學業成績就有顯著的進步。[7]許多年輕人需要一個導師，需要有人推他一把。獲得知識並非只有一條路。

社會本身，以及身爲社會性動物的我們對融入與歸屬感的渴望，可能也會抑制創造力和批判性思考。我們出生、成長、受教育、工作的環境，很大程度受到超出個人控制的文化力量影響，而這些力量的變革極爲緩慢。學校會成爲眾矢之的，是因爲百家齊鳴且往往對立的教育學、政治和公眾輿論在此交鋒，這些力量扼殺了孩子和許多充滿熱忱的老師。[8]畢竟，人類的神經多樣性並不局限於「特立獨行的大腦」。神經多樣性代表了**所有**心智、所有孩童。每個人（包括你在內）在這段巨大光譜上都有各自的位置。正因如此，所謂的天才其實會以許多不同的形式展現，遍布人類活動的各種領域與整個人類社群，不會只局限在少數備受矚目的人士。珍貴的潛力遭埋沒，只是因爲我們沒能認出它的存在。

科學家與作家天寶．葛蘭汀，以研究動物行爲和身爲自閉症患者的生活經歷而聞名於世。她曾描述自己在工作與生活中，可以帶入特別的專注力和高度投入去面對複雜挑戰的能力。當我們談到她怎麼會投入科學研究這一行，以及是什麼機緣令她想讓更多人更容易了解動物行爲的複雜議題，她告訴我：「自閉症患者能看出事情的簡單本質。」身爲教育運動人士，她呼籲眾人更關注神經多樣性的價值，尤其是視覺學習，並警告要是教育實務辜負了這些學習者，等同辜負我們社會。她在《紐約時報》發表的一篇文章中寫道：「今日，我們希望學生能成爲各方面均衡發展的人；那就應當思考如何確保我們提供的教育也面面俱到。」擴散性思考（divergent thinking）的某些特徵和技能組合「對於創新和發明至關重要」，同時也是「社會眾多問題能找到實際可行解方不可或缺的要素」。[9]

不只葛蘭汀，還有其他人也發現，他們那些在某些情況下被視爲「缺陷」的不尋常心智特質，結果卻變成自己最強大的資產。生物多樣性和每個物種的貢獻，都是地球生命演化的力量。每個人的大腦詮釋的世界各不相同，這種多樣性對全體人類也具有重要價值，因爲多樣性讓集體智慧變得更聰明。

羅賓森曾說：「所有的孩子展開求學生涯時，都擁有妙趣橫生的想像力、豐富的思維模式，以及願意冒險思考的勇氣。」[10]他在《讓天賦自由》一書中寫道：「關鍵不是標準化教育，而是個性化教育。教育的成就應該建立在發掘每個孩子個別的天賦，讓學生處在一個渴望學習、能自然而然探索出自己眞正熱情所在的環境中。」[11]

當學校變成以效率主導的學習工廠，舉凡課程、教學、考試和評鑑莫不追求效率時，每個人都得不到應有的教育。這對於被困在邊緣的孩子尤其嚴重，但任何排擠多樣性的地方，所有人都會失去創造力的催化劑。

當我們努力推動體制改革（即使這個過程可能進展緩慢），仍需要將重點聚焦在爲自己和孩童擬定一套可以解鎖潛能的人生策略。我們可以自行採取行動來培養好奇心、創造力和積極地全心投入世界。羅賓森將它比喻成採礦：「人類的才能就像自然資源，往往埋得很深。你必須去尋找，因爲它們不會就閒置在地表上。你得營造讓它們展現出來的環境。」⑫葛蘭汀在我們的對談中提到，必須爲孩子打造一個能拓展潛能的學習環境，提供選擇和後果，對他們釋放潛力的能力抱持信心。她說：「你得讓這些孩子施展本領，但不是讓他們毫無準備就得獨自應付難題。」我們全都需要這種發揮機會，讓學習和生活生動有趣。⑬

## 能量轉移，「發亮」的關鍵

當我探討、尋找**發亮**心理狀態的科學解釋或基本理解時，聽見來自科學家、心理學家、哲學家、行動家和其他人的各種見解。就像盲人摸象的寓言一樣，每個人觸及到關於**發亮**現象的某個關鍵眞理，都是從自己的專業知識或經驗的視角出發。然而，對我來說，能統合這些觀點的核心原則，其實就是一個簡單的概念：**能量**。

身爲科學家，我承認自己特別熱中於用「能量轉移」概念來理解萬物運作的方式，無論是工程壯舉、自然生態系統、婚姻，或是有感染力的鼓舞。植物透過光合作用，將太陽的能量轉化爲自身成長所需的能量，最終也成爲人們的能量，因爲我們透過食物攝取這些儲存的能量。但這個過程並不止步於此——每一次的能量轉移，都會引發另一場轉移。我們攝取能量維持生命，接著在工作和生活中轉化成行動，並與彼此和所處環境互動。在每一次互動中，我們都在傳遞能量，讓能量運轉。能量轉移是自然界固有的過程，我們也涵蓋其中。

人類本質上是充滿能量的生物。能量場在人體、心臟、大腦、皮膚、肝臟、腸道，以及所有原子成分當中不斷發揮作用。我們對所處環境、對他人及其言行，或是對自己念頭的每一個反應，都會改變體內原子的運動，進而改變內部的能量場，以及我們產生並向外傳遞的能量。當我們說，做某件事會覺得「精力充沛」，無論它是努力實現目標或見朋友，這都不只是一種感覺或心情，而是一種生理事實。因此，當我說**發亮**是一種精力充沛的大腦狀態，可以激發新的潛能，其間的能量轉移就像光合作用或出腳踢球一樣眞實。

我們經常透過說話的內容或方式，傳遞情緒能量給別人。就連靈性，無論我們以哪種方式體驗它，也涉及能量轉移：從激勵我們的源頭，轉移到我們反過來表達支持或鼓勵他人的方式上。鼓舞、愛、甚至悲痛都是能量轉化的形式。這些能量全以某種方式交會並產生加乘作用，不過科學還無法解釋這是怎麼辦到的。在它們交會處迸出的那顆活力充沛的火花——那顆**發亮**火花，在推動地球運作的動態系統中，成爲催化劑，也爲地球上形形色色的生命網絡注入活力。無論遭遇的處境如何削弱這種連結，我們內心深處都有這樣的火花。

> 世間萬物皆為振動。
> ——愛因斯坦⑭

近年來，神經科學揭開大腦具有隨著意圖而改變與成長的先天能力。事實證明，我們可以隨意進入一種高峰經驗或最佳精神狀態，並調整大腦來維持、拓展它，並在這種狀態下採取行動。我們不僅在從事自己喜愛的事情時能做到這一點，更重要的是，就算不是如此（比如陷入困境、精力耗盡或灰心喪氣）也做得到。這些正是成長、改變和創新的關鍵時刻。想像一下：你能按照自己的意願全然投入，或隨意轉變（或只是改善）自己在任何情況下的體驗。這是我們做得到的。人人生來就有這種**發亮**能力。大腦天生就已具備了一切條件，沒有什麼是它學不會怎麼做的事。

## 最能發亮的，才能生存

演化故事的呈現往往是回顧過去的旅程，像是透過後視鏡觀看曾經走過的路：生物從原始沼澤出來，然後在時間長河中跋涉。這是一段物種為了適應環境而與滅絕的威脅抗衡的故事。（但別將滅絕的物種視為演化懶惰蟲或大自然淘汰的失敗者。有愈來愈多的案例是，牠們無法克服人類對其棲地造成的災難性衝擊。）在倖存者當中，人類未必表現得比其他物種更出色，只是運用不同適應方式取得了某些類型的成功。人類也不是演化歷程中存活最久的贏家，許多昆蟲、植物和動物存在的時間更久。而且許多生物的飛行、奔跑、游泳、視覺和聽覺能力都遠遠超過人類。其實，人類甚至太晚才認識到，動植物和所有物種擁有各式各樣、非常高明的智慧形式，這正是科學記者艾德・楊在著作《五感之外的世界》中提到的「五感之外的浩瀚世界」（immense world）。[15]而詹姆士・布禮多（James Bridle）在《動物、植物、機器的存有之道：尋找行星智慧》一書中稱它爲「行星智慧」。布禮多寫道：「人類過去一直認定自己是唯一擁有智慧的生物，也正是智慧這種特質讓我們在眾多生物當中脫穎而出——事實上，對智慧最管用的定義向來是『人類會做的事』。直到最近情況才有了變化。」他並補充：「我們正要打開大門，了解一種完全不同的智慧形式。實際上，是許多不同的智慧。」[16]

讓人類與眾不同的是，我們的大腦已經演化成一張非凡的資訊處理網絡，能爲了整合新訊息，不斷重新設定自己，這個歷程稱爲「可塑性」。神經科學家麗莎・費德曼・巴瑞特（Lisa Feldman Barrett），寫了很多關於大腦可塑性和情緒的神經生物學的文章，她指出：「你的神經元中的微小結構每天都會逐漸改變。樹枝狀的樹突會變得更繁密，它們相關的神經連結也變得更有效率。當你與人互動，大腦就會逐漸調整和修剪不必要的連結。」[17]

大腦神經迴路針對新的經驗、資訊和見解進行快速且穩健的重塑，賦予我們創意表達、策略規畫和解決問題的能力，使我們能往返月球、創作偉大的藝術作品、開發自然療法與治療技術，以及運用先進的藥物、植入物和外科技術治療病患，並減少疾病的傳播。這種演化優勢讓人類能適應環境的變化，並有意識且快速地塑造出適合自己的環境——這是其他物種無法輕易辦到的事。

再加上我們有說故事的能力，也懂得如何調整和改變自己講述的故事。我們爲自己和所處世界精心打造的敘述，無論是個人的或集體的，都塑造了我們的信念和行爲，以及對這世界的認知方式，同時也定義出自己最重視的事。我們按照自己的渴望和價值觀行事，並圍繞著這些敘事創造並修改現實，大腦也會適應這些新環境。

以我爲例，在職涯早期，我長年投入大量時間工作，躲進令人分心的事物當中，老是缺席家人的活動。我告訴自己的故事是：「我是很厲害的一心多用達人，雖然忙得不可開交，卻能高效地兼顧工作與家庭。」等到一連串的事件終於搖醒我，才看清這個故事中的謊言。我決定改變自己的優先事項，致力於實現以家人爲中心的生活方式。改變自己的敘事，不僅調整了我過去多年來對期望的優先順序的膚淺安排，也轉變了我看待家人、自己和工作的體驗。這幫助我開始做出選擇，讓自己的行爲符合意圖。我發現，愈是按照這些意圖行事，思考過程和後續的落實行動就會變得愈自然，也愈令人振奮。改變故事，改變了我的大腦。

要在社會層面改寫敘事，過程也是如此。身爲任何規模的社群成員，當我們重新詮釋自己講述的故事，並將注意力和精力集中在解決問題，而不光是學著與問題共存，大腦就有能力適應，並以全新的方式推動我們的努力。

讓我深感驚奇的是：多樣性、適應能力、增效作用與相互關係，如何共同構成自然界透過演化而蓬勃發展的過程。蕈菇和眞菌將環境中重要的訊息和養分傳遞給樹木的方式，只是這個無窮世界中眾多例子之一。大自然的多樣性透過增效關係，提供各種適應環境的方式，因此就算被擊倒，也有辦法重新站起來。但這並不代表大自然總是能恢復失去的事物或無可挽回的破壞，而是指這些系統與過程能穩穩地啓動，可以適應變化，並促進成長。

將大自然的運行方式當成我們自身的指引，其美妙之處不只是走進大自然，欣賞風景，或是閉上雙眼，期待會發生美好的事（儘管眞的會發生）。從實際層面來說，沉浸在自然中，可以促使大腦不僅關注自然的樣貌或帶給我們的感受，也能和有利於你我健康和生存的大自然內在運作產生連結。人生點燃工具訓練我們將注意力引導至這些體驗的切入點，使我們能打開感官，去感受與大自然適應和互連的過程——這些過程充滿美感與活力，並爲包括我們在內的萬物注入強大的力量。我們可以爲自己創造這種體驗。況且，根據表觀遺傳學的研究指出，我們的經驗可以持續影響基因表現——哪些基因被開啓，哪些又不會被啓動。因此，透過有意識地選擇體驗並做出改變，是我們最能參與或影響大自然演化過程的一種方式。

把大腦視爲一個能適應變化的網絡，並與我們的環境和經驗相互作用，這也讓我們察覺到，現今與大腦相互作用的環境（也就是我們「人爲化」的環境）正在擾亂自己的適應能力。

我想起迪士尼神奇王國主題樂園的科技進步旋轉劇院（Carousel of Progress）。在這座大型旋轉劇場舞台上，多名栩栩如生的機器人展示著一個「典型的」美國家庭，在電力問世與二十世紀科技的進步過程中，歌頌生命的喜悅。這項展覽原本是爲一九六四年世界博覽會創造的，多年來不斷更新，反映出一波波改變人類生活的科技創新。

我第一次造訪是一九八〇年代，當時我還是個孩子。後來又在二〇〇〇年代初期，帶著自己的孩子再訪。整個展覽讓我印象最深刻的，是那種熱愛進步的理想化詮釋。過程中全圍繞著「所謂的創新」，卻完全沒顧及可能帶來的負面影響。這個展覽無意間講述了一個更大的故事，也讓人覺得很不對勁：過度執著於單一類型的進步，卻與大自然脫節，完全沒有意識到人類也是自然生態系的一部分。它頌揚的是：人類文化是主要的環境，也將人類這個物種的追求與理想限縮在打造一個與自然分離的生活方式，可是這麼做其實也使我們遠離了最純粹的自然眞我。

這一直是世界上大部分地區（至少是人類的大部分）的主流說法，我們因此創造出一個很大程度上是人造的環境，一個追求便利、消費主義和過度競爭的結構，這不僅威脅我們的生存，也讓人逐漸與大自然隔絕，並切斷與萬物、他人不可或缺的連結。追求更多、更好、更輕鬆，雖然於外在層面上改善了生活，事實上卻阻礙了心智的內在運作。我們對線上生活、數位設備、消費性商品和便利性的渴望，現在徹底主宰了自己的生活，結果，數位環境和消費文化實際上已成爲我們的棲地，經濟活動更成了我們的生態系。在這種人造環境中，我們已經習慣對市場行銷的訊號做出反應，卻時常忽略大自然爲了我們好而給的提示。這個由科技創新所推動的人造生態系，發展速度遠遠快過人類大腦可以辨識它對我們構成威脅的能力。和大自然隔絕，也斷開了一段原始關係——那個打從天地初開以來一直引導我們生存的可靠提示來源。

人類在某個時刻離開原始沼澤，經過億萬年的演化——大腦從最初只求能在險惡環境下存活的原始驅力，進化到更複雜高明的能力。我們也運用自己的智慧去改變環境，結果這些改變反而不利於我們的健康、人類的未來，更遑論地球本身的未來。令人振奮的技術、龐大的機會與便利、提升效率進而讓我們騰出時間追求更美好的事，這些本身並沒有錯。問題在於，人類大腦有部分仍舊按照石器時代的條件反射運作——行動迅速，卻較難周全思考後果或提前計畫，這打亂了我們身處數位時代所需的大腦運作迴路，讓人難以適應與打造有利的前景。人類的聰明才智如今威脅到自己的生存。

神經外科醫師、教授詹姆斯．多堤，也是史丹佛大學「慈悲與利他研究教學中心」創辦人，他告訴我：「人類的演化顯然追不上科技的進步，前者需要幾十萬年、甚至幾百萬年，而後者的發生卻只在一瞬間，因此我們根本沒有準備好在這樣的世界生活。結果，過去在沒那麼現代的世界裡很管用的所有機制，如今只會使我們的處境更加惡化，而且徒增壓力、焦慮和憂鬱。」

因此，現在該放下那面回顧過去演化歷程的後視鏡，改換一面能展望前方視野的鏡片，以敏銳的目光審視我們爲自己和地球創造的環境，並且思考最明智的選擇究竟是適應這個人造環境，或是改變它。

## 節能模式讓大腦的思考黯淡無光

與人類最早的祖先相比，現代人的生活變得相對輕鬆、比較不耗時費力、更安全，也更有保障。可是大腦仍舊偏好選擇最簡單、最節能的方式，依賴那些千錘百鍊的機制和習慣。大腦會透過減少資訊處理的負擔，降低能量消耗，神經科學家稱這是一種「節能」模式。（因爲生成電生理訊號和化學訊號來處理資訊，非常耗能！）⑱大腦爲了高效運作，會在背後自行整合所有基本流程，不然如果我們要動腦一一想過、處理，絕對無法存活。不過，我們愈是仰賴這種節能的維護模式——我稱為「低耗能大腦」——大腦就愈容易落入例行反應模式。

便利性、獎勵和數位分心對大腦來說，就像糖果一樣誘人，是刻意設計來劫持我們的注意力，並透過感官刺激緊抓住我們。這些快速滿足的方式會變成習慣，即使我們知道它們和自己的本意背道而馳。甚至就算我們察覺這一點，也有意改變，卻很難打破這類習慣。這些習慣會難以戒掉，正是因為它們鎖定並劫持大腦的酬賞系統，促成低耗能大腦狀態。

長時間處在低耗能模式後，大腦會優先選擇習慣性反應，我們就有可能失去全心投入和朝目標行動的能力，因為大腦會剪除較少使用的突觸和神經元之間的連結。[19]其實，這些逐漸弱化的連結就像被調暗的燈光，減少了大腦所需的能量，讓我們越來越難進行更複雜、更富創造力和更有啓發性的思考過程（也就是**發亮**！）。

> 你在低耗能模式下接收到的
> 泰半是這世界的低解析度影像。
> ——札希德·帕丹西，神經科學家[20]

針對「精熟」（mastery）的研究提供了令人驚訝的見解。科學家運用功能性磁振造影，研究人精通新技能時大腦會有什麼變化，他們確實看見額葉皮質區的亮度變暗了。新手嘗試一項新任務時，他們的額葉會因此活化，在螢幕上發出黃橙色光，表示他們正深入思考所學內容的每一步。相對的，當要求老手執行同樣任務時，他們的額葉活動呈現的影像灰色多過黃色。他們不需要對已經嫻熟的任務投入同等心力，而是倚賴儲存在大腦其他區域的習慣性運作。即使在大腦成長速度最快的童年時期，若投入大量時間在單一種活動，無論是足球或打電動，大腦天生的「剪除偏好」（也就是剪除少用或無用的神經連結），會讓過早進行的專項訓練（early specialization）可能得犧牲更廣泛的神經網絡連結，而這些連結原本是爲了促進最穩健、最全面的發展。

即使是值得我們看重的事，低耗能大腦也會傾向選擇最簡單或快捷的選項，例如：人際關係、歸屬感、爲個人以外的事做出貢獻、讓自己的生命發揮影響力，以及努力讓世界變得更美好——這些都需要投入能量和注意力才能做得好。然而，由於低耗能大腦看重效率勝過一切，它會抑制我們想超越舊有習慣的動力。它限制我們與人溝通的能力，妨礙我們建立隨時間累積而更深厚的人際關係。也使我們難以跳脫自身視角，從大自然和彼此身上汲取靈感，甚至削弱我們向內探索、培養自我覺察和豐富內在生活這種自然傾向。

此外，大腦還有一種根深柢固的傾向：它會認定最先學到或重複聽到的事情是眞的。西北大學傳播學教授奈森．華特（Nathan Walter）、其他探討錯誤訊息影響與它爲何難以糾正的學者指出，這種傾向讓我們面對社群媒體上司空見慣的大量錯誤訊息、假消息和精心設計的宣傳手法，處於不利的境地。華特表示，我們正在新世界中航行，「但搭乘的這艘船，也就是大腦，非常老舊。」

低耗能大腦會讓人卡在一些不再適合自己的模式當中。無論在個人生活或全球社會中，我們面對的很多緊張衝突，都是世世代代受到低耗能大腦驅動的人類行爲所遺留下來的結果：日常生活的慣性、偏見與成見、自私自利、貪婪和權力爭奪——這些預設行爲早該徹底改革了。

當低耗能大腦開始大規模主宰社會，事情就會變得危險。我們生活在一個資訊和假消息過度氾濫的社會。亞馬遜、蘋果和 Instagram 等公司投資數十億美元來利用人類的低耗能大腦行爲，因爲這個方法可以使他們賺進更多錢。社群媒體平台運用與吃角子老虎機相同的技術——用一波波不定數量的「讚」來獎勵我們，這是專門用來劫持大腦、讓人上癮的設計。這些平台的快速回饋機制，會誘使我們停留得更久，不斷查看社交回饋。我們都知道，要克制自己不去「只是確認一下」那無止盡的動態消息和讓人分心的誘惑，有多困難。比起停下來弄清楚還可以做什麼事，只管繼續滑下去感覺容易太多了。隨著使用者從臉書、Snapchat、Instagram 和抖音，轉移到宣揚陰謀論和暴力的更隱密平台，儘管平台不斷推陳出新，品牌名變了又變，但是它們的策略和目標仍舊不變：培養並利用低耗能大腦行爲。

缺少高耗能大腦的思維，我們就會按照大企業和政治人物的希望行事。我們會選擇垃圾食品，而不是好食物，就算明知道兩者的差異。我們按下遠方網路購物平台的「結帳」按鈕，而不是向撐起我們社區的本地商家購買。我們接受名嘴對世界大事的看法，而不願多方閱讀——特別是挑選負責任、有事實根據的消息來源——形成自己的看法。我們寧可在社群媒體無腦滑（或嗆聲），也不願選擇更有意義的互動。低耗能大腦會阻礙創新思維，而這種思維正是解決複雜問題或看見全新可能性所需的。一面臨挑戰，它就會立刻走上老路，推著我們一再選擇同樣的工具和方法。

我們以這種方式消費、與人互動的時間愈多，大腦就愈習慣，也愈依賴這些短暫的「點擊」或膚淺的連結。我們愈是期待有人按讚，就愈受到它們的制約，而且需要耗費更多能量，才能打破它們控制我們的注意力。這種低耗能大腦的回饋迴路，成了一種心理重力（mental gravity），拖住我們，成了妨礙**發亮**的絆腳石。在這過程中，我們任由別人決定什麼事最重要，而不是自己做出有意識的選擇。當然，有些習慣對我們有好處，比如精熟一件事讓我們騰出注意力去學習新技能、作夢、創新和改進——但**前提是**：我們必須有意識且持續地敦促自己這麼做。人生點燃工具讓我們可以跨越這道鴻溝，從低耗能大腦一躍而至**發亮**（如同火星塞的電流跳過兩極的間隙產生火花那樣），並全面啓動能立刻重新設定的可塑性大腦神經網絡。

魯道夫·譚茲（Rudolph Tanzi）是擁有醫學博士與哲學博士學位的科學家，他的開創性研究，在阿茲海默症、神經科學尚未解開的奧祕領域中不斷推動新發現。他表示，人類大腦的進化故事正進入全新的關鍵演化篇章。他認爲，大腦邊緣系統（情緒中樞）正由原始腦幹驅動的戰或逃本能反應，逐漸發展成更細緻的反應和回饋迴路，展現出情緒覺察和更高層次的思維能力。他告訴我：「當前有一個強大的演化趨勢，正從自私轉到自我覺察。」這指的是我們的思想、行動和經驗塑造了基因的表現方式，而基因遺傳又進一步塑造了我們的發展、健康和幸福。「舊大腦是自私的，新大腦則是自我覺察的。我們活在兩者之間，總是必須做出選擇：我想要有自覺，清楚知道大腦正在做什麼，還是只想被腦幹牽著走，受本能反應驅使，想做什麼就做什麼，而且每天都活在恐懼、欲望和各種內在限制中？這就是我們每天都要做的選擇。」㉑

## 用意圖啓動的能量

**發亮**的心智狀態，是每個人生來就有的，也總是能進入這樣的狀態。我們一旦學會如何有意識地運用它，就能隨時在任何情境下這麼做。本書介紹的人生點燃工具，可以點燃能量，推動生活各個層面。你可以運用它們爲當下注入活力，或是長遠擘畫自己想要的生活。在自然界中，能量會從一種形式轉變成另一種形式，也會從位能（潛藏的能量）轉變成動能（行動中的能量）。同樣的，你可以將**發亮**視爲：

- 一種自然的能量流動，在生態系中與你的體內不斷交互循環，可隨時爲你所用。
- 一種自然增強的大腦狀態，靈活且不斷演化，其特點是活躍的好奇心、能激發創造力和智力，以及專注的情感投入。
- 一個與生俱來的流程，同時也是一套原則與人生點燃工具，你可以採取具體、實用的方式啓動這個流程，並使它持續下去。

但最重要的是，別只顧著思考，而是要採取任何簡單的步驟**開始行動**。從任何地方起步都行。跟隨你的好奇心，運用人生點燃工具，或隨機挑一項工具展開新的一天，無論遇上什麼就使用它。你愈常使用它們，**發亮**對你來說就會變得愈自然。

最棒的是，人生點燃工具很簡單，也很容易養成習慣。久而久之，你會發現**發亮**火花一直保持在點燃狀態。點亮大腦神經元的能量傳遞變成自催化——你做得愈多，它就愈容易啓動，因爲相關的神經迴路已經建立，而且活躍運作。不同於劫持大腦、削弱創造力和好奇心的那些習慣，**發亮**能激發這些神經連結，讓我們脫離自動駕駛狀態，有助於保持警覺、活在當下、全神貫注。

你可以說**發亮**運用了「說服力設計」的原則，也就是大腦渴望的「鉤癮」（hook-and-hold）獎勵。不過驅使你做出選擇的，並非以賺錢爲目標的行銷人員，而是你自己，由你負責將自己的能量導引到對你最要緊的事情。這可能是集思廣益想出好點子、激發你的創造力、深刻體會的日常經驗、改變你的生活或整個世界的某些事。

## 演化加速創新

在我們的實驗室，**發亮**過程和人生點燃工具如今幾乎影響每件工作。我們的目標是盡己所能，迅速且嚴謹地找出能拯救生命、改善每個人生活品質的新方法。我們挑戰的領域包括：藥物遞送、醫療器材、診斷學和再生醫學。我們期許自己能在全球進行創新。我們每次取得進展，都會後退一步，然後問：怎麼做才能發揚光大？怎麼做才能幫助更多人？怎麼做才能利用我們已知的事物產生巨大的不同？

我們在開會、簡報、做決策、日常交談中，運用人生點燃工具激發創造力和興奮感。我們甚至納入偷懶時間當成一種**發亮**策略（請參照第11章：按下「暫停」鍵）。無論我們是否在這段時間找到能直接應用在自己任務的事物，大自然的能量轉移都會提供豐富的新點子、新能量和新工具，幫助我們解決問題。當你覺得思考受限，就是注定要失敗的時候。以任何方式向大自然求教，都可以打開全新的思考角度。

這種過程對我們開發創新的醫療解決方案向來很關鍵。除了受到蛞蝓和沙堡蠕蟲啓發的手術膠，我們還運用相同的師法自然的創意過程，開發各種解決方案：以水母的觸手爲靈感的癌症診斷法；受豪豬的刺毛啓發的手術縫合釘，以及仿照棘頭蟲口鼻部結構的微針平台，針頭會膨脹，可用於組織液取樣，進行診斷。這些仿生對策——從自然界汲取點子，觸發新穎的思考角度——並非巧合。我們習慣向演化和大自然這兩個「史上最成功的研究者」求教，刻意尋找不同的看待問題與提出對策的方式，並且以更有創意的角度思考各種可能性。

我在創立實驗室的初期，稱它是「加速醫療創新實驗室」。這個名字沒有簡單的縮寫，也長得難以牢記，不過它從一開始就清楚傳達我們實驗室的抱負——加速創新。當時，我還沒意識到，我們爲了加速醫療創新而開發的流程竟然適用於每個人，可以在任何情境下快速啓動能量、集中注意力與付諸行動。這就是我寫這本書的理由。

## 英雄正在「發亮」

我一開始動念想提筆撰寫本書時，曾懷疑是不是只有我有這樣的經驗。我關注激發創新的過程和相關工具，但這能普遍應用在其他人身上嗎？身爲科學家、工程師和創新者，看見自己多年來爲了因應學習上的差異，慢慢發展出來的這些應對工具對我確實奏效之後，我想分享這些經驗。但首先，因爲我總是想讓已有的成果變得更好，因此很好奇其他人是否有共通之處？是否能以這些策略爲基礎進一步發展？這讓我認識一群各式各樣的人，他們在不同領域裡取得了個人與社會的影響力，我會在本書中陸續介紹他們。我想了解其他人運用什麼工具，在他們可以輕鬆倚賴過去的成就和專長時，擺脫自己的低耗能大腦。我想找出：

- 這些人如何找到並培養對自己很重要的事物（他們的熱情）？
- 他們如何優化自己的努力？如何讓自己的影響力極大化？
- 他們如何保持對目標的堅持（而不是受到生產力驅動）？
- 遭遇挫折時，他們如何堅持夢想或抱負？
- 他們如何不斷學習、成長，超越過去的成就？
- 他們如何將體驗大自然當成生活的一部分？
- 他們如何看待自己的生活，還有自己的故事中那些鼓舞人心、近乎神奇的部分，以及自己那些發人深省、有時很奇特的見解？

我與各式各樣的人交談，他們分享自己的故事，還推薦我去找其他人聊聊。我差點停不了，沒辦法動筆寫這本書，因爲這些訪談總是充滿啓發性又迷人——閃閃**發亮**！

我發現，當中有些人和我一樣，過去曾努力對抗各種神經多樣性狀況或其他挑戰。像是讀寫障礙、躁鬱症、自閉症、注意力缺失症等問題，在他們的成長階段中帶來考驗。但也有些人從小就受到鼓勵，追隨自己的熱情，而且在生命早期就學會使用內在資源做爲心理工具。事實證明，英雄所見各個不同。他們形形色色、擁有不同的動力來源，也和其他人一樣脆弱與不完美。但是他們有一個共同特質，那就是：他們懂得從多種來源和經驗中學習、如何做決定，以及有意識地選擇將時間、精力和注意力投注在哪些事物上。他們破解了不斷爲自己的思維注入能量，**以及**付諸行動的密碼。這些策略是人生點燃工具箱的核心要素，我希望你能在這些故事中找到共鳴和靈感，進而啓動你自己的**發亮**旅程。

魯道夫・譚茲的媽媽是醫療轉譯人員。他從小就聽媽媽講述患者及其掙扎的故事。他對此心生好奇，引發他對醫學研究的興趣。他提到，無論是針對某項科學問題向國會小組委員會發表演說、上談話性電視節目介紹自己的書，或者在舞台上和搖滾天團史密斯飛船的吉他手喬・佩里（Joe Perry）來一段即興鍵盤演奏，他都會使出這個簡單招數：提醒自己專注於準備與目的。他告訴自己：「你的工作不是讓人留下深刻印象，也不是爲了贏，或者炫耀自己有多行。你的工作是運用自己的準備去**服務**。」

我同意。這本書，就是把那些曾啓發過我的許多來源、我自身的經驗中學到的一切，傳遞給你的方式。當你閱讀和仔細琢磨這些策略時，我只有一個小小的請求：運用這些策略去服務你的家人、朋友、同事、社群和你的世界。我們今日面臨的重大議題和重要問題、那些想生存就必須解決的挑戰，都需要我們動用最熱情、最具洞察力、高耗能模式的大腦進行思考。我們個人想追求有意義、甚至喜悅的人生也是如此。

人類的潛能遠比單純的效率、甚至舒適都更爲重要。不過，當周遭的談話重視的是生產力，而不是目的；強調服從，勝過創造力和批判性思考；標榜**我**多過**我們**，我們可能就會忘記這一點。這種不質疑前提假設的模式，最終限制了我們引導自身能量去產生最深遠影響和最大利益的能力——這可是我們獲得最深層滿足感的來源。低耗能大腦會削弱我們發揮最高潛能的光芒。

我們無法預見人類在時光長河中會如何發展，只能在人類演化中捕捉到一瞬的快照。未來的人類可能與我們今日的模樣很不一樣，也過著迥然不同的生活。不過，演化這個逐步改進的過程，可以成爲我們一生發展的有用典範。有件事是確定的：我們不必眼睁睁看著生命的光芒熄滅。我們仍然擁有大自然賦予的那顆聰明大腦，能解決問題、持續向前發展。你我都擁有一整套豐富的工具可用來表達自己。要不要讓這些工具精益求精和進化，幫助我們成爲最能發揮潛力的自己——全取決於我們自己。

獲得啓發→學習→採取行動並進化，運用本書介紹的人生點燃工具，啓動並培養你的大腦可塑性和你自身（還有社會）的進化潛能。

這個世界需要能從新穎角度看待問題和可能性的人。
這個世界需要你。
**發亮**的時候到了！

寫在前面
# 先讓球動起來！降低活化能

讓我們認眞談談本書提倡的這套人生點燃工具吧。你可能會發現，點燃深鎖腦中的能量、興奮感、創意和熱情這個想法起初很迷人，接著卻令人畏縮。它聽起來很棒，但感覺像是腦力活——其實，對大腦來說，它的確是。任何刻意的行動對大腦都是得花工夫的事，畢竟它在自動導航模式下運作輕鬆多了——當你想從既定模式切換到新模式時，更必須付出努力。但若你堅持到底，哪怕只是微小的變化，久而久之，大腦就會重組其神經迴路，這時做一件新的事所需耗費的心力就會減少。到了某個時點，這個「新行爲」會變成「既定習慣」，做起來更自然，不假思索，不再那麼費力。

將人生點燃工具變成思維習慣的美妙之處在於：它們會更容易浮現腦中，因此變得更易於使用，並爲你的思考注入新鮮活力。如我前文提到的，光是改變我們告訴自己的故事，就足以觸發大腦的變化，進而啓動其餘轉變的發生。

無論從哪項人生點燃工具著手，也不管你的目標或初衷是什麼，推動你做任何事的共同步驟都是：**降低活化能**（activation energy）。科學界對活化能的定義是：觸發反應、讓其餘過程得以展開所需的最低能量。火星塞提供電火花，使燃油混合氣爆炸燃燒，進而推動汽車運行。酶是天然催化劑，能加速人體內的化學反應，它本身在化學反應過程中不被消耗，也不會產生永久變化。它們能一次又一次地催化相同的反應。這些都可以提供降低活化能的推動力。人生點燃工具也是以同樣方式運作。

在日常生活中，朝目標邁出第一步所需的活化能愈低，就愈有可能開始，並堅持下去。如果想去跑步或養成跑步的習慣，把跑鞋放在大門邊就是很管用的招數。光是看見鞋子擺在那裡，就能讓跑步變成自己優先考慮的事，降低去跑步得投入的心力。

活化能不斷影響我們的日常選擇。觀賞自己喜愛的節目、吃幾片最愛的餅乾、上網購物或不斷滑社群媒體，這些事的活化能都很低，因爲你本來就對它們感興趣，尤其是媒體使用，因爲這項技術和使用者經驗的一切，全都經過精心設計，目的是誘惑人、讓人上癮，並抓住注意力。換作是整理你逃避了六個月的衣櫃，或者在休假日逼自己去健身房呢？就是不想做，對吧？你本來就興趣缺缺的事，活化能就高了，因爲你得先克服慣性或抗拒。很多時候，其實我們是有精力（能量）去做這些事的，只是缺乏動力，所以就覺得所需的活化能很高。套句紐約州立大學環境生物學教授羅賓·沃爾·基默爾的話來說，降低活化能可以增強「心理意願」。①

朝目標展開行動愈是費勁，會讓人覺得這件事益發困難，推進速度也就更加緩慢。兩者都令人沮喪，再加上必須付出的努力，使我們更不可能展開或持續某項活動。我小時候在學業上很吃力，我得克服的不僅僅是教材內容，甚至也不是自己的學習差異，更大的障礙往往是內心的羞愧不安。有些知識最終是可以學會，但克服羞恥和控制焦慮難上加難。我爲自己設定的每個目標都帶有高活化能，看起來難以克服。然而，人生點燃工具幫助我改變思考事情的方式，也就是改變思考過程，這包括如何看待自己，以及透過小步驟逐漸促成有意義的改善。

人生點燃工具基本上是提示大腦打破慣性，啓動行動。只要找到方法降低活化能，無論第一步是什麼，事情都會變得更容易。

不管你採用哪種人生點燃工具，下列四種**發亮**策略都能有效降低活化能：

- **將障礙降到最低：**首先找出你的阻力來源，接著改變自己能做的部分，或者尋求別人幫你克服障礙。
- **將報酬極大化：**這指的是能讓你興奮、快樂、充滿活力、平靜或安頓心情、給予成就感的任何事物。
- **充分利用動能：**利用我稱爲「意圖速度」來增強動力。你一旦意識到自己的意圖並開始採取行動，就會蓄積動能，速度就會提升。當你已經在行動中了，要加快步伐就容易多了。因此，不妨借助有利的環境或身邊積極行動的人，他們是激勵的加速器。也刻意養成「行動代替停滯」、「有意識行動代替慣性行爲」的習慣。
- **調整自己的節奏：**把每件事想成會影響你的精力（能量）水準、新陳代謝、注意力、心情，以及其他身心功能的鐘擺擺動或生物節律。根據你處在鐘擺擺動或週期中的位置，可採用不同方法降低活化能，並運用人生點燃工具改變你的行動方向。

換句話說，動機、動能和適當的時機都可以降低活化能。

大自然的運作對我們有利：首先有神經傳導物質的「酬賞」當誘因。其次，透過節律，我們可以調整自身節奏，抓住最佳時機。人類天生具備能分泌神經傳導物質（多巴胺、血清素、催產素、腦內啡等）的細胞，這些化學物質令人產生愉悅感（或令人期待的快感），並促使我們想一遍又一遍地重複這種體驗。它們可以增強我們的動力、注意力和心情。

研究發現，探索新環境或經歷新奇體驗會提高多巴胺濃度，進而降低學習門檻、增強記憶力。這些酬賞讓我們有動力爲某些事付出努力，投入自己本來提不起勁去做的事。它們幫助我們更深入與他人、更遼闊的世界互動，並讓學習和主動做決定的能力發揮到極致。最重要的是，它們激勵我們採取行動。

每一項人生點燃工具都以不同方式動用這套酬賞系統，但這個過程的起點都是：讓你更容易邁出第一步，然後開展接下來的每一步。行銷人員和其他領域的人爲了實現自己的目的，利用大腦的酬賞系統，創造滿滿多巴胺的環境，刺激我們採取行動，讓他們獲利。但是我們也能由自己的選擇，主動培養或進入富含多巴胺的環境——創造力、好奇心和有意義的人際關係，並調動大腦的酬賞機制來幫忙實現自己的意圖。

研究指出，對人類這樣的社會性物種來說，即使是與人合力處理事務或一起唱歌、跳舞等最簡單的連結，也能讓神經元活化並與彼此同步。邀請某人和你共同實現一個具有挑戰性的目標，彼此之間的「能量轉移」會帶來一股推力，幫助你降低起步時所需的活化能，並堅持下去。②這種與他人「在同一個頻率上」的感受，也就是科學家所謂的「同步」，

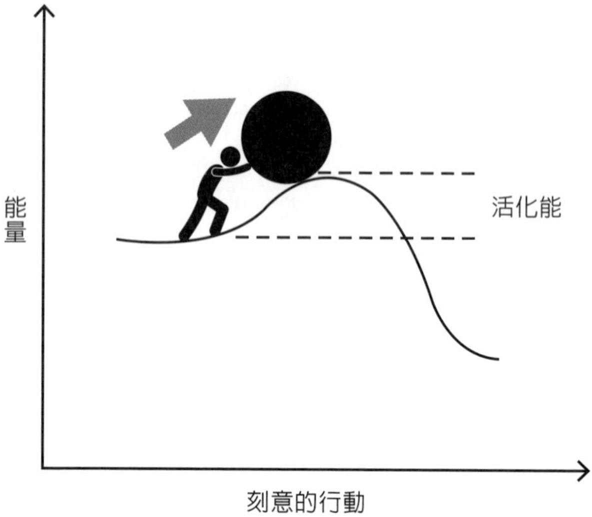


**讓球動起來，就會降低活化能。**

活化能的意思是：啓動某件事、並持續推進時必須刻意投入的能量。在上圖中，活化能指的是將球推上小丘頂端所需的努力，到達頂端後，只要輕輕一推，就能讓它越過山頂，順勢滾下另一側。一旦讓球滾動起來，動能就會成為你的助力，後續的步驟也會變得比較輕鬆。你可以將大目標拆解成幾個小步驟，再針對每個小步驟降低活化能。

可能眞有其事。研究人員認爲這可能表示，在共享經驗中，大腦中與認知處理（也就是讓我們能理解所處環境、溝通和學習的過程）相關的某些化學與電生理訊號的傳遞，可以與他人同步。③

在我來看，這很合理：人是由物質組成，所有物質都由分子組成，分子本身又帶有能量，而且在不斷運動中振動。而我們的每一個念頭或行動都牽涉到神經元的同步活動。令人驚奇的是，我們竟然透過同步活化相同腦區來與他人產生連結，還能爲心理健康帶來正向的影響。

可以將這種同步現象看成一種「社會連結」，你會從人們的互動中看見它：無論是關係密切的人，或是來自不同背景與專業的各界人士，因爲共同的深層價値觀齊聚一堂時。我在實驗室中就觀察到了這種現象，儘管我們的背景極爲多樣，卻在核心意圖上高度同步——一起努力完成重要的工作，並解決問題。

此外，利用自然節律，我們還可以讓精力（能量）和大腦的酬賞系統得到最好的發揮。留意那些有助於所有生物茁壯成長的節律，順應這種直覺上的時間規律，讓自己從中受益。人類的基因本來就被設計成讓生理狀態與所處環境同步，晝夜節律對我們的影響遠遠不只睡眠而已。④身體的每種器官（如心、肺、肝、腎、肌肉、眼睛）都有自己的晝夜節律，能幫助你適應環境變化。

這些節律不僅影響心情，也決定了我們在特定時間點對哪些事物感到興奮或愉悅，以及能投入多少精力（能量）。這反過來又會影響大腦酬賞系統的反應方式。因此「正確時機」

就是要利用節律和獎勵機制在高峰時發揮作用，降低投入行動所需的活化能。

最後，大自然蘊藏著促使人類發展「體現智慧」（embodied intelligence）的深層連結機制。體現智慧是一種錯綜複雜、經過演化而來的「機敏」，源自人類與環境不斷互動，以及許多感官體驗的累積，其中有部分是我們沒有覺察的。「智慧」這個概念已演變到遠遠超出早期認爲它僅存於大腦中的見解。我們如今意識到身心之間的強大互連性，在某種程度上，也將這種理解擴展到「身、心、靈」的整體互通。剩下要做的，就是認清這一點：身、心、靈三個領域的基礎，全扎根於大自然。自然界是一切的源頭，身、心、靈等智慧正是從大自然中孕育而生；同時，自然界也是這些能量運行並得以完全發揮出來的傳導系統。歸根究柢，大自然本身是關鍵核心，它是一套不可或缺的整合性傳導系統，讓人實現我認爲的那種完全沉浸的體現智慧。

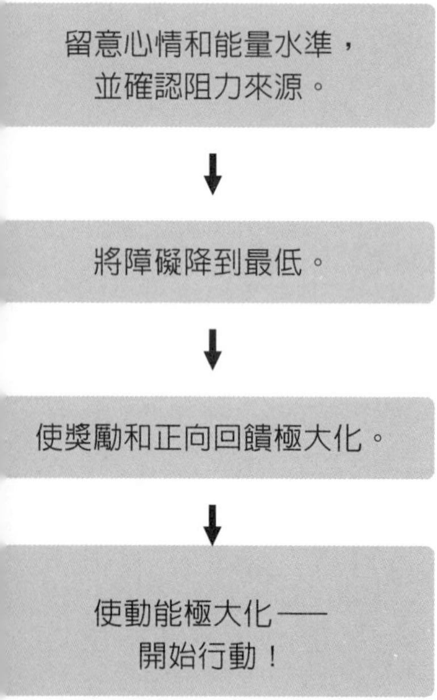
留意心情和能量水準，
並確認阻力來源。
將障礙降到最低。
使獎勵和正向回饋極大化。
使動能極大化——
開始行動！

接下來每一章介紹的人生點燃工具中，都包含若干訣竅，它們的作用類似火花或酶，幫助你降低起步所需的活化能，並持續全心投入一項活動。在我們的實驗室中，解決問題的一個核心原則是：徹底簡約，也就是在面對科學的錯綜複雜和將解決方案付諸實踐所需的過程中，釐清什麼是必要的，以及找到最簡單的辦法實現它。

要快速啓用任何人生點燃工具，「徹底簡約」也適用於你，當你：

- 利用大腦的化學反應，立刻產生獎勵效果。
- 刻意帶入新奇事物，喚醒大腦活力。
- 培養「行動代替停滯」、「有意識行動代替慣性行爲」的習慣。
- 讓目標感和直覺賦予你力量。
- 降低內心唱反調的聲音。
- 讓大自然爲你補充能量、提振精神。

在早晨做一點點**發亮**行動，可以爲接下來的一整天做好準備。它可以就這麼簡單：上車之後，如果不順從自己想播放 podcast 或音樂的衝動，而是選擇片刻的安靜覺察——即便只是確認自己內心有無矛盾之處，這個刻意的選擇，就足以讓我一天更專注，接下來的時光也會由此順暢展開。在路上，如果停下腳步向人道早安或打招呼，而不是匆匆走過，那麼即便只是片刻的社交連結，也能帶來**發亮**能量。更簡單的做法是，花點時間喚醒自己的感官，去感受自然界的一部分——窗外的藍天、窗台上的植物、家裡的小狗，甚至是我自身存在的狀態——沉浸在自然中，爲這一天帶來更多安定感。你的焦點就不會鎖定在整天與自己內耗，或是因爲自己沒做到更多而感到愧疚，而是轉移到單純地向前邁出一小步，然後順其自然一段時間，看看會發生什麼事。

每一天，你我都有機會釐清自己的渴望與必須做的事——也就是當天、當下驅使我們的是什麼。或許是關於工作的抉擇、一段關係的考量。也可能是一些簡單的選擇：吃薯條，還是清蒸綠花椰？要運動，還是乾脆放過自己一次？所以，該如何讓自己進入對的心境，做出能產生共鳴的選擇，讓你感覺滿意、甚至期待下次繼續往下做呢？我們都希望可以從自己最清晰、最睿智的想法中受益。降低活化能，正是推動後續章節介紹的每一項人生點燃工具的關鍵。現在既然已經知道可以直接掌控自己的思考歷程，你準備好要改進它了嗎？

# 1

# 扳動開關：什麼讓你裹足不前？

## 打斷日常慣性模式，做出刻意的改變。

我們必須願意放下「事情本來就是這樣」的想法，
哪怕只是一瞬間都好，
然後去考慮也許事情並沒有一定「是」或「不是」什麼樣子。
重點在於，我們選擇採取行動的方式、如何看待眼前的處境。
——琳恩·崔斯特，
全球環保運動人士①

喬伊絲・羅許（Joyce Roché）總是害怕自己會被揭穿。每次得到認可、升遷或達成令人矚目的成就時，這種恐懼就會緊緊抓住她，而這種情況經常發生。

在美國企業界服務超過二十五年，眾人公認羅許是目光敏銳的策略高手和領袖，也是開拓者。她過去在美妝公司卡森（Carson Products Company）擔任總裁和營運長。她也曾是雅芳的全球行銷副總裁，是該公司首位非裔美國女性副總裁，也是第一位負責全球行銷的副總裁。她甚至登上了《財星》雜誌的封面。

可是羅許回憶說：「每一次的新成就總是伴隨著令人喪志的懷疑：我不配擁有這樣的成功，遲早會有人識破我是個冒牌貨，『不適任』這個職務，總有一天『他們會看破我的手腳』。」如今，她已經能回顧看清，數十年來儘管成就輝煌，內心卻隱藏著恐懼。但直到幾年後，她爲了寫一本能幫助別人的書，深入研究這個主題，才從這個領域的專家那裡得知：這種長期恐懼和自我懷疑，折磨許多成就卓越的人，尤其是年輕女性（其中最嚴重的是有色女性）。這種心理狀態有個名稱：冒牌者症候群。

有兩個**頓悟**時刻，最終幫助羅許扳動她的改變開關，斷開自己賦予冒牌者敘事的力量，並以更眞實的視角看待自己。

她說：「我第一次眞正意識到自己的能力和專業，是在有一次面臨升遷可能被排除在外的時候。那個職位我明明完全符合資格，高層卻對一位白人男同事比較放心，因此，爲了替自己據理力爭，我必須拿自身能力和成就，去跟那位『內定接班人』和另一位男同仁的表現做比較。在那一刻，我充分認清自己的經驗豐富和我對公司的價值。」

第二個**頓悟**時刻發生在她爲雅芳效力將近十九年後。她意識到自己已經觸及公司的「玻璃天花板」，如果想躋身高階管理階層，就必須離開雅芳。她說：「在那一刻，我突然對自己的身分和成就感到相當自在。多年來我得到的所有成功和認可，似乎在不知不覺中內化了。當時的我，相信自己的能力和管理技巧足以跨出去，爭取我認爲自己能勝任的機會。」羅許是企業界著名的開拓者，但她最大的成功或許是決定離開企業界，轉而追隨內心，出任她熱愛的非營利組織女力（Girls Inc.）執行長一職。這個組織專注於幫助女性培養技能，應對經濟、性別和社會的障礙。她曾經懷疑自己這樣的轉換是否正確，畢竟她對領導非營利組織並不熟悉。不過她對目標感的深厚連結，最終戰勝了過去自我懷疑的聲音。

冒牌者症候群在一九七〇年代後期成爲職場用語，用來形容許多女性在職涯發展中遇到的一種障礙：自我懷疑。不過，這類的自我懷疑其實以不同的形式影響所有人：新手父母、成長中的青少年、焦慮的大學生、焦躁的中年人，以及曾被自己的不安全感或焦急期望束縛的人。在一篇探討冒牌者症候群的研究回顧中，包含的研究有一半指出，爲冒牌者心態所苦的男女比率沒有顯著差異。其實我也一直飽受不安全感和焦慮的折磨。但這些年來，尤其是擔任導師之後，我意識到，我們經常想很多，但怯於踏出一步，或者不敢冒險賭一把，相信自己有能力學習與成長。我們將自我認同和自我價值綁在外來的認可上——工作成果、人氣、身分地位或他人的讚許——但這種做法使內在眞正重要的力量受不安全感壓制。我們讓自己的不安全感掌握了主導權，不僅限縮了自身潛能，也削弱了我們發揮更大的潛能去解決世界面臨的迫切問題。

扳動開關是一種全方位啓動**發亮**的方法，它從那些看似微不足道或日常的小事下手，避免它們阻礙我們充分發揮當下的潛能。邁出這一步、冒一次險、押寶自己。它可以簡單到光是意識到自己「何時可以更有心採取行動」，然後弄明白：怎麼做才能降低活化能，往前邁出一步，眞正去做呢？

神經外科醫師詹姆斯．多堤，是史丹佛大學吳蔡神經科學研究所附屬機構「慈悲與利他研究教學中心」的創辦人與主任。他說：「人會受困於許多讓他們偏離現實眞正本質的事物。我們知道的是，你的內在心理狀態對自己的外在世界有深遠的影響。如果你接受這一點，並爲自己創造最理想的內心世界，就能爲這個世界帶來巨大的力量。」

## 接受障礙或搭建橋梁？

小時候，我總是對事物如何運作很著迷。「事物」包括萬事萬物，未必只是機械。我經常掛在嘴邊的就是：「爲什麼？」我很好奇，那些決定我們如何生活的規範與界限是爲什麼與如何被建立起來的？又是誰定的？也許是因爲我在學校得面對重重考驗，所以很疑惑：究竟是誰決定我們在學校該學什麼？我也想知道：爲什麼紅綠燈和人行道要這樣設計？爲什麼大家要在固定時間上下班？爲什麼週末是兩天？爲什麼道路有特定寬度？爲什麼過去在飛機上抽菸曾被認定是安全的？——你應該懂我想說什麼吧。我還想知道，爲什麼我不能在重要時刻直接說出心裡的想法——爲什麼即使該說，也必須過濾自己要說的話？我會試圖追溯這些問題的起源。但是這種不斷發問，考驗著我身邊大多數大人的耐心，有時甚至連我媽也快受不了。

隨著時間一久，我慢慢認清：凡是由人類決定的事，在某種程度上其實都是任意的。我們的生活方式，根植於像你我這樣的個體聚在一起，與其他人合作，產生動能，並建立支援，然後事情就發生了。做出決定、立下規矩、劃定界線。此外，我也認清很多事並沒有達到最優化的狀態——它們並沒有好到沒有問題的程度，或者說沒有達到該有的水準。所以，是誰替所有人決定：這樣已經夠好了？爲什麼不讓它變得更好呢？

人類通常會依循社會與智識結構，以及指引自己做選擇的規範。這些結構有時確實有幫助，但在某些時候，這些參考架構中儘管有許多是任意制定的，卻會變成我們思維中「理所當然」的界限，不再受質疑。隨著社群媒體蓬勃發展，以及由演算法推送和ＡＩ工具創造的線上內容變得無所不在，這種情況愈來愈常見，也愈來愈令人擔憂。這些結構無論是自然形成，還是人造的，都會窄化我們看待、甚至想像這個世界的感知，也會縮小我們的自主能力和可能性。如我們所知，低耗能大腦對熟悉的結構化模式比較感興趣，總是偏好不費力的「事情本來就是這樣」勝過可能的變化。神經科學指出，大腦酬賞系統中的神經傳導物質作用，再加上我們對「連續性」的偏好，可能會進一步抗拒改變，尤其當改變需要我們拋開深植內心的信念或觀點時。

即使我們有證據顯示自己錯了，卻仍舊堅持信念，甚至更進一步捍衛它們——這種現象叫做「信念堅持」，這時大腦就會抗拒改變，除非有意識地努力抱持開放的態度，願意學習和改變思維方式。看看周圍，你就會明白。曾經有段時間，許多人相信女性無法擔任工程師、律師、醫師和太空人；而男性無法從事護理人員、孩童的主要照顧者，或是傳統上被分派給女性的職務。但這就是重點：這些角色分派不是根據一個人的眞正潛能，而是基於信念、偏見和有害的慣例，對原本看起來可行的事強行設立限制。這就是扭曲的規範占據主導地位的力量展現。

無論在實驗室討論如何創新，還是在日常生活和人際關係當中，我們接受的思維界限令自己很難看見更全面的可能性。我們愈不質疑傳統思維的限制，就愈覺得自己沒有能力突破它們，可能性也就隨之縮小。

## 亞當·黎朋：讓夢想帶領你

亞當·黎朋（Adam Rippon）是二〇一八年平昌冬奧花式滑冰團體賽的銅牌得主，也是美國第一位公開出櫃的同性戀奧運選手。他說，他覺得自己有必要提前三年出櫃，而不是等到退役，因爲這能鼓勵其他人眞實活出自己、追求夢想。他說：「當你對自己的身分很自在，會像是得到一種超能力，你會知道，自己可以做任何事。當你擁有這種超能力，也就有了**自我增能**（self-empowerment）的力量——這種感覺眞是不可思議。」黎朋坦承，出櫃讓他「有信心去做瘋狂的事，把自己推向極限，做以前從來都不敢做的事，因爲不再害怕別人會怎麼看我」。

他指出，每個人追求夢想時都會面臨挑戰，每個人的掙扎也各自不同，但當你忠於自己最深的熱望，就會湧生更多能量投入努力。「重要的是，別對自己的可能性設限。當你（對自己）畫地自限，就會認爲這是一切可能的極限，要突破這樣的想法就困難重重了。但不設限時，可能性就是無窮盡的，最終能將自己推到超越原本認爲的極限。」

> 對未知感到自在時，生命中的無限可能性就會向你敞開。
>
> ——艾克哈特．托勒②

爲了**發亮**，我們得擺脫狹隘的看法，不斷尋求新觀點，也就是從不同的（即使令人驚訝的）角度檢視問題、想法和自己認爲已知的一切，包括自己的潛能。我們可以突破根深柢固的心理界限。我們認爲它們是實線，但其實它們更常是虛線——比我們以爲的更容易重畫。人生不斷提供這樣的機會，只是我們經常錯過它們。舉例來說，我們可以減少對他人的情緒化反應，停下來好好想清楚再回應；我們可以爲自己的選擇負起責任，而不是怪罪他人；當別人的選擇和我們的期待不同時，也能泰然接受；我們可以保持心在當下，專注於眼前的人，而不是經常抽空查看手機或一心多用。我們還可以練習對自己和他人慈悲。乍看之下，這是行爲的選擇，但在大腦中，這就是神經可塑性的過程：神經元如何生長、改變、重組，進而實現持續成長、強化新連結，並拓展神經迴路。

大腦在低耗能模式下，會透過舊有的過濾機制來感知新訊息，也經由熟悉的路徑處理它，並得出可預期的結論。我們把自己的理解局限在已知的知識範圍內，或者只是對原有知識做些許變化，而這一切都會變成我們從未質疑就接受的故事的一部分。實際上，我們就像用小支的筆型手電筒照亮某個東西，卻誤以爲這個極小的光點就是全貌，但如果我們打開房間的燈或讓陽光照進房間，就能照亮更廣闊的視野。低耗能大腦會以無數方式展現，拖住或阻礙我們取得更大的成功。我們會因此誤判情勢和人，這往往對自己和他人都造成損害。我們會接受限制性信念，並根據它們做出重要決定。要怎麼做才能擺脫這一切，打破封閉的心態或重複的思考過程呢？人確實天生傾向於「習慣」，但是我們可以扳動開關，改變舊有模式，應對新事物，在一生中不斷學習成長。大自然會站在我們這一邊。

## 思考你的思維方式

當所有證據都顯示，羅許在她的領域表現不僅是能勝任，甚至是非常傑出時，她怎麼會在職涯中長期抱持如此強烈的自我懷疑呢？她說，雖然朋友和同事的鼓勵很寶貴，可是他們安慰的話語無法讓她心中那個唱反調的聲音住嘴。後來她運用自我覺察和一套客觀的過程讓自己平靜下來，並管控自己的恐懼。她養成了分析情境的習慣，審視自己的優缺點，同時認清不是由她造成的外部障礙。這個過程讓她能解構自己的思維，進而排除障礙，以更審慎、更真實的方式全心投入。

你是怎麼思考的呢？一旦開始像羅許這樣觀察自己的思維，就會發現有各種方式能「駭入」你過去無法觸及的這個系統。這有點像是發現電腦鍵盤上的快捷鍵。

我很幸運，能在人生早期的關鍵時刻就遇見這個問題，但這只是因爲我的思考過程讓自己在學校遇上很多麻煩。到了五年級前後，我在學校表現不佳的情形陷入谷底，大多數老師認定我是扶不起的阿斗，而我也相信他們的判斷。後來，我媽幫我報名社區學習中心的課後輔導課程。那裡的課輔老師要求我回答一堆問題，等我給出答案以後，他們會追問我的推論過程。他們會說：「說說看你是怎麼想的？」有趣的是，「你是怎麼想的？」這個簡單的問題立刻讓我轉向內在，開始思考自己的思維歷程。

在年紀還這麼小的時候就有人引導我反思自己的思考過程，這幫助我培養出自我覺察，並認清自己什麼時候思維鬆散或陷入過度運轉。我經由練習，逐漸能輕鬆運用這個「心理切換開關」，從腦袋打結、感到挫敗，轉變爲好奇自己爲什麼會卡住，接著檢視自己的思路，找出避開障礙去完成事情的方法，繼續穩步前進。這是每個人在任何年齡、任何情況下都可以學會的事。

這項新技能很快引發我對別人思考歷程的好奇心。對眾人思考方式的差異，以及這些差別如何塑造自己的理解和行爲，我非常著迷。例如：問你一個問題時，答案完全取決於你如何解讀它。對許多問題來說，解讀方式不只有一種。透過了解不同的處理問題和新訊息的方法，我變得更能清明地思考問題，也學會與他人對話。

快轉到今天。我們的實驗室有一大特色（眞的讓我們的工作與眾不同之處），就是我們如何思考問題：我們如何定義問題、如何設計探索和實驗的架構，以及如何預測我們接下來必須處理的層面。

我的研究聚焦在醫療技術上，但方式並不傳統。舉例來說，我們沒有專攻特定疾病或關注特定技術。我們不是某種X實驗室或Y實驗室，也不是那種有明確專注領域的實驗室。剛開始當教授時，有人告訴我，我得讓研究更聚焦，也就是更明確定義出「品牌」，否則外界不會了解我們在做什麼。可是我知道，我的熱情遠遠不只如此，我們的使命也是如此：專注於**解決醫療問題的過程**，因爲它可以應用在絕大多數問題上。提問是這個過程不可或缺的要素。在每一步中推動著討論進行、幫助我們轉變解決問題的思維方式的那道提問是：「你怎麼想到這個答案的？」我們可以深入思考自己如何思索問題，質疑自己的思維，將它與某個問題的核心連結起來。在我們的實驗室中，如果有人問我們爲什麼要做X實驗，而答案是「爲了得知Y」，我們接著可以問：「那麼，了解Y如何幫助我們改進正在尋求的功能反應？其間的關聯是什麼？」如果發現沒有關聯，代表我們的做法可能需要修正。

這在實驗室中會是什麼樣子呢？通常，在我們接下一項專案之前，其他人試過的一些傳統方法已經失敗了。**爲了改變結果，我們必須重新調整思考方式**。傳統的過程往往是線性的：爲一個問題找到一個解決對策，然後處理下一個浮現出來的問題。這種程序雖然合乎邏輯，卻太狹隘，因爲要讓一項醫療創新從實驗室轉化成臨床治療用途，除了科學原理本身之外，還必須考量很多其他步驟。在任何裝置或療法進入人體臨床試驗之前，都必須先經過大量的測試；之後還得確保它能大量生產、包裝、行銷、配送、取得專利，以及得到長期支援。這一切問題都得先處理妥當，這項科學原理成果才能被廣泛運用。甚至在此之前，專案或問題的探討範圍，已經受到其他人（從其他科學家到資助委員會）對「什麼才可行」的看法深深影響。除非有人資助，否則我們無法推進專案，而這些資金通常會鎖定某個相對狹窄的研究範圍。

**想改變結果，我們必須重新調整自己對這個問題每個面向的思考方式，並重新定義自己的目標。**

**發亮**的生活需要你改變一些長期存在的習慣、探索、詢問，重新思考自己對很多事的假設——好吧，其實是重新思考**所有**假設——重新建構你對成功與失敗的看法，並深入內心，找出對你最重要的事情。扳動開關的意思是：（一）質疑假設、（二）找出意圖、（三）專注在行動上。

我的合作夥伴阿里·塔瓦寇里（Ali Tavakkoli）的故事讓我深受啓發。他是波士頓布萊根婦女醫院的減重外科醫師，也是該院一般外科的主任。塔瓦寇里看見胃繞道手術（一種減重外科手術）對第二型糖尿病患者很有助益，可是許多病患不願意開刀，偏偏當時沒有其他醫療選項能給大多數患者帶來如此顯著的好處。

傳統的胃繞道手術會重建胃和小腸，改變它們吸收和消化食物的方式。通常，像塔瓦寇里這樣的外科醫師，理所當然會制定一種外科術式做爲解決方案，然而，他想像的是非手術方法：用藥丸來模擬「手術」！他來找我們，想知道我們是否可以研發出一種藥丸，服用後能在腸道上形成一層覆膜，覆蓋的區域正是胃繞道手術中會被阻絕、避免接觸食物的那段腸道？此外，這種藥丸的作用能否是「暫時的」，只在需要時提供療效，卻沒有手術的永久副作用呢？

簡短的答案是「可以」，而且這種極其簡單的創新，有潛力徹底改變第二型糖尿病患者的治療方式。塔瓦寇里看見有機會開發出專爲糖尿病設計的另一種選項。他在減重手術的專業知識，加上不斷追問「爲什麼」的習慣，催生了一個突破性想法：透過非侵入性、口服藥的方式，達到與手術相同的效果。

塔瓦寇里沒有研發和製作這項技術原型所需的材料科學專業知識，但是他的實驗室確實擁有能測試這項技術可行性的模型。他沒有因爲缺乏特定專長就任由這個想法逐漸消失，而是向經驗豐富的生物材料專家求援，這個人最後把我們介紹給他。

羅馬哲學家皇帝馬可斯·奧里略·安東尼努斯在《沉思錄》一書中寫道：「凡是阻礙你的事物，都會變成道路。」③這個觀點認爲，障礙能成爲行動的推力，引導我們集中能量去克服它們，這也是佛教的重要教義之一。但是在我們以這種方式集中能量之前，必須先弄清楚是什麼阻礙了我們。小時候，我對自己的學習障礙缺乏清晰的認識，這不僅在學校是個巨大阻礙，也妨礙我和父母想解決這個問題的努力。得到診斷之後，我們就能著手利用合適的資源，而我的努力也產生了一些令人驚喜的初步進展。

很多時候，障礙存在我們對自己的看法當中：**我的經驗不足……我不能在這時候轉換跑**

**道……我永遠不會成功**。進展可能會因各式各樣的理由而陷入停滯，但我們的責任就是克服最初那種遭重擊般的挫敗感，並重啓整個過程。也許我們缺乏資訊或專業知識。或許我們需要一些指引、合適的導師，或有更多支持力量的環境。我們可以有選擇：是讓自己退出、置身事外，還是利用這些阻力當成個人發展的轉折點。

思索自己的思維方式，並分析你的思考歷程，有助於釐清問題的根源，如此一來，你就能採取步驟解決問題。否則就算改變策略或戰術，阻力還是會從新的地方浮現。

當你將注意力集中在實際障礙上，它們通常會被可行的解決方案取代。以園藝來比喻，就是你在挖土時發現石頭，就把它挖出來。有時候你不必挖得太深，就會發現擋路的障礙物是你的內心對話——那些你自己培養出來的負面自我對話。

## 詹姆斯．多堤：慈悲能徹底改變阻力的根源

研究慈悲的神經外科醫師詹姆斯．多堤說，求生是大腦根深柢固的本能，但我們對自己的負面信念卻不是。它們來自外在環境的負面影響，比如在成長過程中別人的品頭論足，或是削弱我們信心的文化訊息。當這些就是我們「得知」的自己，就會將它內化爲眞理，就像認定水是濕的、火是燙的一樣。實際上，自我懷疑讓我們覺得環境充滿威脅，進而觸發大腦中的警報。

多堤說：「我們因此在腦中創造了這些負面對話，可是當你這麼做，負面對話就會變成你的現實。如果你說『我辦不到』，那就是自己下了定義：你確實做不到。這就是很多人每天背負的東西。在我看來，這不是忽略就行的問題，而是要改變它。」

培養對自己的慈悲心，可以扳動開關。多堤說，因爲研究顯示，你可以有意識地讓對話從負面轉變爲自我肯定。你可以培養這樣的理解：你是有價值的，你值得被愛。你可以接受自己的「陰影自我」——那些你不喜歡、甚至希望能抹除的部分。他說：「當你接受這一點，就能改變這場內心對話。因爲你對外在世界的看法發生了變化。你終於看清現實的眞正本質，就會從鑽牛角尖和自責，轉向關注外界，並眞正看見每個人都在受苦，你會意識到自己並不孤單。每個人都值得被愛、受肯定、得到關愛。這個認知……會改變你對世界的觀感。」

> 內在批判者並不存在這個當下。它仰賴你對過往無止境的鑽牛角尖。一部爛電影我們不會租來看兩百五十遍，卻會在自己心裡這樣做。
>
> ——珍．邱禪．貝斯，醫師、禪修教師、大誓禪寺的共同住持[4]

多堤痛苦的童年，成爲他日後以科學家身分研究慈悲效應時，得以借鏡的早期經驗。多堤在《你的心，是最強大的魔法》一書中分享，當年他首次遇見一家魔術商店的店東時，還是個小男孩，處境很不好。他的家境貧困，覺得生活和自己都很糟。但那位店東分享的生命課程，逐漸開始在他內心產生改變。

多堤的家庭環境沒有改變，但在這位肯定他的店東提供的支持性環境下，他的內心發生了變化：「和魔術商店的老奶奶待在一起的時候，我個人的處境並沒有任何變化——什麼也沒變。我仍然回到完全相同的環境。但眞正改變的，其實是我看待這世界的方式。」他指出，人類的非語言溝通能力相當敏銳，可以從臉部表情、聲音的抑揚頓挫、肢體動作習慣，甚至氣味直覺地感受到他人的情緒狀態。這種演化優勢，爲我們的日常互動帶來強大的實質影響。「當一個人背負著憤怒、敵意、沮喪、絕望的重擔，大家都能感受到。這時常使人迴避或不願伸出援手。因此，當我改變自己看待世界的方式，世界看我的方式也改變了。這讓我得以翻轉自己的人生。」

> 太多孩子活在自己被貼上的標籤中。
> ——天寶．葛蘭汀

羅許的頓悟醞釀了很長一段時間，她尊重這段旅程，現在她體認到這是一個過程。經由這個過程，她不僅成功削弱自己長期努力克服的那個唱反調的內在聲音，也找到了自己的初心和熱情。對她來說，扳動開關的意思是：創造她稱爲「眞實、根本自我」的聲音。

羅許說：「以完整的自我活出人生。你的本質，就是造就你成爲自己的核心。找到內心深處那個讓你自在做自己的安靜角落。從這個地方開始，努力釐清自己的價值觀，接著問問周遭的人是否也認同這些價值觀？與那些和你共享相同價值觀的人建立人脈。」⑤與這種精神本質連結，是她能克服冒牌者症候群的一項關鍵因素。同樣關鍵的，還有她採取實際行動去實現自己意圖，並最終決定轉任女力組織。

多年來，羅許持續列出清單並書寫日誌，做爲自我內省，也針對「我是誰和我達成的事」進行全面盤點。她首先回顧這些清單，「提醒自己，帶我走到今日境地的歷程」。接著，她擴展這份清單的範圍。「我對自己擅長與不擅長，誠實到近乎殘酷。我逼自己區分出喜歡的事物，以及我其實不喜歡但假裝自己喜歡的事物。最重要的是，我思考什麼是自己人生中眞正重視的。」

透過這樣的反思，她意識到自己的目標已經改變。過去，證明自己是她覺得有必要做的事，但如今，「這已經不再是我的目標……我想要的是另一〔種〕挑戰，至於其他一切，比如地點、產業，都不再受限。突然間，我可以看見自己離開企業界，投身於對我很重要的社會使命。」

每當羅許平心靜氣地回到她的旅程，回顧自己的價值觀、優缺點，以及過去的表現紀錄，就能看見自己其實很擅長所做的事，並因此能轉變自己的思維方式。她可以看見新的可能性，擺脫束縛，將自己的能量在充滿挑戰的新環境中發揮價值，並在那裡茁壯成長。覺察自己的思考過程，以及這些過程如何影響行動，有助你確定什麼對自己最重要，並更有意識地活出自己的人生。

最終，羅許能將職涯轉向她現在視爲使命的方向：幫助女孩和婦女找到自己的聲音，並自信地運用它。在擔任女力執行長期間，她推動一個和女孩攜手合作的組織，對抗那些限制女性期望的負面文化訊息，並「拓展她們的視野，看見自己可能成爲什麼樣的人」。在著作《王后的新衣》中，她讓冒牌者症候群這個議題受到關注，因此引發一場至今仍有深遠影響的廣泛討論。她期望自己的故事和行動工具，可以幫助其他人比她更早在自己的人生中「扳動開關」。

## 蘇珊・霍克斐：回應服務的召喚

有時，改變的動力來得很突然，毫無預兆，就像你沒預料到的十字路口。蘇珊・霍克斐（Susan Hockfield）曾任麻省理工學院校長八年，是該校創立以來的第一位女校長，更早些年則是在耶魯大學擔任教務長、人文與科學研究院院長。她始終對科學懷抱著無比熱情，卻從未想過自己會走上領導職位，直到耶魯校長理察・雷文（Richard Levin）徵詢她是否願意擔任學院院長。她與丈夫談論此事時重新思考了這一點。在過程中，她突然意識到，是他人的服務，才讓她擁有如今的環境和機會。她回憶道：

我是科學家，但從未計畫在學術界擔任領導人。當校長要我接下這個職務，我的第一個反應自然是「不了，我是科學家」。但這對我來說，其實是非常、非常重要的成長時刻。回家後跟先生談起這件事時，才驚覺到我的自私。因爲直到那一刻，我才意識到，很多人過去投入了時間和力氣，創造出這樣的環境，讓我能發現自己的使命。我心想，我眞糟糕，竟然沒有早點察覺，甚至沒能認清，原來除了對科學的使命之外，服務也是一種使命。彷彿開關突然間被扳動了，我說：「啊，該是我站出來的時候了。」我懷抱著承諾去做這份工作，也覺得這是莫大的榮幸。

這種使命和當科學家不一樣，它是一種「服務的召喚」。我過去從不明白這有多強而有力。在職業生涯中，調整你的內心，去聽見不同形式的召喚，這點很重要。我認爲，挺身而出、回應服務的召喚和挑起落在肩上的責任，這表示你已經接受對他人的一份責任，人類社會就仰賴這種組織原則來運作。如果放棄這種責任，我們怎麼能凝聚社會？凝聚這個世界？你其實有能力超越眼前目標——我們在運動競技上頌揚這種動力，卻鮮少將這個想法應用在其他事物上。它的重點其實就是激發探索精神，也是讓人思考超越當下的自己。

身爲導師，雷金納．「雷吉」．舒福德（Reginald "Reggie" Shuford）主張活出眞我，生活應該表裡一致，展現眞實性。他在自己的人生態度上也如此力行。二〇一九年，他在金恩博士領導發展學院畢業典禮致詞中，鼓勵畢業生「順著你血液跳動的方向走」。他說：

王爾德有句名言是這麼說的：「做自己吧，因爲其他角色都有人做了。」「順著你血液跳動的方向走」的意思是忠於眞實的自我。想做其他角色，到頭來都是徒勞、浪費時間、緣木求魚。你正是自己想要成爲的那個人。接受你自己是誰。你愈早這麼做，就愈快能過著自己本來該過的生活。拿我自己來說，早年我想淡化自己的與眾不同，融入人群，不引起別人的注意。我相信這在年輕人當中很常見。但你終究會懂得欣賞讓你與眾不同之處，而獨特可以是你的超能力。一旦停止勉強變成別人，接受自己，以正向的方式運用這股能量，你的影響力就會提高。⑥

## 有意識的節奏與當下的急迫性

在自然界中，恆定狀態是一種動態平衡，一種自我調節的平衡過程，從個別生物到複雜系統皆然。突然的變化（比如流星撞地球、大火、洪水）會造成失衡，因爲平衡狀態發生變動。大自然會回應失衡，塡補空缺，通常新的成長會以緩慢、穩定的節奏發生。每個人的人生運作也大抵如此，而時機會影響我們一生中爲新的成長或變化所做的努力。

如同大自然的所有過程一樣，在你考慮如何與何時調整步伐時，時機這項因素，可以讓你在改變人生方向或採用新方式適應時獲得優勢。我稱它爲「有意識的節奏」。

如果你處於沉思狀態，不妨利用這種將注意力集中在自己內在的時刻，透過內在對話來反思。如果你正專注在對外與同事合作或善盡家庭責任，這可能是觀察自己如何與他人交流，或是他人如何與你互動的理想機會，藉此從外在世界經驗中獲得洞察力。

在讀研究所的頭幾年，甚至更早，我看見一些比我資深的人似乎凡事都有一套策略：如何提問、如何表現自己、如何在研究中找出聚焦的目標、如何篩選並找到能產生最大影響的點子、如何評估它們的影響力。在這之前，我擁有的策略就是跟隨自己的好奇心。但如今我突然接觸到精通許多技巧的人，而這些技巧都是我不具備的：簡報和溝通技巧、募集資金、時間管理……數也數不清。

最重要的是，我渴望擁有人生策略。當時我曾因爲沒有任何進展或似乎沒什麼進展而感到挫折，因爲我沒有擬定策略，也不知如何實現目標。但現在我明白，眞正促成結果的，是我們一路投入的能量。又過了很久以後，我終於能回頭反思那段日子，這才發現自己一直在發展策略，只是當時未察覺。那些我強烈想達成、也很努力實現的人生目標，最終還是實現了，有些是最近才達成的。它沒有按照我過去期望的時間表出現。以前我總是急於想讓事情更快實現，但人生自有它的節奏，這個節奏是每個人內在固有的，也存在於整個大自然。

我們時常被快速的時間節奏、生活中即時滿足需求的事、當下的急迫感所牽動，因而看不見那些緩慢變化正在塑造我們和我們的道路。看看住處附近的一棵樹，日復一日，月復一月，它看起來大小都差不多。可是幾年之後，你會突然意識到它已經有所成長。內在的節奏聲音要求我們放慢腳步，停下來想一想自己正投入什麼事。當我們的能量與自己眞正想表達、想做的事脫節了，也要能覺察並承認這個狀況。

教育體系（和許多工作）要求我們照表操課——作業、測驗日期、隨意決定的最後期限——這與我們的自然節奏不相符，但個人成長與進化不一定非得如此。儘管我們可能會感受到快速成長的壓力，但其實不必在一個既定期限內就「達成」理解自己的生活節奏。這個過程是持續的，通常是循序漸進的。當我們帶著意圖去進行時，進步也會是持續且漸進的。

當有人跟我提到自己人生中難忘的轉捩點，不可避免地會以過去發生的事為背景。或許在此之前，他們曾長時間想說服自己相信，那些空虛或不如人意的經歷都是正常的，且總有辦法解決的。他們不曾停下來深入挖掘問題的根，也未曾考慮真正需要的是一場有意義的變革，而不只是拿出應急的解決辦法。正如羅許描述的：行動過多，暫停不足。對有些人來說，他們的處境客觀來看一點也不差，況且追求不同的道路存在風險。但無論哪種情況，他們沿著這條原本的路走得愈遠，拖延和慣性變得益發明顯，讓他們更難想像自己能改變。要做重大改變的活化能似乎太高了。最終，發生了一些事，增加了推動力，而這股動能降低了踏出臨門一腳所需的活化能，然後這個簡單的起步就點燃接下來的一切。

加布．德利塔（Gabe DeRita）二十九歲時在舊金山有一份收入豐厚的軟體銷售工作，在海灘附近有一間公寓，還有一群朋友，生活是如此美好。無論從表面來看，或是從他欣然接受的傳統衡量標準來看，這都是成功的人生。儘管如此，他總是有種揮之不去的不對勁感。他告訴我：「我只是覺得自己在做該做的事——很像是按部就班在完成人生清單一樣。」有天傍晚，他騎腳踏車回家時，腦海中突然浮現一幅截然不同的畫面。「我清晰感覺到自己的未來正逐漸縮小。如果繼續走現在這條路，最終只會累垮，死於一種千刀萬剮凌遲式的消耗。明年我就三十歲了，感覺青春正離我遠去。我感受不到任何意義或目的。我一直以來都想騎單車環遊世界，而就在那一刻，一切突然變清晰了：如果我再推遲，也許就再也沒機會重拾這個夢想了。」

在接下來的日子裡，他開始重新思考自己長久以來對「成功人生」的假設——那些他曾照單全收的種種最優先考慮事項，如今卻漸漸讓他感覺愈來愈不眞實。幾個月後，他辭去熟悉的工作與舒適生活，賣掉家當，開始騎自行車環遊世界。

他說：「從第一天起，我立刻明白自己做了正確的選擇。」他在接下來的十八個月獨自遊遍世界，絕大部分行程都是靠腳踏車完成的。沿途遇見的人、在陌生且時常充滿挑戰的地形中的經驗，深深改變了他的人生方向。他接觸到「生之意義」（ikigai，也就是在生活中找到意義和成就感）這個日本信念，並將這些原則和方法帶進自己的內在旅程，培養習慣和作爲，支持他追求更有意義的人生。起初的改變幅度並不大，比如每天冥想、更用心地選擇食物、積極表現感恩，這些讓他走上一條新的道路。

行動。我總是告訴年輕人，「開始」這件事具有魔力。
他們對我說：「我聽得出妳的熱情。
我也有這份熱情，只是不知道該往哪個方向發展。」
我會回他們：「那就隨便先邁出一步吧，你絕不會後悔。」

留意你內心對可能性的渴望。

↓

盤點行得通與阻礙前進的事。

↓

認識新的思考方法和其他可能性。

↓

有意識地向前邁出一步，
積極投入行動。

假設你改變心意，比如申請木工學校的暑期課程，
結果上了兩週後，發現你討厭這件事，不是你的興趣所在。
你知道，這不打緊。
別太早退出，而是要邁出一步。
千萬別什麼都不做，虛度光陰。
——黛安娜．奈德，廣播電台記者、耐力長泳紀錄保持人⑦

## 徹底活出「發亮」

扳動開關其實是啓動個人的進化開關，有意識地選擇全新可能性，超越眼前的好處或一成不變的日常。每個人都會面臨選擇，有決定要做，有問題要解決，還有阻礙自己實現目標或發現新目標的處境。我們全都需要在工作和家庭責任之間取得平衡。管理家中財務、計畫育兒或應對教養子女面臨的大哉問、處理與家人或朋友間的衝突。我們還得仔細權衡居住地、攝取的食物、想建立的社群，以及接受的價值觀。

人類天生具有打破慣性反應的能力，進而深刻塑造大腦神經連結和基因表現。表觀遺傳改變的機制關鍵在於：我們如何與自己所處環境和經驗互動，據說這能「扳動基因表現的開關」。當我們有意識地這樣做，就會不斷更新自身的神經連結，並強化能積極培養大腦可塑性與進化潛力的路徑。我們投入了大自然進化成功的基本過程。

從羅許追求職涯轉向使命感，到德利塔的一人獨旅，到塔瓦寇里將腸胃道手術放進一顆藥丸中的創新點子，再到等待著你的無限可能，看起來距離很遙遠，但有一條共同的道路——你可以改變自己的思維，選擇走上這條路。湯姆・雷斯（Tom Rath）研究激發人類潛能這個主題超過二十年，他指出：「如果大家把精力投入發展自身優勢，而不是彌補自己的缺陷，成長潛力會高出好幾倍。」⑧

是該進行你人生中最明智的一筆投資了：**投資你自己的潛能**。

人生點燃工具①

## 發揮想像力

暫時把你告訴自己（或別人告訴你）此生該做什麼擺在一旁，和自己一起腦力激盪，想想還有哪些其他可能性。

效法羅許的寫日誌策略，反思你對自己和所處環境的看法，檢視你對自己和你的未來的想法當中，最重要的優勢和興趣是什麼。我妻子潔西卡（Jessica）是皮拉提斯教練，她提供這個簡單的練習——只需發揮你的想像力：

想像你有一副眼鏡，可以隨心所欲地更換鏡片。每當有事讓你心煩，要知道那只是自己根據「這副眼鏡」觀看事物做成的解釋。當你耐心地爲眼鏡換上新鏡片，一個全新的世界就此展開，也會呈現出一則完全不同的故事。

無論偏好分析性或創意方法，都請你探索自己的思維，以及自然界隨處可見的證據，發掘：

- **模式**：留意重複出現的模式，這些模式往往會讓你面對工作或生活選擇的決策時，走上熟悉的道路。這些可能來自你對自己或他人的信念，也可能是讓你留在原地的恐懼，阻撓你想像不同的可能。試著擺脫它們，就算只是短暫片刻，也能打破既有模式，並創造新空間，更有意識地行動，減少隨波逐流過日子和人生。請留意自然界中的模式——有些是重複出現、具結構或目的性的模式，還有些模式是短暫存在、反映自發性和變化，這些都是自然「秩序」的一部分。在演化過程中，自然界的模式總是隨著環境變動而不斷變化。向大自然學習，汲取靈感，我們可以重新審視舊模式，因為大多數模式遲早都需要更新。

- **潛能**：明白為改變騰出空間，潛能就存在當中。做些細微的調整來挪出時間，追求你的興趣，或探索可能給你帶來成長潛力的新興趣。請留意潛能是自然界的一種基本特徵，從一顆種子到讓一切運行的巨大系統皆是如此。
- **可能性**：了解到，有新的方法可以思考自己的思維方式，並降低採取行動的活化能，實現你的目標。嘗試和新朋友共進午餐或喝杯咖啡，為你的一天注入新鮮的啓發能量，他們可能有助於改變你的心態或刷新你的思維。請留意大自然本身如何不斷提醒各種元素的動態交互作用。

# 2

# 活在提問中：以好奇心取代謹小慎微，勇於深入挖掘

## 對每件事都主動提問，帶著意圖探索。

當心中出現一個新問題，阻止我們前進，
這些時刻就是自己生命的轉捩點。
它們是帶來突破性發現與新可能性的機會。
——克莉絲塔·提佩特，
記者、作家、「論存在」計畫（On Being Project）創辦人①

多年前，我突然對蠑螈感興趣，特別是牠們的尾巴。當蠑螈失去尾巴，短短幾週內就能重新長回來。其他許多動物也擁有這種能力，例如：海星和章魚可以重新長出腕足，斑馬魚的鰭和心臟可以再生。

這讓我想知道：我們能在人類身上引發相同的反應嗎？這個問題促使我和恩師羅伯特・蘭格（Robert Langer），以及我們的門生尹曉磊多年來一直在尋找答案。其中一項研究成果透過啓動身體的再生潛能，爲多發性硬化症帶來一種可能的治療方法，並有望應用在許多方面。②

實驗室的研究與創新大多根植於自然界在某些方面提出的對策。大自然是我們創造過程中的一塊試金石，在賦予我們找出答案的能力之前，它先幫助我們提出新的問題。透過觀察和調查，我們得知豪豬的刺毛能輕易穿透組織，卻很難移除。這樣的知識如何幫助我們設計出更好的手術釘書針？是什麼讓蜘蛛能在蛛網上走動而不被黏住，但獵物竟然無從逃脫？了解其中原理如何幫助我們設計出既能緊貼在新生兒嬌嫩皮膚上，又能無痛撕除的醫療膠帶？大自然蘊藏著許多問題的答案，即便我們還不懂得提出這些問題。演化造就了各式各樣強韌、持久存活的能力，這往往爲人類的醫療進步指引明路。要不要深入挖掘這個寶庫，取決於我們。但首先，我們必須確立問題，它能定義要解決的難題，並引導我們找到答案。

我們在實驗室學到，在高風險的創新領域中，「問題」應該比「答案」多受到重視。我們的每一次成功與失敗，都可以追溯到較早階段中曾提出或沒有提出的那些問題。

我在職業生涯最重大的一次挫折，起因竟是一個我們從未想過要問的問題。當時是實驗室草創初期的一個關鍵時刻。我們開發了一項新技術，認爲它有潛力改變許多疾病的治療方式，並改善全球數百萬人的生活品質。但這項計畫竟然在有天下午我和一名潛在投資人碰面後戛然而止。

簡單來說，我們打算將幹細胞注入病患的血液中。這些幹細胞會被運送到身體的特定位置，用來治療比如發炎性腸道疾病、關節炎或骨質疏鬆症。

可是這名有意投資者指出，這項治療「太複雜」，難以募集資金。我們的團隊甚至沒有考慮過如何將這個點子帶進醫療市場。我們從未提出過的一個問題是：這種治療要怎麼接觸到病患？這項技術很令人興奮，可是我們從未考慮過如何將它落實在臨床應用上。

將醫療技術轉化爲實際應用——在這項極其獨特的任務中，一切都取決於我們用來定義與解決難題的**提問品質**。正如我們學到的，這包括這些問題的廣度。有時，你可能走在一條大有可爲的路上，提出所有迫切的問題後，最終卻還是遇上「失落的一角」帶來的挑戰——這也只有在臨床試驗失敗時才會顯現出來，原因通常是某項與人類生物學有關的基礎研究尚未被發現。

對於「幹細胞靶向」（stem cell-targeting）的構想因爲太複雜而沒能成功爭取到資金，我們感到很失望。不過我們從此有能力確保未來的解決方案不會再次陷入死胡同。往後，我們不會假定有人會決定如何製造、包裝和行銷某項治療法。我們會進行調查，負責解決問題的每一部分，並且引入具備所需領域專長的新實驗室合作夥伴，合力解決從實驗室到臨床應用的挑戰。我們會提出更多、更好的問題。

> 提出困難的問題，很簡單。
> ——奧登，詩人

在研究我們要解決的難題的每個面向時，提出問題（其中有些是故意隨機的問題）成了我們與醫師、科學家和其他人攜手探索過程的一部分。這表示，要進行一層又一層的探討，調查臨床問題、技術問題、專利問題、製造問題、法規問題、實際運用問題、投資問題，以及進入市場問題。我總是四處尋找可用的資訊，那種無法在研究論文或教科書上找著的實用知識。我還會質疑自己提出的問題：爲什麼我會問這個問題？它會引導我們去何處？我們可能會錯過什麼？解決問題時，你可以從無數不同角度切入，但其中大多數都會走入死胡同。因此，提問本身變成像是一場偵探遊戲。至於問題，是產生獨特見解、帶來解決對策的工具。

在投資人粉碎了我們對這項幹細胞療法的希望後，我不得不問自己：爲什麼先前我會忽略如今看來顯而易見的實施步驟？原因在於：學術研究歷來主要專注在基礎科學上。研究人員普遍缺乏的正規訓練，是將研究成果轉化爲可製造與行銷的產品。他們對專利、法規流程、生產製程、臨床試驗和病患需求，往往所知甚少。早期我也是如此，但如今這些問題已經和我們開發的治療方法一樣，是實驗室流程的核心。

在任何情況下、對任何人來說，我們都可以從中得到一個啓示：挑戰自己，跳脫框架去思考，去理解那些未曾受質疑的假設和信念，因為它們可能限制了我們的思維。你未必要證明它們錯了，只需質疑它們，更深入探究、進一步搜尋答案。提出嚴謹的問題是科學探究的核心，但你不必是科學家才能喜歡發問，在日常生活中就能培養提問能力——出於好奇的問題、解決問題的問題、基本技能的問題，以及關於人類存在與生命意義的問題。

問題就像挖掘工具，是行動的萬用利器。問題可以像挖土機，挖開舊有的假設；也可以像考古學家的小平鏟和刷子，發掘塵封的文物或珍寶；或者像雕刻家的鑿子，從大理石中釋放傑作。或者，可以把問題比作瑞士刀這種萬用工具：一個犀利的問題可以撬開話匣子，直搗事情核心，擰緊鬆散的概念。你可以運用問題加速對話的進行，或者慢下來，保有深思的餘裕。我喜歡把**發亮**問題想成廣義上的火種，既可以降低活化能，也為對話、探索、批判性思考與創意思考，以及好奇心點燃火花。這些比喻也許有點誇大，但重點是想強調問題做為行動工具的這一面。問題就像其他工具，具有力量和目的。

> 提問會讓熟悉的事物再次變得神祕，進而消除「已知」的舒適感。
>
> ——茱莉亞．布羅斯基，教育工作者與研究者③

## 準備好質疑你的思維過程了嗎？

我們過去做出的決定至今仍舊影響自己，而且往往會毫不懷疑地接受，未曾想過它們是否依然適用。我們會混淆「眞正的可能性」和「我們根據過去的經驗與當下的環境所認爲的可能性」。因此，我們對當前的假設不僅必須存疑，也要質疑這些假設是否可能源自應當重新審視的過往假設。

舉例來說，我們實驗室於二〇一四年在《自然生物科技》期刊上發表了一篇被高度引用的觀點文章，指出與特定類型幹細胞相關的假設是錯的。過去一直認定這種類型的幹細胞從某人移植到另一人身上時，不會引起人體的免疫排斥反應，但是後來我們在文獻中找到推翻這項觀點的資料。於是我們深入探究這個問題，最後找到多年前在研討會上發表的簡報資料，正是在那時候，這個錯誤的假設就被納入科學文獻，成了既定觀點。

我們認定爲眞的事物中，是否有基於不正確或現在已過時的歷史先例呢？我們此刻正在做的事是否受限於某個因素，但這個限制其實可以透過質疑其假設來排除？

人類天生好奇，追問「爲什麼」是很自然的事。只要聽聽任何學齡前兒童說的話，你就會懂。但要構思一個具啓發性、策略性的好問題，並不是與生俱來的技能。不過這是可以學習的，它有點像大腦的極限運動，既充滿挑戰性，又令人振奮。你愈是經常審視自己的思維過程，就愈能培養提問的技能和信心。

當中有一項技巧是，研究你欽佩的人如何提出有用的問題。他們的方法有哪個部分適用於你？就我來說，提出好問題改變了我的人生。

我剛進大學不久就決心要克服童年的學習困擾，掌握一些基本的學術技能。我很想提出更好的問題。爲了學會如何做到這一點，我做了一件非常怪咖的事：我寫下同學在課堂結束前提出的所有問題，想從中尋找模式。我找到幾個重要模式。接下來我會舉科學方面的例子，不過這些重點適用於任何背景。只要按照下列方法不斷深究，最好的問題——那些高價值的問題，就會出現：

- **他們揭示了缺乏充分支持就被採納的重要假設：**培訓中的科學家經常會假定，自己使用的方法，無論是從一家公司的網站看到，或是來自別人的研究，只要遵循既定步驟，應當行得通。因此他們在自己的實驗中嘗試這個方法之前，並不會先確認它是否眞的可行。我意識到，提出初步問題很重要，例如：「你怎麼知道使用的分析方法或檢測套組確實能正常運作？」
- **他們揭露了缺陷或扭曲：**在科學領域，這可能包括誇大結論、替代結論，以及缺少對照組——假如有對照組，對結果的解讀就會更嚴密，例如：研究人員在鹽水（緩衝生理食鹽水）中進行實驗，得到非常理想的結果，並根據它提出強而有力、廣泛適用的結論，卻未在包含大量蛋白質、更複雜的生物體液中進行測試，但這些體液可能會改變答案。

- **他們質疑我們如何監測進展、做成決定、辨識問題與機會：**研究人員有時會採用錯誤的統計數據比較事物，因而誤判結果達到或未達統計上的顯著差異水準。運用錯誤的統計方法時，我們往往會誤判兩個群體不一樣，但它們其實沒有差別！
- **他們區分出有趣的結果和重要的結果：**換句話說，他們能分清楚：有些結果之所以被認為有趣，是因為顯示了差異。至於有些結果很重要，是因為這個差異對病患或潛在應用產生重大的影響，超出原先預期。差異可以是有趣的，但重要的差異才是所有人想要的。

這種意識幫助我學會提出能直指目標的問題，無論是為了滿足自己的好奇心，還是找出問題的最佳解決方案。

這也令我決心要為其他人創造一個環境（最終是在我的實驗室裡），我們在這裡不急於找到答案和解決辦法，而是敦促自己提出更好的問題。我們的主要任務是：界定自己要解決的問題和衡量成功的最高標準，然後力求超越。

在我們實驗室中最重要的問題之一是：「我們需要超越什麼標準，才能讓人感到興奮？」換句話說，前人取得的最佳結果是什麼，我們必須往前推進多遠才能產生重大的正面影響？我們必須跨越什麼門檻才能產生影響？這很難定義，因為它需要詳細了解他人取得的最佳成果。

我總是謹記恩師蘭格對高價值問題的看法：解決重要問題和不那麼迫切的問題，花費的時間一樣多。能否成功，取決於我們提出的問題，它們定義了我們想要解決的問題。提出的問題愈好，就愈有可能做出有影響力的新發現。

## 向內探究

無論在實驗室或生活中，我們提出的問題都具有改變的力量。向內探究、經過省察的生活，會讓我們有意識地探索：什麼對自己最有意義，以及如何按照這些價值觀生活。由於我們的生活最終會與所有其他人交織在一起，並且與自然世界共享一個棲息地，因此我們提出的問題可能讓自己超越自身，開始想服務他人。

從實際角度來看，自我探究能幫助我們覺察自身的生理節奏和面向，同時釐清如何透過實驗來調適、改變心態、逐步發展自己的感知能力，爲自己提供更好的服務。這是一項終身修練。任何事物不會像離散的原子眞理一樣是簡單、固定、無法細分的，而是存在著層層疊疊的碎形和相互連結，可能會隨著時間逐漸顯現出來——又或者你可以乾脆動手開始挖掘。提問幫助我們釐清自己喜歡當前狀況的哪些方面——無論我們身處人生的哪個階段，以及我們希望改變或看見什麼進展。我們與他人互動愈多、聽見不同聲音和觀點、傾聽自己的心聲，就愈擅長帶著意圖提問和進化。

我們在生活和工作中尋找意義，而對自己提問可以開啓新的思考方式：當下什麼事是有意義的？什麼事在今天有意義，但可能會隨著時間而變化？什麼事能以更持久的方式展現意義？投入自我探究的過程，幫助我更了解自己。我能審視自己的優先事項，把注意力轉移到人際關係上，特別是和家人的關係，才能了解什麼是眞正讓內心感到滿足的所在？當我認清家人對我來說是能量、寬慰和安心的來源，就加深了我的人生意義。

> 如果從不質疑事物，你的生活最終會受到別人的想像力所局限。花時間思考和作夢、提問和重新審視。與其受限於你在別人夢想中的位置，不如受限於你自己的夢想。
> ——詹姆斯·克利爾，《原子習慣》作者④

## 好奇心能激發探究和發現

遺傳學家與分子生物學家菲力浦·夏普（Phillip Sharp）因爲發現不連續基因和RNA剪接，在一九九三年榮獲諾貝爾生醫獎。當他被問到成功有何策略，他只說：「我審愼面對風險，也一直對世界充滿好奇。」⑤從他的成就來看，這個說法其實有點輕描淡寫。別的事先不提，夏普的工作還推進了我們對信使RNA（mRNA）的理解，這也是日後用來對抗新冠肺炎的 mRNA 疫苗技術的前身。

在好奇心是必備素質的領域中，夏普由於提問時展現非比尋常的勇氣和創意，受到眾人讚揚。正是特有的好奇心與堅持不懈的探究，使夏普設法解決在人類生物學中他稱爲「當代最重要的問題」，進而發現了不連續基因這種細胞結構，使我們能透過人爲基因剪接，創造成熟的 mRNA。這項發現是由夏普和英國生化學家與分子生物學家理查・羅伯茲（Richard J. Roberts）各自獨立完成的研究成果，兩人因此共同獲得諾貝爾獎。這項發現改變了科學界對細胞結構的理解，催生了關於癌症和其他疾病發展的新一波醫學研究。若要評選對諾貝爾獎得主職涯來說最具影響力的「後續成就」，那麼一九七〇年代 RNA 剪接的發現，堪稱其中翹楚——這項成就爲數十年後對抗新冠肺炎的 mRNA 疫苗的研發鋪路。

夏普就事論事地描述自己的心路歷程和動機：「這一切過程來自人生旅程，尤其是人格特質。我一直是個樂於與人爲伍，但獨處也自在的人。我也很習慣讓自己的思緒隨意漫遊。」光是心平氣和地坐下來，思考該提出什麼最好的問題，就足以爲整個學術界帶來激盪。緩慢、清晰和刻意思考，可以幫助我們將問題轉化爲開啓全世界最大難題的鑰匙。他說：「我知道生物科學正處於有能力解決這些問題的臨界點。」而一種「一廂情願、有點夢幻的想法」，讓他最後說：「在這個關鍵過程中，肯定還有什麼是我們未知的。」

運用問題培養好奇心，
解鎖出於直覺的興趣。

↓

盤點什麼行得通、
什麼會妨礙你。

↓

發現最能刺激你渴望學習或
探索的事。

↓

擁抱全心投入帶來的活力。

↓

提出新的問題，
繼續探索對你最有意義的事。

對所有人來說，好奇心能激發人提問，而提問又會激發好奇心。這個**發亮**循環，對學步兒追問「爲什麼」很重要，對諾貝爾獎級別的科學探究也一樣。隨著研究大腦、大腦相關行爲的新方法出現，研究人員開始仔細審視好奇心和追根究柢帶來的好處。研究指出，好奇心通常被簡單描述成「想學習或了解事物的強烈欲望」，這是一種稱爲「資訊尋求」的認知狀態，而且它完全深植在大腦的思考歷程和酬賞系統中。

神經科學和教育研究顯示，當人感到好奇的時候，大腦的愉悅、酬賞和記憶中心全都會亮起來，刺激大腦進行深度學習、發現和社會連結。（開心也是如此，從益智問答或填字遊戲可以得到證明。）神經迴路會將資訊當成一種內在酬賞來回應，無論這項追求的動機是興趣或匱乏，我們都會設法填補這種知識上的空缺。即使這項訊息本身可能沒有太大的實際價值，或者我們預期它會令人失望、帶來負面後果，但是「好奇心的誘惑」會讓人不斷想知道更多！[6]尤其是這項訊息很新奇、令人意外、違反直覺，或者與自己的信念、對某件事的理解有某種程度的牴觸。這就是上網瀏覽很容易上癮，以及錯誤資訊黏性強且難以忽視的原因之一。在〈未來屬於好奇者：關於兒童好奇心的自動理解與識別〉這篇論文中，作者指出，表達好奇心通常伴著正面的情緒能量，這讓好奇心具有吸引力，而且「專注、探索和快樂，是最常與好奇心同時出現的情感狀態」。[7]

其他研究顯示，人天生就會被「驚奇」吸引。有一項針對嬰兒的研究指出，他們「在物體移動違反預期的物理定律時，能將聲音/字詞與視覺物體建立更強烈的關聯性。」[8]

好奇心不僅會啟動大腦的學習功能，這種狀態還能被大腦的酬賞系統辨識出來並產生反應。如果好奇心這麼有價值、提問又是表達好奇心的方式，那爲什麼提問也會讓人緊張反胃、猶豫不決呢？這是因爲好奇心會使情緒高漲。如果你對於暴露自己不懂的事感到不自在，或者擔心自己的提問會遭受批評，焦慮感就可能會迅速抑制好奇心和探究。對孩子來說，來自老師、父母或同儕的負面反應，會讓他們不敢發問。在成人的世界中，對提問的敵意或羞辱也會造成寒蟬效應，進而限制能孕育創新構想的自由公開討論。

循著好奇心的方向走，就能找到著迷感。
——凱瑟琳·梅，《著迷：在焦慮年代的覺醒奇蹟》作者⑨

挪威心理學家與神經科學家梅—布里特·穆瑟（May-Britt Moser）是二〇一四年諾貝爾生醫獎共同得主。她告訴我，根據她的經驗，有時候在實驗室裡提出看似「愚蠢的」問題，反而會變成最有趣的問題。至少，這樣的討論能肯定提問者的價值，鼓勵他們和其他人勇於冒險提問。

穆瑟是神經計算中心（Centre for Neural Computation）的創始主任，也是卡夫利系統神經科學研究所（Kavli Institute for Systems Neuroscience）的共同主任。她表示，在自己所處的研究環境中，最看重的是，提出能產出成果、具高價值的問題，但她相信所有的問題（包括有時讓人惱火的問題）都具有價值。我在自己的實驗室裡也觀察到同樣的狀況。即使是一個引發可預期、直覺反應的問題，往往也能帶動討論的能量，激發一場熱烈的交流。我自己有時也會在討論中故意提出這類問題。有人可能會說：「不會吧，這行不通啦。」我會反問：「為什麼不行呢？」當他們說出自己的主張，我就有機會從全新的角度（也就是他們的角度）聽見他們的推理過程，這可以讓從未質疑過的假設現形，或是揭露值得往下探究的獨特見解。

因此，如果你一路以來學到的教訓是「別發問」，千萬別相信。世界需要你的提問。面對今日種種複雜的挑戰，這個世界特別需要你表達出眞誠、發人深省的好奇心——你的**發亮問題**。我們應該學著信任自己爲了滿足好奇心而想一探究竟的本能，悉心培養，讓它在我們一生中都能發聲，而不是壓抑自己的「瘋狂主意」，或因爲猶豫而不敢提出打破冷場、促進對話的問題。把恐懼擺在一旁，與其迴避提出令人不舒服的重大問題，不如刻意設法與對方互動。無論是透過內在對話，或是彼此交流，反思本身都能刺激大腦進行深度學習和發現、社會連結、直覺經驗與心靈層面的體驗。

既然能有這麼多收穫，何必就此止步呢？

> 你必須真的勇於相信自己的直覺和想法，否則就會屈服……然後，那些本來可能永難忘懷的事物也會隨之消失。
>
> ——法蘭西斯．柯波拉，美國知名導演⑩

## 從發問到行動的橋梁

從帶來個人洞見的問題，到最終能形成公共政策的問題，我們的提問可以引發改變。維偉克．莫西在二〇一四年被任命爲美國公共衛生署長（他在二〇二一年再度被任命），當時美國公衛的重大議題是類鴉片藥物成癮的危機日益惡化。身爲醫師，他深知這個議題的複雜度很高，牽涉範圍又廣，他的目標是改變處理類鴉片藥物成癮的方法。雖然診斷標準和治療很重要，但是應對措施還需要將社區關懷和對抗這個問題的動力一併納入考量。他首先展開傾聽之旅，走遍全美各地，徵詢大眾最關切的健康問題是什麼。他的主要問題是：「我能幫什麼忙？」

結果聯邦政府破天荒地發表報告，正式承認成癮、藥物使用和藥物濫用疾患的規模，也承認這是一場公衛危機。莫西說：「我覺得自己很像跳脫框框往裡看，並不是認爲規則不適用於我，而是……我高度質疑那些規則。我質疑現狀並說：『我不認爲事情**必須**是這樣，而是認爲我們要換個方式來處理。』」莫西在二〇二〇年出版了《當我們一起》一書，透過全面性觀點重新闡述公衛議題，並用這種視角徹底改變了大家對當代生活每個面向議題的討論方式。身爲公共衛生署長，他持續拓展「健康」的定義範疇。他長期關注心理健康，認爲它是公共衛生的核心。二〇二一年，他發表的一份報告中警示，年輕人的心理健康危機正逐步加劇，並形容這是一場在新冠疫情陰影下滋生的「無聲流行病」。⑪美國不堪負荷的心理衛生體系，既無法滿足年輕人的需求，也不能照顧到成年人的需要。至今仍未能有效改善。在隨後的報告和媒體訪談中，莫西進一步將一系列議題納入健康要關切的範疇，從種族主義與經濟不平等，到錯誤資訊和兩極化的危害。他認為，人際關係是健康的共同基礎，也是「對所有人來說，強大又不可或缺的療癒泉源」。⑫

提問能建立人與人之間的關係，用心傾聽則能讓關係更深厚。

莫西表示，提出一個可以推動有意義行動的問題是：「在過去數十年間，我們看見支持社會的根基日益瓦解，怎麼做才能重建人際連結和社群呢？」

或是想想德國精神科醫師與心理治療師格哈．葛倫德（Gerhard Gründer）在他的新書《我們想要如何生活？未來由我們自己決定》中提出的問題。他的問題值得再三反思：**我們想要如何生活？**

> 為了回報地球給予的種種珍貴恩賜，不妨自問：
> 「我該怎麼回報？為了回報得到的一切，我該負起什麼責任？」
> ——羅賓．沃爾．基默爾，美國原住民植物學家⑬

# 為更寬廣的人生，提出重要問題

在新冠疫情封城期間，我決定必須重新點燃與他人的關係。我知道ADHD會讓自己朝各種方向亂飄，於是開始尋找可以幫助我更有意識地安排時間、做出決定的技能——這會是我工具箱的新法寶。有些事就明擺在我面前，比如我姊姊一直都很擅長經營良好的人際關係，而且很用心維繫。對她來說，維持人際圈非常重要。我可以努力學習這件事。

冥想是觀察自己心智如何運作的另一種方式，這成了我探索的一部分。我還在嘗試不同的冥想練習，但除了發現自己內心竟然藏著意想不到的平靜之外，還注意到，有時冥想過程中會出現不同的新問題，反倒讓我持續專注，而不是分心。比如其中一個問題是：這次的冥想如何與我的心智或身體相互作用？覺察到思考模式、身體感知和冥想狀態下的身心經驗彼此之間的作用，有助於我觀察念頭、驅動自己思考的動機，以及它要帶我走向何方。

從自己最私密的不知所措狀態，到關乎全球的困境，我們的提問定義了自己想解決的問題。問題幫助我們界定對自己最重要的事，並擬定策略實現這些最要緊的事。當今的道德與倫理困境需要新的思維、提出更聰明的問題，以及更積極地尋求解決辦法。新冠疫情期間，迫使人要面對許多棘手的問題，而在面對未來可能發生的全球健康危機之下，這些問題仍然餘波盪漾：政府應該根據什麼基礎指定疫苗注射優先順序？隨著病例數激增且醫療資源窮於應付，就會發生醫療資源配給問題：哪些病患應該戴上人工呼吸器，甚至被擁擠不堪的醫院收治？

在實驗室裡，高價值的問題會帶來創新的解決對策。我們可以把同樣這一套帶進自己的生活和社群中。我們必須了解自己的核心價值觀、期望和抱負，這不僅僅是爲了實現人生目標，而是要鼓起勇氣對自己提出具有挑戰性的新問題。比方說，要挑戰由來已久的不公不義，就需要新的提問。在資助迫切的全球生物多樣性計畫這件事情上，爭論由誰買單，只是拖慢展開行動的腳步。我們必須正視現實，如同一篇報導寫道：「富裕國家的消費習慣，是導致生物多樣性消失的主因。生物多樣性最豐富的地區，往往位於貧窮國家，可是這些國家缺乏足夠資源來保育它們。」⑭

> 我認為第一個提問應該是：「我想要改善什麼？」你必須釐清這一點。人生中有很多目標、結果和成果，我們其實都是沿襲他人的。
>
> ——詹姆斯．克利爾，《原子習慣》作者⑮

我再舉另一個迫切的例子。史密森尼學會美國女性歷史博物館的臨時館長、史密森尼學會亞太裔美國人中心前主任麗莎．佐佐木（Lisa Sasaki）指出，社群和整個國家的歷史敘事，才剛開始受到質疑、重新檢視、重新述說與擴展，終於逐步納入更完整的故事，反映它的眞實多樣性。她認爲，每個人面臨的考驗是，質疑這些傳統故事情節，而不是把它們單純當成既定事實和公正的紀錄來接受。「很多人認定自己以這種線性方式了解歷史，沒問題，並認定它就是絕對的事實。但他們往往忘了當中有個中間人，也就是：誰來記錄歷史、誰保留了歷史，以及誰與你分享它，讓你了解這就是你的歷史。」

這種歷史敘事會不斷演變，因爲每個人都會以自己爲中心去詮釋這個故事，再加上大腦往往在無意識中進行種種的隨機連結。身爲日裔美國人的佐佐木，以自己多個世代的家庭爲例。反亞裔的種族歧視，在美國已存在好幾個世代。儘管如此，祖母的生命經驗和佐佐木的有很大的差別，「對於同樣的歷史事件，我們的反應完全不同。她會根據自己過去的經驗做出不同詮釋。因此，歷史和身分認同其實是易變的，而不是絕對固定的。再加上，壓迫和不公的觀念，以及權力結構造成的影響，我們大多數時候根本沒有發言權——因此這種『易變性』影響了『誰的歷史會被講出來』，也成了一件非同小可的事。」

佐佐木指出：「這已經在改變眾人接收到的資訊，而這只是開始。所以現在要做的是，承認我們必須提出質疑：誰在講述我們的歷史？誰在記錄它，誰能發聲？還要意識到，我們詮釋歷史的方式，也是根據自己的經歷。」

關於歷史性和制度性不平等的尖銳問題，如今在公眾對話中獲得了更大的發言空間。這些質疑（和辯論）已經促使大量從未被公開、也未被誠實面對的歷史事件的紀錄湧現。既然知道這些不平等的問題眞的存在，問題就不再是「這類問題是否存在」，而是「在擁有這份意識之後，我們要怎麼行動」。

這種行動的呼籲，在某種程度上，其實是一種提出問題的呼籲——而且這個呼籲比以往任何時候都更迫切：不僅要追問誰或什麼該爲過去負責，還要問我們在未來該扮演什麼角色、從現在開始可以做些什麼？把它想像成宣傳時，我們該如何推廣或宣揚一種想法或態度？每個人都可以問自己一個重要的問題：「我正在做什麼，或者曾做過什麼事散播了不公不義或負面態度？」又或者，在應當制止某件事的時候，我的行動或沉默是否讓它繼續存在？這些事可能發生在種族主義、性別歧視、謊言和錯誤消息、日常八卦或惡意行爲的背景下。我們必須覺察自己的習慣和假定——任何未經質疑或測試就照單全收的習慣與假定，並願意不時根據新的經驗、資訊，以及新的意圖重新修正它們。

亨利・梭羅曾問：「還有什麼奇蹟比得上能暫時從對方的視角看世界呢？」⑯這聽來也許像是呼籲我們同理他人，但在我聽來，它更像是呼喚你我的好奇心和提問。培養對他人及其經歷的好奇心，這樣更有意義的問題就會自然而然地湧現。與其迴避重大或不愉快的問題，不如運用它們去互動、學習和促進對話，進而採取負責任的行動。

> 在求學時，別人評價你，是根據回答問題的能力……
> 但在人生中，別人對你的評價，是依你提出問題的品質。
> 你應該從「會答題」，轉變為「會發問」。
>
> ——羅伯特・蘭格⑰

# 打斷你對傾向和界限的自動駕駛模式

有時候，只要問自己最簡單的問題，就能消除我們甚至沒有意識到的障礙。偏好、傾向和假定的界限——有些是自己設下的，有些則是承襲自他人、我們卻未質疑過的觀點。但它們都可能被一個簡單的問題動搖：**有何不可呢？**⑱ 這些我們視為理所當然、默然接受的條件，大多是無形的，但如果意識到它們的存在、質疑它們，並透過試驗來看看如何調整，讓它們符合自己的意圖，就會發現它們比我們認為的更有可能改變。

容我借用《為什麼我們這樣生活，那樣工作？》一書作者查爾斯．杜希格對「習慣迴路」（提示、慣性行為、獎勵）的描述：提示是什麼？慣性行為（傾向或界限）是什麼？強化習慣的獎勵是什麼？在任何特定情況下，是什麼讓我們大多傾向於遵循舊有模式？只要問自己「有何不可呢？」就能中斷這種傾向，讓你對各種可能性敞開心胸。

大約十年前，有人邀我發表演講，我完全有理由拒絕這個難得的重要機會。我一向很難記住任何事，加上對公開演講總是很焦慮，尤其是全新的講題和不熟悉的形式，更別說還得耗費數百個小時準備，這些都讓我不願點頭答應。我甚至不必仔細回想那些難受的細節，因為我早已在腦中建立一條捷徑，只要相關神經元一被觸發，我就會立刻反射性地跳到「不行」的答案。碰巧這場演講與我去國外出差的時間衝突，給了我推託的藉口，因此我沒有嘗試重新安排那趟行程的時間，也沒有重新思考自己的老問題，而是直接拒絕了這場備受矚目的演講。但命運可沒這麼容易罷休。活動主辦者力勸我再考慮一下。他們強調這是接觸全世界聽眾的大好機會，而且在他們安排的種種條件交會下，讓這場年度盛會對我格外合適。當我徵詢海外同事的意見時，他們難掩興奮之情，也大力支持我去演講，他們會重新安排我到訪的行程。於是我想了想，在必須迅速回覆的期限壓力下，很自然地聳了聳肩反問：「好啊，有何不可呢？」然後我答應了。

一答應要發表演說，我的整個身心就開始朝實現這個目標重新調整。有一次背稿很氣餒時，我的腦中立刻浮現出「有何不可呢？」這個問題的反面答案——全是我長久以來迴避這類事情的自我批判的理由。可是現在我終於看清，這些阻擋自己冒險前進的迴避習慣（委婉地重新包裝爲「偏好」）和畫地自限，其實大多未受質疑，就這樣根深柢固地存在著。所以我的機會終於來了：這是個大好機會，動機和動力滿點。活化能已經降低到足以讓我全心投入——這正是堅持到底、全力以赴、嘗試打破舊有模式的完美時機。結果，這是一次非凡的經歷（又名「我最難忘的失敗」，我會在第 9 章「失敗不是重點」詳述這次經驗），也正是這一次，讓我真正突破，走向了一整片等待我的世界舞台。

要運用**發亮**能量幫你帶來優勢，得先打斷自己原本處在自動駕駛模式的傾向，並直接質疑它。任何人生點燃工具都有助於重新調整注意力和能量，但「提出一個問題」特別有效，因爲它能觸發大腦對干擾和新奇事物產生的自然反應。提問讓你更有機會根據意圖、而非傾向採取行動。

想像一下，這股可用的能量，其運作原理類似帶電粒子相吸或相斥的磁力。如果想打斷這股拉力，你可以做出有意識的選擇來支持自己。反思你目前強加在自己身上的傾向或武斷的界限。挑一件簡單易懂的事物，也許是你聽的音樂、你的社交圈或使用的媒體，然後試著選擇自己想嘗試的新事物。給它一個機會，看看你會有什麼想法。假如社群媒體或上網滑手機對你有強烈吸引力，有意識地做出一些選擇來打斷這種模式，就算只有一天，也是個很好的開始，或是更嚴格管控自己上網的時間或造訪的地方。

這麼做的目的並不是要改變所有模式，而是覺察你的思維、選擇和行動模式。光是從一道問題開始，就能幫助你看清這些傾向要把自己帶往何處。將提問當成一支槳，輕輕地插入水中，有意識地暫停觀照，善用這一刻看清方向，最後助你前進最高目標。

人生點燃工具②

## 培養探究精神

多與思維活躍、有行動力的人往來，他們提出的問題是有深度、有見地，甚至能鼓舞人心。你還要刻意與他們一起工作或學習——首先，因為別人的問題會刺激你的大腦並促進思考。運用人生點燃工具，你可以將這些問題「轉化」為行動。其次，因為別人的提問方式能成為珍貴範例，幫助你磨練自己的能力，提出效力更強大的問題。要增強你的技能，不妨：

- **練習構思問題，然後提問**。舉例來說，是非題無法引發深入討論，可以試著詢問「如何」、「為什麼」或「為什麼不行」，這樣才可以探索違反直覺的觀點。
- **利用提問激發你的好奇心、發現盲點，或單純享受有趣的對話**。留意腦中浮現的問題，以及它們激發了什麼其他想法。對我來說，這增強了學習的興奮感和正向情緒。
- **拿出力氣來閒聊，同時在閒聊中找到活力**。過去我認為閒聊沒什麼用處，所以抱持的態度是：我們為什麼要這樣做？後來我才明白這是開啟兩人之間能量通道的一種方法。提問也有同樣效果：它們能打開能量、資訊、情感和知識的流動。你是在請求、在邀請一種能量的交流。注意力渙散時，提問能有助於保持專注，也透過給予對方更充分的關注，並藉由提問表達自己的興趣，保持對話持續進行，進而加深雙方關係

- **運用時事或個人經驗做為線索**，引導自己思考一些重大問題。

# 3

# 檢視煩惱：意識到自己想要什麼

## 在痛點中尋找成長與突破的線索。

全心投入，是我們能做的最棒事情。
全心投入自己的人生、你的鄰里。
——黛安娜・奈德[1]

詹姆士．安克倫（James Ankrum）曾經隨波逐流。當時，他表面上看起來並不像這樣的人，畢竟他在學術上成就出色，也已經拿到哈佛和麻省理工聯合培養博士計畫的錄取通知。但是後來我才知道，那時候是他的人生低谷。身爲家中第一個大學畢業生，他在每年只有十五個名額的邱吉爾獎學金資助下，不久前剛取得英國劍橋大學工程設計碩士學位，但在父親過世後回到美國，並決定留下來，想釐清自己的下一步。此時他只有籠統的概念，知道自己想致力於改進療法，或者研發一些能加速生物科技突破的新工具，只是對於具體方向，他完全沒頭緒。在周圍競爭激烈的環境下，身邊的同儕早已上場全速奔馳，安克倫卻感覺自己彷彿還獨留在起跑線上。

安克倫一次又一次自問一個再明顯不過的問題：「我想做什麼？」儘管一大堆有希望的選項讓人眼花撩亂，且個個充滿潛力，但是每次思考它們時，他都覺得乏味，好像就是少了什麼。眼看錄取通知的回覆期限不斷逼近，他必須做出選擇。最後引起他的注意、讓他很困擾的，正是那個缺失的元素。他當然希望能對一個嶄新的起點滿懷興奮。可是在他突然意識到自己最渴望的，是有機會從專案中學到東西的那種興奮感。這樣的領悟幫助他轉變了自己的提問。他不再問自己想**做**什麼，而是**學**什麼最令他興奮？答案突然變得很清楚。他對生物學非常好奇，卻缺乏生物學專業知識。現在該是取得這項專業知識的時候了，而他正處在這麼做的絕佳位置上。

改變提問，讓安克倫看到的未來選項截然不同了。這樣的轉機，也唯有正視自己內心的困擾，並採取行動，才可能出現。他沒有生物學方面的經驗，但這就是他渴望學習的領域，而不是只聚焦在強化自己原本的強項。他修了我開的一門課，那是我們初相識的地方。在這門課上，他第一次學習如何操作吸量管。我在安克倫身上看見火花，那是一種很有魅力的好奇心與學習熱情。於是學期快結束前，我問他有沒有興趣加入我的實驗室。他答應加入後，我立刻安排他參與一項幹細胞研究計畫。由於完全沒有我們研究方法的背景知識，因此這對他來說是一場「非成即敗」的試煉，一開始還看不出他會不會成功。他對學習充滿無比熱情，但也吃了很多苦頭。

安克倫說：「進入這個領域之前，我從來沒有拿過吸量管，也沒有培養過任何細胞。」起初那堂入門課程是他首次接觸細胞研究，他感到如魚離水，渾身不自在，但他堅持了下來。「我一直希望參與的計畫不要僅止於產出新知識，而是能提出解決方案，推動療法的發展，或者研發能加速未來科學突破的新工具。」在接下來的五年裡，他投身於細胞療法和醫療黏膠的研究，經歷一個又一個失敗或順利運作的實驗階段。科學研究的失敗率極高，是這個圈子免不了的一環，我們每個人也會因爲失敗而苦惱。不過對安克倫來說，研究失敗率高的打擊並沒有讓他離開，反而促使他多方嘗試。爲了排解自己的苦惱感受，他增加了另一項計畫，也就是讓自己的研究內容很多元，再從中得到動力。

他提到：「我發現，同時投入兩項計畫很有幫助。這樣一來，總會有一個計畫進展順利，這種進展帶給我的那一點滿足感，讓我能繼續撐著，推動計畫前進。」他利用這種煩惱的能量追隨自己的好奇心，興奮感（以及對這個過程的耐心）持續點燃。他靠著讓自己目標與熱情保持一致的策略，始終保有旺盛的活力。

## 痛點是行動的動力

在我這一行，要解決一個問題時我們總會問：**「痛點是什麼？」**在商業和行銷領域，甚至在心理學中，「痛點」指的是驅使人採取行動的「痛苦」激勵因素。也就是說，什麼樣的恐懼或欲望，足以讓你改變行爲或購買產品？換句話說，你想解決的問題是什麼呢？痛點在醫學中不是比喻，而是我們設法治療或減輕患者受苦的原因：疾病、傷害、疼痛和障礙。

在我的實驗室裡，我們不僅著手創造有效的新研究成果，更希望讓它們帶來最大的正面影響。困惱我們的事，反而成了激勵、驅動我們的基石，也讓我們懷著迫切感去解決問題。一旦與這股渴望連結，我們投入計畫的能量就能點燃他人的火花，進而推動更大規模的問題得到解方。

在生活中，我們通常會盡量避開或排斥困擾自己的事物，但如果將注意力轉向痛點的根源，就能停下來好好思考，更進一步探究：爲什麼這會困擾我？我能如何利用這股能量去做些什麼？用它來實現我的目標嗎？與其逃避這些困擾我們的事物，不如直接面對它，從中找出點燃行動的火花，進一步實現自己的意圖。

在實驗室裡，我們著手解決的任何問題，都有一個具體且明確的痛點。痛點帶來的推動力，是純粹、可以感受到的能量。正是這股能量，讓我們深入探究，重新界定問題、精確聚焦，進而創造出能最快、最有效地推向世界的新事物。如同我前文提到，我們在實驗室每個階段的會議上，總會反覆問自己一個問題來引導這股能量：「我們必須超越什麼標準，才能讓人覺得興奮？讓其他研究人員、投資者、社會大眾覺得興奮？」這就是我們定義目標的方式。我們總是將「那又怎樣？」掛在嘴邊，鞭策自己不斷超越迄今提出的任何想法。當你開始意識到自己正在進步，而且走在正確的道路上，那眞是格外令人興奮。你更有可能全力以赴。這是累積前進動力的一種方式。

布萊恩．勞利希（Bryan Laulicht）擁有生物物理學和醫學背景，他發起一項計畫，想降低孩童誤食鈕扣電池的傷害。這種圓盤狀小型電池含有鋰、鋅、銀或錳等成分，是許多相機、汽車遙控鑰匙、遙控器、音樂賀卡、體溫計和手表的電力來源。可是鈕扣電池萬一卡在兒童的喉嚨裡，不到兩個小時就能灼穿食道。光是在美國，每年平均有三千五百名兒童誤食鈕扣電池，這種意外的發生率還不斷攀升中，已有數十名孩子喪命，還有更多兒童遭受永久性傷害。

勞利希有個朋友讀到一篇文章，內容提到孩童誤食鈕扣電池受傷的意外日益增多，並把這個問題告訴他，沒想到這件事讓他格外揪心。他說：「我常想，要是這種事發生在我的家人身上，怎麼辦？每次碰上卡關時，我就會回想起這一點——這件事值得做，因爲它可以幫助我關心的人或別人很在意的人。」

爲了製造更安全的電池，他和我們開發出一種可調式技術，讓電池在潮濕狀態下不會通電，這麼一來，就不會產生電流，傷害人體組織。這種新技術無損電池效能。

觸發強烈情感的因素讓勞利希保持高昂的動力。任何人都能利用這種情感連結，保持強大的動力。自己的痛點，往往是你內心急迫感的來源，也是你最強烈的行動動機，推動去實現自己的意圖。也許你已經察覺困擾自己的某個習慣或固定模式，而且想要改變。也許這個痛點是你想成爲或不想成爲的人，也可能是你想做或不想做的事。也許它是你渴望達到的某個目標。

這個痛點也可能會促使你找一份新工作、修補一段關係，或採取積極措施來解決社區的問題。從廣義來說，痛點是讓我們從「不在乎」變得「在乎」，從「不作爲」轉爲「採取行動」的關鍵契機。然後，當我們因此投入能量去解決問題時，就可以爲他人點燃火花，進一步推動更大範圍的改變。

> 大自然會向你傳遞訊息，也許起初是輕微的暗示，
> 如果你沒領會，它會再傳一次，逐漸加重力道或痛苦。
> 痛苦是高明、大師級的老師。
> 如果你覺得痛苦，就會竭盡全力擺脫。
> 從靈性層面來看，痛苦是一個信使，提醒你：
> 「或許，你該好好想一想。」
> 「或許，你必須改變。」
> 「或許，你沒有活出自己本該成為的樣子。」
> 「或許，你沒有踏上該走的道路。」

「或許，你正在做的事，與初衷背道而馳。」
對我來說，痛苦是反思的時刻，讓所有人思索：
我們真的是承載至高主宰者力量的媒介嗎？
我們真的順應那套擁有更高智慧與更深刻理解的靈性法則嗎？
——戴夫．庫爾欣博士，阿尼希納貝族長老②

當動力減弱，找出一個痛點（甚至主動創造一個），能提升緊迫感，讓你感受到這次的成敗，眞的攸關重大。這個方法本身不必很複雜。那股「要把事情做完」的壓力，會促使你踏出下一步，也就是按照你的初衷行動，避免什麼都不做帶來的後果。比方說，假設你想上健身房，卻總是沒去，就可以找個伴，這樣一來，如果你缺席，就會放某人鴿子。這就是一個痛點。

創新背後的故事，尤其是在醫療科學領域，往往是因爲個人對自己想減輕的掙扎或痛苦有切身體會或感同身受，例如：家族有癌症史、祖父母患有阿茲海默症、朋友因爲家道中落變得無家可歸與學業不及格，或者自己親身經歷過不幸或艱辛，並在逆境中奮力前行的歷程。這些形形色色、堅定積極的人描述自己的生命經歷如何驅使他們產生使命感和熱情，想爲自己或他人創造不同與更美好的未來。同樣的驅動力，也出現在你我努力解決當今社會最棘手問題的過程中，例如：環境危機、制度造成的種族歧視、社會不公。

閱讀、研究、調查和實驗室工作，可以提供知識、甚至動機，但是親身參與、身體力行，才能觸及更深層的能量來源。無論在哪個領域工作，我們都得時刻緊盯著眞正的需求，也要持續關注引起你在乎的那個理由。

我曾經請教過瑪莉安．巴德主教（Bishop Mariann Budde），像她這樣的社會正義運動人士，面對進步是如此緩慢艱難又時常令人沮喪時，是如何持續全力投入呢？她引用刑事司法改革者布萊恩．史蒂文森（Bryan Stevenson）給投身於這項工作的人的一句著名、言簡意賅的忠告：「保持接近。」她將這句話謹記在心。「身爲領袖和公民，我如何確保自己不會丟失焦點、忘卻初衷呢？如果你想長期從事這項工作、眞的想帶來眞正的改變，就必須親近那些受苦最深的人。當你和那些深受不公之苦的人往來、建立**眞正的**關係時，就很難一走了之。因爲這不再只是你關注或爭取的一項議題，而是切身相關的現實。我深知這一點。」

> 有時候，一個片刻、場合、議題、形勢或情境，
> 會召喚人挺身而出，發揮領導力。
> 我總是大聲疾呼，為被剝奪權利的人爭取發言空間。
> ——雷金納．「雷吉」．舒福德，北卡羅萊納權益促進中心總幹事③

## 目標會找到熱情，熱情又會強化目標和喜悅

大家常說「跟隨你的熱情」，彷彿我們天生就知道自己的熱情是什麼，而且這條道路既清楚又明確。也許，對極少數人來說是這樣，但對大多數人並非如此。像兒時的我，對自己的熱情根本就毫無頭緒。沒錯，我確實喜歡建造東西，可是我的樂高作品或用捲筒紙芯打造的機器人，根本看不出我未來會往工程領域發展。我還很幸運，能住在一片樹林附近，經常在那裡閒晃，但除了像個放飛自由的孩子喜歡踩溪水、四處冒險之外，我對大自然說不上有什麼早熟的熱情。沒人料想到，有一天我會變成科學家，更不用說成爲將大自然智慧轉化成藥物治療的生物工程師。

成年後的生活中，「放飛自由」偶爾感覺像是「自由落體」，尤其是同輩似乎都找到自己的路，發現自己的熱情。又或者，我本來以爲自己也找著了，後來卻發生了一些事讓它瞬間消失。

黛安娜．奈德是著名的耐力長泳健將，也是作家和劇作家。她分享自己童年時對很多事物都有濃厚興趣，但游泳並不是她唯一的熱愛。她喜歡閱讀談運動員奮發向上的書，也愛看這類主題的電影，但她最招牌的那股拚勁，來自一個對小孩而言很令人意外的地方：對死亡的意識，以及一種「必須趕快認眞對待人生」的緊迫感。她原本對自己的家族沒有太多認識，可是在大約十歲時得知自己的祖父母都活到八十多歲，她心算了一下，根據他們的壽命

和自己當時的年紀，她在一篇學校作文中寫道：「這表示我只剩七十幾年可活。假如我想當醫生、成爲運動員、幫助很多人、能說全世界的語言，那最好趕快動起來。」

奈德承認，對如此年幼的小孩來說，這樣的雄心壯志似乎有些過大，「但重點是，有一種體認和一股強烈的衝動，驅使我要盡量清醒地活著與全心全意地投入。不知怎的，我總有一種感覺：『妳最好別把人生都睡光了，浪費人生。妳最好也別鬼混，因爲妳的時間不多了。』」生命的有限，是她的痛點。

科技創新領袖琳達．史東（Linda Stone），職涯從教師與學校圖書館員開始。儘管從未立志爬上最高階職位，但從她與蘋果執行長共事，到爲微軟執行長和其他機構工作，在在彰顯她表現傑出的職涯歷程。她告訴我：「我沒有特別規畫過職涯，只是隨著自己的興趣和熱情引導，不斷摸索怎麼做才能讓技術充分服務使用它的人。」

她廣泛的興趣之間，有一個共通主題。「我眞的很好奇地想了解創造力、智慧、人如何學習與思考，以及如何解決問題。當年個人電腦問世，我對人機關係深深著迷。我對人如何像機器那樣提高效率沒有興趣，我感興趣的，始終是機器如何協助我們成爲最好的自己。」

她認爲自己的職涯主要由好奇心驅動，而不是追求躋身最高管理階層。隨著一路追隨自己的好奇心，機會也不斷出現，她就順勢把握並投入其中。對於流程和創新思維的濃厚興趣，使她在企業環境中脫穎而出。這些熱情和好奇心對她來說，不僅清楚明白，更是不可或缺的——這種對自我的覺察，也成爲她的重要指引。她的痛點——只想精進自己眞正在乎的事情——向來是值得信賴的方向指標。

有時候唯有回頭看，你才能認清那個讓人生轉折的痛點。以我本人的經驗來說，當年我正準備展開職涯，不知該往學術界或企業界發展時，一家生技新創公司邀請我加入他們。這讓我很興奮，因爲我會和生物醫學領域一些最頂尖的研究人員和創新者一起工作。面談本來進行得很順利，直到他們更具體地描述這份工作，也就是我要率領一個小組，負責的特定重點工作是……就在那一刻，當他們提到一個「特定重點」工作時，我心中的警鈴大作。

只能死守一項計畫，是我最害怕的夢魘。它和我的天性完全背道而馳，尤其是我的思維運作方式——我天生受到好奇心驅使，需要同時處理多項計畫，並不斷學習新事物，不停涉獵全新領域，在自己完全陌生的領域中設法探索什麼是最重要的——基本上，這正是我現在做的事。這個突然的領悟，瞬間蓋過這份工作其他一切的吸引力。我聽從自己內心的警示，選擇不加入這家新創公司，轉而將注意力放在那些帶有挑戰性、又帶有我知道自己很需要的**發亮**能量的工作機會上。當時完全沒料想到最後我會領導一個創新實驗室，不過我學會了信任這個過程、利用痛點提醒自己眞正的動力所在，並跟隨這些線索前行。

## 認清眞正驅動自己力量的事

身爲導師和教授，經常有人在權衡自己的下一步抉擇時，請我給點意見。他們苦惱的可能是工作或進修機會，或是職涯方向的選擇。他們會列出利弊得失、風險與回報、各種取捨，並分享自己收到的各方建議，這些意見可能偏向不同的方向。年輕學生難以抉擇的原因，往往是困在不確定該聽誰的建議：是父母、同儕，還是教授呢？就連經驗比較豐富的人，還是會在權衡各種選項的策略得失時，陷入天人交戰。到底選哪條路最好呢？

有個問題常被忽略，而這是我經過多年才逐漸領悟到該問自己的：**「在這些選擇當中，哪一個讓你最興奮，急著想去做？」**想像每天一睜開眼，什麼事會讓你充滿幹勁、躍躍欲試？回答這個問題，能在你對未來一切茫然無知時，撥開迷霧，專注於自己的感受，以及自有一套智慧的直覺。

如果你的答案是「我不知道」，那正好就是一個召喚——讓你多去實驗與摸索，找出什麼能驅動你、讓你興奮。如果你受限於時間和資源，無法抽身去夢想的靜修之旅來好好靜思，那不妨就專注於當下，留意真正讓你產生正向情緒的事物。寫筆記，甚至可以傳簡訊給自己——我就是這麼做的。在日常生活中，試著記住或記錄哪些事帶來愉悅感或沮喪。這需要少許專注力和一定程度的自我覺察，但留心觀照，就能發現讓你興奮的事，以及你真正渴望投入時間去做的事。

勇於冒險，多多嘗試。給自己一個機會，克服起初對陌生事物的不適感，並留意哪些事能引起你的共鳴——肯定會有的。況且，探索本身就會帶來正向的影響。首先，你正在培養更強的自我覺察力，練習掌握自己的情緒反應，釐清真心喜歡與不喜歡的事，進而學著分辨「我」和「非我」的經驗。有了這些資訊，就可以投入更多注意力和能量在最有可能帶來正向回報的事物，而這又會增強你追求這些愛好的動力。

碰觸這些情緒感受，可能有點難度。許多人從小學到、甚至打從心底相信：做選擇時一定要取悅他人，包括父母、家人、朋友、同事、上司，也就是除了自己以外的任何人。當我們習慣遷就他人的需求，就很容易忽略自己的需要。

對於「眞正驅動自己力量的事」培養自我覺察力，是很有幫助的。找出你可以在今天、本週或任何時候做成的決定，這些決定又能讓你的興奮感提高到最大，而且維持最久。這股內在驅動力會在面臨低潮、困境或氣餒時，成爲支撐你走下去的力量。

在科學界和醫學界，會使用「生物辨識技術」來量測特定生物因素的存在與交互作用。血液檢查和其他診斷工具能揭露癌症與其他疾病的生物標記，進而協助診斷和治療。生物辨識技術也涵蓋其他生理或行爲特徵，這些特徵能辨識出你的獨特性與反應方式。這樣的概念也可以延伸成一種實用的自我回饋工具，用來偵測你對特定活動所展現出的動機能量。什麼事可以或不能讓你充滿活力？又有哪些事不足以讓你保持強大的動機和滿足感？環境如何塑造你的經驗？你偏好獨自運動，還是和夥伴一起運動？你喜歡在跑步機或戶外小徑上走路？也許你很早以前就斷定自己是數學白癡、運動不行、美術不拿手，只因爲這些事在你的成長過程中進行得不大順利。然而，這些過往印象始終值得你重新檢視。新情境、新方法、鼓勵你的老師或教練，以及你的生活經驗和成長，都能在下一次嘗試中獲得截然不同的結果。

我們必須覺察到，情境可能影響自己的興奮感受，並採取有策略的方法利用這一點。透過控制可掌握的變數（時間、地點、社會因素），爲自己創造成功的條件。認識自己，你會發現，甚至連一些原本認定的缺點，也能轉化爲自己的優勢。舉例來說，有很多事是我很喜歡做，可是我會拖拖拉拉，彷彿在累積動力，好讓自己最後能興奮投入其中。以前我很氣自己一再拖延，覺得這是不對的，像是一種性格缺陷。但後來發現，對我來說，這其實是一種有效的過程，讓我的大腦得以先自由遊走，然後再專注於某項任務。認清這一點後，我就不再浪費寶貴的精力在苛責自己或懊惱了，反而利用這項洞察完成更多事情。

面對所有人都有的時間壓力，我開始更加留意自己的時間用於何處。那時我剛進入職場，一方面在追求自己熱愛的事物，卻往往無法全心投入我也深深在乎的重要事。這並不是說每分每秒都必須高效運用，但當時我的模式是：設法讓自己沉迷於手上的工作，然後熬夜奮戰，只為了對抗我的ADHD，並讓自己覺得生產力很高，結果整個人疲倦、恍神，還因為沒去做我內心深處認為最重要的事而感到灰心沮喪。這樣的模式根本無法長久持續。

我總覺得自己還能做得更多：思考更多可能性、展開更多計畫、申請更多經費、花更多時間指導學生，以及付出更多努力做個好爸爸、好丈夫，支持我的家人。特定活動帶來的興奮感，或是單純的正面情緒，正是我學習辨讀的「生物辨識指標」。它們可以做為依據，用來衡量這些活動對我產生多深的影響，以及如何支撐我前行。現在，我會頻繁更新自己的「內在評估」。我盤點自己喜歡做的事，也檢視自己正在做或沒做的哪些事會困擾我——也就是那些當我躺在枕頭上還會盤踞腦中的事？這些線索會告訴我：**我做的選擇是否正確**。

我對這些內在線索愈敏銳，愈是根據它們做出日常決定，就愈能全心投入，而且知道何時該休息、玩樂、更專心，或者該轉換聚焦點。事實上，光是與他人互動，就能分析自己當下的心態，也可以看出你是否依循自己的價值觀和優先事項生活。別人對你的反應，或許正透露了你正散發什麼樣的氣場。如今我對疲倦的**發亮**反應是：**專注覺察**、**適當調整**。

現在我更能全然專注了，無論做什麼、與誰在一起，無論進行工作會議、家庭時光，還是關掉各種電子設備並好好休息，我都能全心在當下。我會更加警覺地使用媒體，小心控制某些漫不經心的習慣，但也更有意識地善用它。比方說，我每天會利用五分鐘的休息時間玩西洋棋棋謎。結果發現，這可以拿來當成一種疲勞測試。玩這個小遊戲需要思維敏捷，提前思考好幾步才能順利解謎。如果我太累，根本就解不出來。因此，只要察覺自己無法解開棋謎，我就知道該去補眠了！我也會用穿戴裝置來實驗不同的日常作息，試著找出其他方式改善睡眠。對我來說，這是一種**發亮**的舉動：我可以在生活中做什麼實驗，接著以自己最重視的方式讓生活變得更好呢？

現在，我通常會在合理的範圍內努力撐過去、火力全開，並用「冠軍總是多做一次」的口號爲自己加油打氣。有時候，我也會提不起勁去做一些事，比如追蹤事情的進展，我寧願只知道事情做了，也不特意去記錄量化數據。當我感受到這樣的轉變，就會逐一檢視自己的習慣：這仍舊適用於我嗎？如果我判定某個習慣已不再適用，就會換成別的。但我也明白，今日不再適合自己的東西，也許在未來某個時點又會適合我。

我發現有趣的一點是，現在要突破疲倦所需的活化能，比以前少很多。沒錯，我有時還是得多睡一會兒，也確實需要在生活中加入更多玩樂，而我還在努力調整中。不過我發現，因爲生活中充滿自己熱愛的事物，就更容易分辨出「眞正的疲倦」和「單純缺乏動力」的狀態了。現在，我依然能推動自己完成許多事，並因此感到滿足。才不像過去那樣，輕易向疲勞屈服（放棄），導致自己感覺無所作爲、懶散，進而心情變差，甚至波及身邊的人。現在，我會刻意針對那些讓自己卡住的痛點下手，這讓我幾乎每天都感受到某種程度的掙扎——無論是試圖解決難題的心理挑戰，或是逼自己朝目標邁進嘗到的苦頭，我都把掙扎視爲日常節奏的一部分。

想快速判斷日常工作是否帶來能量提升或消耗，不妨從**「對比」**下手。分析心理學之父卡爾・榮格說：「對比愈強，潛能愈大。強大的能量只會來自強烈的對立張力。」[4]你何時會感到有信心、做事得心應手、覺得振奮？你何時會感覺無聊或遲遲不肯開始？你最容易在何時、何地感受到這些對比？新冠疫情限縮了我們的探索，也讓社交圈縮小了——不僅局限在自己的小圈子，甚至連和自己所在社區裡的其他人互動也變少了。現在，請盤點你的探索模式，並刻意跨出一步，拓展更多元的探索。不妨從對你很重要的一、兩件小事開始。也許是去參觀老早就想去、卻一直無法成行的博物館。也許是在你住處附近散步、讀一本書、聽一集新的podcast節目，或者試做一道新的食譜，用這些探索取代狂刷社群媒體。從小處著手，注意你有何感受。如果它讓你眉開眼笑，趕快記下來！

一旦開始用這種方式回應自己的興趣，就會在思考過程中植入一個觀念：「我**有能力**做出讓生活變得更好的改變」。我絕不是說他人的需求與選擇不重要，但要在生活中找到熱情，唯一的途徑就是：專注於思考自己。如果此刻覺得做不到這一點，就讓它困擾你吧，接著再使用其他人生點燃工具爲行動提供火花。

## 脫掉不合腳的鞋子

外人看來，我在科學和生醫創新道路的發展是依循理智、邏輯與周全的規畫，但我從來沒有這樣的感覺。其實指引我的是**痛點**——也就是我的選擇與好奇心不一致時的難受。我必須專注在自己最感興趣的事物上；要是忽略這股內在指引，我就會覺得很不對勁，就像穿上不合腳的鞋子，或是不適合長途健行的靴子。因此，在這段旅程中，我學會跟隨自己的興趣，一個接著一個探索新領域。對我來說，驅使我前進的是好奇心，少了這股能量的工作，就會成為提醒我保持專注的痛點，如同沿途的指引標誌一樣。琳達．史東的狀況也是如此。

我必須學會與這條路上的不確定性共處，甚至在其中茁壯成長。換句話說，我不能讓「避免不確定性」變成痛點——不能只因為某些選項感覺比較安全或更有保障就選擇它們。我必須重新定義「冒牌者症候群」，將它視為一個提示：提醒自己正在探索陌生的新領域，而這些領域激發了我的興趣與好奇心。

這樣的理念如今已成為我的實驗室的基石之一：不斷踏入科學或醫學中我很好奇的新領域，哪怕沒有相關背景的條件。我們勇往直前，設法延攬具備相關專業技能的人才指導我們。對於自己想嘗試的事，不必百分之百確定它行得通，甚至也不需要太有信心。但是在邁向未知時，要知道：你正再次訓練自己分辨的能力——學著判別構想何時行得通，何時又不可行。這個不斷學習「事情可行或不可行」的過程，本身就能為生活注入興奮感。不確定性是這個過程的本質，其間蘊藏著許多能量：孕育構想、相信它，然後放膽去做。

詹姆士·安克倫回顧自己「非成即敗」的起步經歷，他最喜愛的收穫是：「當年在實驗室我們常把『做點什麼！』掛在嘴邊。一項專案計畫很容易卡在規畫和假設階段，遲遲沒辦法正式開始行動，嘗試新事物與學習。因此，『做點什麼！』是我們互相推一把，鼓勵大膽冒險的方式。」安克倫笑著說，他還記得當年我在實驗室會議上聽見他們這樣互相鼓勵時，立刻把這句話改成「做點**大**事！做點**重要的**事！」

如今安克倫主持一間實驗室，為他人打造充滿熱情、追求使命的環境，讓各種可能得以實現。很多時候，我們覺得自己應該本能就知道下一步該做什麼，而這種感覺很困擾我們。然而，與其執著於「接下來我應該做什麼」，或者把未來視為單一的選擇，不如轉移注意力，聚焦於釐清：你現在對什麼感到好奇？什麼事讓你興奮不已？接下來還有什麼事，是你可以先試試看，還能樂在其中一陣子，讓你足以看清自己眞正喜歡或不喜歡什麼，進而指引你做出未來的決定？又有什麼事困擾到你忍不住想做點什麼去改變的？

## 共同採取行動的號召

共同的痛點能創造意願和方法，推動全球規模的重大行動。除非氣候變遷、相關的環境問題和天災，能成為更多人感受到的痛點，而且這種迫切感能傳播到各級政府和領導層，否則我們注定會一再重演這些毀滅性的教訓。

史密森尼學會的麗莎．佐佐木對「文化」的詮釋，讓我很有共鳴。全球性創新常常會受阻的一個原因是，政治和經濟是一場「膽量遊戲」：無論是政府、商業或社會變革領域，那些主導局勢的大國與大企業，沒有誰願意率先改變路線，轉向更講求合作、較不以權力爲核心的模式，因爲他們擔心這麼做會喪失自己的權力，讓他人趁機壯大自己。但這種態度忽略了，承受他們政策後果的那些人經歷的痛苦與痛點。從生物學觀點來看，「痛點」是求生本能促使人迅速採取行動的警訊，比如骨折了，你會立刻去看醫生。我們需要找出方法放大痛點，並施加更多壓力，而不是等到親身經歷痛苦才行動。把地球當成你的家，把大自然視爲你的鄰里，也將那些正苦苦掙扎的人當做你的鄰居。尋找那些痛點，讓它們困擾你，然後找到驅動你行動的力量。

人生點燃工具③

## 歡迎障礙，並從中找出行動動力

留心你對改變的渴望：**困擾意識**。這就是你的痛點。為了挖掘你的動力來源，請試試下列步驟：

- **環顧四周，串聯各種資訊，掌握全貌**。有了覺察，就會開始辨別。大腦會不斷進行模式辨別。在低耗能模式下，思維通常會自動回到自己熟悉的反應模式——那些以前用過的反應。但你可以打破這種無意識的反應，改成有意識的選擇，採用新的應對方式，讓它成為你大腦的**發亮**時刻。
- **帶著意圖全心投入**。辨認生活中促使你立刻採取行動的刺激，也明白你是有選擇的。當下立刻停下來思考自己的各種選擇：你想照舊行事，還是做出不同選擇，支持你的新意圖呢？
- **與你自身的力量相連**。你要接受這個事實：關鍵掌握在自己手裡，你才是主導的人。重新連結你的痛點或動機，為自己注入一股額外能量。能感受這種連結，本身就是一種力量的來源。
- **保持坦誠**。當你專注於為自己的生活帶來正向改變時，試著對此保持開放與坦率。你的改變也許會影響別人的想法或動機。這就是一顆火花，有了它，也能為他人開啓改變的可能性。

- **傳遞改變的能量**。鼓勵與支持其他人走自己的路。**發亮**行動中的能量傳遞強而有力。做出改變時，也讓你變得更好，這會產生連漪效應，影響自己，又影響身邊的人。他們可能會得到鼓舞，渴望為自己帶來正向的改變，並付諸行動。無論如何，當允許內心的不安浮現，進而激發本能，做出自己想看見、想達成的改變，你就已經是受益的一方了。

# 4

# 積極探索機會：到處發掘點子、見解和靈感

## 訓練大腦探索多元體驗，並抓住機會。

怪不得人會構築所謂的「同溫層」，
用支持自身信念的新聞和觀點包圍自己——
這能減少學習新事物的能量消耗和不舒服。
可惜，能讓人改變思維的資訊也更少機會接觸到了。
——麗莎．費德曼．巴瑞特，
心理學家與神經科學家①

在科學和技術的世界裡，存在一種結構，它和人類一樣，本身內建一個可以與外界活躍且有創造力地連結的機制，它擅長接收與分享資訊、整合資訊產生新的能量與可能性，少了這種連結就會萎縮。這種結構正如大腦的神經元。神經元是腦內資訊的連結和轉播站，它持續活躍，隨時準備好成長與改變。丹尼爾・卡馬拉（Daniel Câmara）在《仿生網絡連結》一書中提到：「神經元總是不斷變化；它會成長，並且在成長過程中試探環境。」②

**做個像神經元一樣的人！**這就是在**發亮**生活中積極探索機會的精髓。時常試探你所處的環境，主動尋找靈感、資訊和見解。設法找出可以創造學習、成長、連結與合作機會的人、地方與經驗，讓美好的事物在你生活的任何領域中發生。換句話說，發揮你內在如神經元般的特質。

爲什麼要這麼做呢？最近有項研究調查超過五萬人的社交互動與幸福感，發現社交對象的關係類型較多元（包括點頭之交，甚至陌生人）的人，比社交互動範圍較窄的人更幸福。根據以往的調查、來自政府與公衛機構提供的公開數據，研究小組指出：「除了社交互動的總量和從事活動的多元程度之外，社交『關係的多樣性』是預測幸福感的一項獨特指標，無論是個人之間的比較，或是觀察個人自身長時間的變化，皆是如此。」這項研究的共同作者、哈佛商學院博士生漢娜・柯林斯（Hanne Collins）表示，與不同類型的社交關係交流愈多的人，滿足感就愈高，這些發現在許多國家的大量樣本中都成立。特別有趣的是，研究小組發現，與「弱連結」（例如：往來不密切的人）的互動，竟然可以產生「意想不到的正向經驗」。這在一對一互動時尤其明顯，因爲彼此之間的關係風險比較低。他們得出的結論是，弱連結「在強化人際關係網絡中發揮關鍵作用，因爲它們猶如橋梁，提供獲取資訊和資源的管道」。③

英文 opportunist（機會主義者）這個字可能帶有負面含意。它經常與那些追逐財富或權力的負面人物連結在一起，比如「利用情勢獲取眼前利益，而不是遵循一貫原則或計畫的人」。④但我在使用這個字時，並不會帶有邪惡或負面的意思。做研究時，我們必須在機會出現時認出它們——也許是靈感乍現、先前忽略的可能性，或突如其來的見解，接著得往下追蹤，看看它們會通往何處。我們必須臨機應變，換句話說，我們必須具備「機會主義精神」，才能把握契機，挖掘其潛力。再說，對內向的科研工作者來說，社交雖然不是一件容易的事，但在**發亮**生活中，我們必須不斷拓展人脈，與乍看專業背景全和我們毫不相干的人打交道，增加自己主動把握機會的可能性。**發亮**的機會主義精神，以貢獻爲基礎，透過培養人際連結與關係，促成行動，推動更大的公共福祉。

積極探索機會，是大腦低耗能模式的解方，能對抗大腦回到熟悉事物的傾向。當我們與人互動時，會自然地喚醒大腦，就像發出一個提示訊號，促使它進入行動狀態。

當建立職場人脈變成一種枯燥、被迫、帶有交易意味的例行公事，淪爲職涯發展的苦差事，它就失去了原本的吸引力。相形之下，在大自然的運作法則中，建立網絡是一個基本特徵，也是一種創意無限、充滿活力的現象。對神經元來說，這可是生死攸關的事；它們依靠彼此建立網絡才能成長茁壯，一旦與其他神經元失去連結，就是染病或某種細胞生命週期終止的象徵。⑤異花授粉是某些植物繁殖的必要條件，它們得靠鳥類、蜜蜂和其他媒介的幫忙。螞蟻和白蟻利用定位費洛蒙的群體演算法協調行動與任務。細菌釋放分子協調對宿主的拓殖和防衛。群行行爲或（在最佳狀態下的）群體智慧，體現了建立網絡的優勢。[6]在所有社會性物種中，從螞蟻、蜜蜂到鳥類和哺乳動物，單一個體的貢獻可以增強群體的集體智慧。正如卡馬拉所說，有時個體間的相輔相成「展現的智慧遠遠超出單一個體的智慧」。[7]

我們對建立網絡的選擇，以及刻意持續投入其中，正是**發亮**的要素。對人類來說，人與人之間的連結和充滿活力的交流互動，也是生命的驅動力。我們可以跨越時間、距離和文化的差異，爲自己的搜尋和試探歷程注入能量。與他人建立連結，是對抗孤獨感這個日益嚴重的心理健康問題的一種解方。精神科醫師、治療師和作家菲爾·史塔茲（Phil Stutz）在Netflix紀錄片《史塔茲的療癒之道》中指出：「人際關係就像攀岩時抓握的一個個支點，能拉你重新回到生活，但關鍵在於：你必須主動出擊。」

「橫向思考」一詞是由心理學家、醫師愛德華·狄波諾在一九六七年提出，它用不同「思考帽」的比喻，形容不同思考視角，藉此推廣「跳脫框架思考」的觀念。這種方法也被視爲激發組織創新的一種策略。近年來，神經科學研究深入擴展了我們對大腦網絡系統的理解，揭示了一個龐大的互連網絡。透過這些連結，我們能從自身和周遭持續汲取資訊。這正是科普作家安妮·墨菲·保羅在著作《在大腦外思考》中所稱的「擴展的心智」。[8]

安妮援引神經科學和哲學的研究，挑戰長久以來「心智受限於大腦」的觀念——也就是認爲心智僅存在於顱骨內，也只在大腦運作。她指出，許多大腦以外的資源會滲入，進而形塑人的心智。她說：「心智不僅僅存在於顱內與大腦，而是擴展到身體（或者說身體感官和動作），再擴展到我們思考、學習、工作的實體空間，還延伸到我們與他人的關係，以及我們用來思考的工具中。」⑨

有些已證實對解決問題和創新極爲有效的方法，也能啓發我們生活的每個面向，包括我們最私密的想法與人際關係、想像、夢想和日常生活，並帶著這股意圖**發亮**。實際上，這一切全都牽涉到主動向外建立網絡：從我們熟悉圈子之外的人身上尋求資訊、見解、觀點、意見和經驗。借助**發亮**模式的高耗能大腦，讓我們的思維得以跨界交流、相互啓發，就像異花授粉一樣。

如同藝術家、科技專家和哲學家詹姆士．布禮多在《存在之道》一書中提到：「放眼自身和人類創造物的地平線之外，窺見另一種或許多不同種類的智慧，它們始終一直在這裡，就在我們面前——而且在許多情況下甚至比我們更早就存在這裡。」⑩

不僅要擁抱各式各樣的多元性，也要積極尋求多元性——這樣的態度會改變一切，從讓你能閱讀（或聆聽）本書的神經網路，到你在一整天中傳遞出去的能量。畢竟，能量的存在超越言語，跳脫常軌，而且它的傳遞方式是科學目前還無法解釋的。

## 菲力浦·夏普：找知道不同事物的人談話

當麻省理工學院柯克癌症綜合研究所教授、遺傳學家菲力浦·夏普談起讓他獲得諾貝爾獎的細胞生物學的研究歷程，除了科學本身以外，有個值得注意的思路貫串其中，那就是他渴望與人交流，向別人學習。他告訴我：「我喜歡跟知識背景與我不同的人談天。」他將科學靈感描述爲「源自人生旅程」的一種歷程。讓我印象深刻的是，他會關注不在自己興趣範圍內的事物，藉此深化本身的興趣，放大自己的影響力。

當我們追尋某種熱情，並在過程中發現自己對別的事更感興趣，也許是更崇高的目標，此時就會出現一個契機，讓我們與更深層的意圖連結，這可能會帶領我們走上一條全新的道路、進入一個全新的環境。我們愈是與自己最深層的興趣保持一致，就有愈強的引力，讓他人也被我們連結的那股能量吸引，主動靠近與合作。

這正是任何傑出的組織或機構的核心精神，這種概念同樣適用於任何社群或個人的生活領域。正如夏普形容的，他周遭這些各具才智、能啓迪旁人的科研人士，無論年輕或資深，不僅僅是影響他的力量，更構成一種「環境」——一個培育成長的培養皿。[11]他在麻省理工學院的《無盡歷史計畫》（*Infinite History Project*）訪談中表示：「當你進入這個社群……你會環顧四周，心想：誰提出的構想最有價值又有趣？誰完成了這些事？誰在推動事情的進展？」他進一步指出，當身處一個有豐富養分、能促進成長的環境時，「你貢獻資訊和見解，這會刺激周遭許多人積極解決問題。接著他們也會回饋工具和點子給你。然後你從不同的視角……看到真正解決問題的新方法。這種相互影響非常迷人」。⑫

夏普在肯塔基州自家小農場度過童年時光，親近大自然與動物，激發了他對科學的好奇心。從事科學研究的過程中，每當他前往各地參加學術會議，總會帶著同事的研究論文在旅途中閱讀，不斷學習。他說：「能夠詳細了解別人如何思考、問題如何展開，然後貢獻一點點自己的想法，創造出新事物，實在是其樂無窮。這種人生真是美好。」

後來夏普不時會找機會參與其他實驗室的定期會議，討論正在進行的研究，並分享自己的成果。隨著同儕圈不斷擴大，也持續推動更多科學的交流。最後他更跨入企業家的角色。他看見有個機會能將學術研究的技術應用於患者身上，儘管有人斷言他肯定無法撐過一年，他仍在一九七八年與人共同創辦了百建（Biogen），幫助催生整個生技產業的發展，讓波士頓肯德爾廣場從一塊都市沼澤和廢棄的工業用地，變成繁榮的全球生技重鎮。⑬他說：「企業家這個身分激發出的，是你必須與社會上更多領域打交道，事情才能順利運作……光是接觸這些人，試著理解他們背後的動力與工作方式……就讓我更加欽佩社會上各行各業的人才。」⑭

他告訴我：「這個過程在我的人生中反覆出現過好幾次。我會閱讀自己興趣範圍以外的論文，然後逐漸累積與不同興趣領域人士的交流，接著開始串聯各種線索，嘗試理解全貌。透過這種過程，我才能做出貢獻，影響整個領域，並推動生技產業的發展。」

夏普的家人在肯塔基州法爾茅斯的利金河沿岸養牛、種植菸草，過去他也分擔了一部分農務，賺錢支付自己的大學學雜費。他特別鼓勵更多的工程師和科學家多多與偏鄉及資源匱乏的學生聊一聊，做為啓發下一代研究人員的一種方式。他說，在有些社區裡，學生很少見到有所貢獻者的榜樣。「有人能站在他們面前，親口告訴他們科學的精采之處，可以為年輕的心靈帶來深遠的影響。」⑮

兒童是我們發送給無緣見證的未來的活生生訊息。
——尼爾．波茲曼，《童年的消逝》作者⑯

## 大腦的向外探索教育

你可以用很多方式積極探索機會。機會的流動有兩種方向：一種是自己主動出擊（我釋出的機會）。另一種是他人發起，但必須認得出來（朝我而來的機會）。無論哪一種，你都要訓練大腦敏銳地察覺，辨識出能與他人建立關係的機會，並且積極跟進。當某個事物或某人博得你的共鳴或引發了你的好奇心，這就是一個提示，是你的直覺對善於分析的大腦的提醒：**快看這個！**快採取行動。這就是一個機會如何變成無窮機會的方式。機會可能降臨在接到剛認識的人來電，或一場偶然邂逅引領你走向新方向。你永遠無法預料，一次喝咖啡的邀約可能開啓什麼有趣的發展。

> 如果你的知識非常狹窄或有地域限制，
> 那麼做出正確決定的機率有多大呢？
> ——克里斯·哈德菲爾，太空人⑰

這裡舉個**自己主動出擊**積極探索機會的例子：差不多從我創立實驗室第一天起，我就打定主意要結識各種領域的人，幫助我們未來取得成功。我在完成博士後研究以後，滿懷熱情地想投入「轉譯醫學」（translational medicine）的職涯。正如菲力浦·夏普所說，這個領域要求你預先設想出一切關鍵步驟，才能將科學上的嶄新突破從實驗室推進到臨床。但是我清楚知道自己欠缺這麼做的正確工具，我指的是必要的跨領域專業知識。一般來說，在學術界，除非擁有商學背景，否則我們並沒有接受過讓產品上市並在世上創造價值的訓練。我隨恩師勞勃·蘭格進行研究時曾見過他這麼做，也知道這是可行的。蘭格做起來有如呼吸般自然，對我來說卻完全不是這麼一回事。

我知道自己缺乏相關技能和一套管用的策略，因此決定結交具備轉譯技術所需專業知識的人。這些人包括專利和企業律師、費用報銷和法規專家、製造專家、企業家、各類型公司的員工、投資人——這些人可不是我的實驗室附近咖啡亭的常客。我為自己訂下一個很充實又能應付的交流節奏——每兩、三週結識一個新朋友。碰面前，我會先擬好問題，也會帶著聆聽與學習的心態前去。我會專注於快速消化當下學到的事，才能透過提出新問題，讓對話可以持續深入。此外，我也非常尊重對方的時間，畢竟這類會面並非全都能發展成正式的合作關係。即便當下暫時無法一起共事，我也會設法提供見解或人脈做爲回報。

建立人脈的活動有時像酷刑，尤其當你必須出席時。想想那些彆扭又形式化的寒暄！我有時還眞不想跟陌生人打交道。像是打電話給不認識我的人，或在活動上主動自我介紹，或者光是要起身出門，就已經難如登天了！畢竟恐懼反應深植在我們的基因，而對社交的猶豫不決是人類天性的一部分。所以我傾向於迴避這類活動，覺得它們不僅尷尬，也沒效率。但有時我們需要的不過是一點火花，就能克服抗拒，重新點燃與人連結的意願。

當轉換對這類活動的態度，並體會到建立眞誠連結的潛能後，我投入它們的能量也提高了。最後，這種「建立關係、而非交易導向」的意圖，降低了我參與其餘社交活動的活化能。它們感覺沒那麼麻煩，我也沒那麼抗拒了。把它們視爲自我挑戰，有助於我扳動開關。我可以持續聚焦自己的目標——每個月參與幾回。久而久之，這變成一場探索之旅，尋找那些能與我產生能量共鳴的人。我的目標變得更具體：培養眞摯的人際關係、分享想法、得到回饋意見、學習並分享我的經驗。這本身就是最棒的結果。

結果我找到一些寶貴的合作對象——這些人如果只靠熟悉的管道，可能永遠遇不到。二〇一〇年十二月的某一天，我在決定克服自己的心魔，參加一場醫療器材的社交聚會，試著和遇見的人眞誠對話。其中一位是連續創業家南希・布里福斯（Nancy Briefs），當時她正在出售自己的公司。而我剛好獲得華萊士・H・庫爾特基金會（Wallace H. Coulter Foundation）的資助，該基金會專門支持生物醫學工程師和臨床醫師之間的轉譯研究合作。

我們得到的經費，目標是發展自動停針技術，其中包括可雇用一名顧問的費用。我鼓起勇氣，主動上前向南希自我介紹，結果一拍即合。我知道她有深厚的成功創業經歷，就邀她與我們合作。接下來的幾個月裡，我們合力準備簡報，獲得很不錯的成果。她的智慧、溫暖、信心與魄力促成許多方面的變化，最後我們和減重外科醫師阿里．塔瓦寇里，以及當時在我的實驗室做博士後研究、現爲助理教授的李宇汗（Yuhan Lee，音譯）通力合作，創造全新的「藥丸式手術」（surgery-in-a-pill）技術，治療代謝疾病（比如第二型糖尿病）。塔瓦寇里主動找我談他的構想，這就是典型的「朝我而來的機會」。這一切全都源自那個簡單決定：克服自我，走出去，力求眞誠，眞心珍惜以這種方式遇見的人、進行的談話。

這種「朝我而來的機會」就像是通電的電線，充滿能量、潛力和機緣。我剛才提到的自動停針技術也是這樣誕生的。我做博士後研究時，曾和麻醉科醫師歐米．費羅札德（Omid Farokhzad）在羅伯特．蘭格的實驗室共事。有一天我們在會議室吃午餐，他提到硬脊膜外麻醉和穿破傷害。硬脊膜外麻醉指的是使用硬脊膜外腔專用針，將麻醉藥注入脊椎旁狹窄的硬脊膜外腔。它常用於分娩，暫時減輕孕婦疼痛。將常規專用針置入特定組織（比如硬脊膜外腔）有相當難度，操作人員往往需要有較高的技術與經驗。如果專用針穿破標的組織，可能會引發併發症。過去百年來，針具本身幾乎沒有任何革新。這或許是一個機會——開發更好、更精準的器材，改善組織定位能力的準確度，同時讓設計盡可能簡潔、容易使用。

一個小時後，會議室裡只剩下我們兩個人。我對硬脊膜外腔立刻產生了好奇心，卻沒有這方面的經驗。我們有一些構思，想開發能防止「穿刺過頭」傷害的針頭，但需要找到專業人才來建造原型，並不斷改良。後來我在麻省理工學院找到一位具備設計不同探針專長的合作對象。我們一起申請研究經費、尋找資金、製作原型、反覆迭代，最後發明出一種新型針具——智慧注射器。它能感知不同層組織間的變化，在穿破目標組織前自動停止，防止傷害。這項發明後來在我的實驗室催生出一個延伸專案：開發出一種針具，能停在眼睛極爲細微的組織層之間，將基因治療藥物準確送達眼球後方（你可以想像是在雙層氣球之間注入液體，液體會均勻流到這間隙的每個地方）。目前，還沒有普遍且安全有效的方式，能將藥物傳送到眼球後方，但我們讓它變得可行，然後砰！創辦了一家叫做「靶心療法」（Bullseye Therapeutics）的公司。後來它被一家公司收購，如今該公司正在進一步發展這項技術，目標是用來治療黃斑部病變的基因療法。

> 我們正被資訊淹沒，同時卻渴望獲得智慧。
> 今後的世界將由整合者掌舵，
> 他們能在對的時間組織正確資訊，
> 慎思明辨後做成重要決定。
> ——愛德華·威爾森，生物學家[18]

## 化學家與連環漫畫

調整你的「心智搜尋引擎」，也有助於你把握意想不到的機會。二〇〇七年七月，我的實驗室剛成立的那個月，我收到普拉文．庫馬．維穆拉（Praveen Kumar Vemula）的求職申請。他的履歷令人印象深刻，但他是化學家，而我手上沒有符合其資歷的合適職位。當我瀏覽他的履歷，滑到頁面最末時，眼前突然一亮。他在最後附上一份摘要，用簡單的漫畫呈現自己的每項重要成就。我看得入迷了。我從沒想過可以在履歷中用漫畫的形式展現數據！當我看得更仔細以後，發現這些圖像一目了然——你根本不需要閱讀文字就能秒懂。他用誘人的視覺方式迅速傳達了必要資訊。

維穆拉是一個「超級溝通者」。除了以科學家身分完成的傑出研究之外，他還具備說故事的天賦，能透過圖像巧妙傳達科學的核心觀念。他甚至還主持一個科學廣播節目，向大眾解說科學概念。我繼續往下瀏覽，看見他有一些有趣的嗜好，包括打羽毛球很愛切殺球。這一切全讓我感受到：他是有創意、充滿熱情的人。儘管我手上的專案跟他的專業背景不完全契合，我還是錄用他，因爲我深知，保持實驗室裡的創意多樣性，對我們很重要。

維穆拉展現無窮的好奇心，渴望善用自己的專長和心力。他不只熱中於精進自己領域的知識，也想爲這些知識找到實際應用的場域。對他來說，化學是另一種藝術家工作室，分子就是他創作的媒材。有一次，他用特殊分子形成一種水凝膠（室溫下奶油的稠度），能在塗抹或注射後，讓藥物精準釋放於關節炎或發炎部位。這種經設計的分子遇上發炎酵素會一分爲二（基本上就是分解開來），進而釋放出在水凝膠組裝過程中嵌入的各類藥物。

然而，複雜的查驗登記和生產流程是一堵巨大的障礙，可能讓我們對新材料投入實際使用所做的種種努力輕易勾消。我們已經開發出運用新素材的新流程，但關鍵問題是：有沒有可能找到一種替代素材，是美國食品藥物管理局列入「公認安全」（GARS）清單上的物質？假如有，我們就能以新方法使用現成且划算的物質。我們欣喜若狂地發現，在GRAS清單中有一些替代素材，包括長效維生素C和用來製作冰淇淋的一種乳化劑，可以自我組裝結構，形成世界上最簡單的炎症反應藥物的輸送系統。

維穆拉的研究推動了另外兩項奈米技術的進步，專門用於治療影響美國數千萬人的疾病。第一種是治療接觸性皮膚過敏（例如：鎳過敏），估計患者大約占美國總人口的一〇至二〇%。第二種目前正準備進入臨床實驗，是治療發炎性腸道疾病（IBD），估計全美患者約有兩千三百五十萬人。它也可以用來治療其他發炎性疾病。

事實證明，突然出現在我的收件匣中的維穆拉是隱藏的瑰寶。他積極探索機會，鼓起勇氣放手一搏，無視傳統界限和化學家求職履歷的風格，採取更有創意的方式謀職。與他共事，是我職業生涯的一大亮點。如果我自己不是積極探索機會的人，在看見他是化學家又沒有相關職缺時，可能就會停止瀏覽他的履歷。我們兩人都很走運——但這份幸運，是因爲我們都是充滿熱情、積極探索機會的人，才讓機會站在我們這邊。

## 琳達．史東：放大走運的可能性

人們經常將自己的成功歸因於「在正確時間、出現在正確地方」的好運。可是這究竟是什麼意思？如果「走運的可能性」可以放大呢？一桿進洞對任何人來說都是不尋常的成就，但如果你是職業高球手，成功機率就是業餘球員的五倍。憑藉正確的練習，我們可以提高自己在任何領域走運的機率！⑲

就來看看琳達．史東的故事——她從早年擔任學校教師和圖書館員，躍升為技術創新的先驅領域，最後一步步成長為微軟副總裁。沒有人會說她只是走運。她打從一開始就非常努力，而且每一步都追隨自己的熱情，在渴望的驅使下，推動科技改善人類生活，至今仍在實踐這個目標。當談起她的職業生涯，我特別驚訝於她「抓住時機」的次數——有時那個時刻甚至是尷尬或不利的情境，但她總能採取行動，將它們轉化為機會。接下來你就會明白我的意思。

年輕時，史東就一直對科技和電腦感興趣，為了進常青州立學院念書，還從芝加哥郊區搬到華盛頓州。她選擇該校就讀，是因為看到電視節目《六十分鐘》對這所不因循守舊的公立文理學院做的特別報導。她的理由很簡單：「我覺得它看起來很有趣，就決定要去了。」常青州立學院以孕育創意思考者而聞名，她也在這個嚴謹但不墨守成規的環境中茁壯成長。

在常青州立學院的圖書館地下室，她發現一間設備齊全的木工教室，在那裡做了木湯匙。還找到一套早期的柏拉圖電腦輔助教學系統（PLATO），開始用打孔卡片玩各式各樣的程式。

從常青州立學院畢業後，史東找到擔任老師和兒童圖書館員的工作，同時也負責培訓在職與職前教師。後來，她在一場車禍中受重傷，在漫長的復原期間無法使用右腳，不得不取消原本和男友計畫好的越野滑雪旅行。但她男友在出城的路上（沒錯，他還是照計畫去滑雪），載來一台4K記憶體的天美時（Timex Sinclair）電腦，還有一本BASIC程式語言的書給她。她利用這段復原期間深入學習技術，後來還幫忙率先將電腦引入她任教的學區中。她也推動在職專業能力培訓課程，教其他老師學習LOGO程式語言，以及如何將電腦應用在教學上。

史東至今仍驚嘆自己迂迴曲折的職涯際遇。舉例來說，一九八四年，史東自掏腰包參加第一屆LOGO會議，這是由人工智慧發展的先驅西摩爾・派普特和麻省理工媒體實驗室主辦。她聽完一場談創造力的演講後，開始與坐在隔壁的女士聊天。她提到，講者的演說內容讓她想起Synectics這家公司和一本相關書籍，還有她過去在常青州立學院的一些經歷。這名女士驚呼：「我就在Synectics工作呀！」史東突然間就踏進了這個圈子。

「怎麼會這麼巧？」史東問，仍舊對這次的運氣和後續發展感到驚訝。拜訪Synectics的辦公室時，她提到想將該公司的方法引入自己任教的學區，並詢問如果她能爭取到補助經費，他們是否願意分享其培訓課程。沒想到Synectics的高層反過來提議，由她協助他們開發第一批銷售客戶。

儘管沒有業務經驗，她還是答應了。她在那個學年利用午休時間，打電話給許多公司推銷Synectics的服務。她的學區也在那一年核給公假，讓她參加好幾次Synectics的培訓課程。她驚訝自己竟然有辦法爲Synectics在西雅圖談下好幾個客戶。更讓她意想不到的是，每次參加Synectics舉辦的研討會時，總會被與會的企業代表拉到一旁，想提供她工作機會。

有天，在一場研討會上，一名來自蘋果公司的代表主動接近她，提起去蘋果上班的事。她本來就是蘋果產品使用者，因此這對她來說是讓人興奮的機會，不過眞正引起她注意的是：爲什麼蘋果會對她有興趣？對方表示：「我們喜歡雇用像妳這樣的人，我們並非總是想找具備特定技能組合的人。有時我們就是想招募能跳脫思考框架的人。妳正是一個打破常規的思考者。」

她決定跳槽。爾後的每次轉職，從蘋果到微軟，都是爲了相同的理由：她想探索即將發生的事，想研究技術如何提升你我的生活，盡可能提高個人和集體的創造力，同時也希望和同樣充滿熱情的人一起工作。

## 史帝芬．威爾克斯：從時間旅行中汲取靈感

人脈連結這件事中，常常蘊藏著一種難以預測的化學反應，要等到我們回顧過去，才會察覺這些機緣是怎麼慢慢浮現。當我和史蒂芬．威爾克斯（Stephen Wilkes）交談時想起了

這一點。威爾克斯是知名攝影師，他的招牌全景照片看起來是一張靜態照片，但其實是從同一個視角拍攝、層層疊加的多張照片組合而成。他鏡頭下的瑰麗景觀，基本上是把時間壓縮進一張照片裡。在他名為《白天到黑夜》（*Day to Night*）的攝影作品展覽中，每一幅全景照片都包含了超過一千張單次曝光的照片，這些都是他在同一地點、連續從白天拍到黑夜、捕捉光影漸變的成果。從紐約中央公園到非洲賽倫蓋提，他在數十年的創作過程中形成了獨樹一幟的風格和技法。他在我們對話時很快就承認，影響他的各種創意來源，非常重要，塑造了他的工作方式。從某種意義上來說就像他的照片一樣，也是隨著時間層層疊加的。

比方說，他用十分講究的細節捕捉到當代城市景觀和眾生像，看似與十六世紀荷蘭農家生活迥然不同，但他以一種跨越好幾個世紀的即時感，描述最早影響他的人物——耶羅尼米斯．波希（Hieronymus Bosch）和老彼得．布勒哲爾（Pieter Bruegel the Elder）。他回憶起七年級時到紐約大都會藝術博物館校外教學，第一次看見布勒哲爾的《收割者》的事。

他記得自己站在它前面，深感著迷。「我從來沒有見過像這樣的東西。我記得自己走近它，看著田地裡的這些小小人物。我幾乎可以感受到他們額頭上的汗水。每個人都忙著處理不同的事，彷彿他們的生命故事在這片壯闊風景中進行著。我發現它十分吸引人。這樣構圖的風景，還有藏在其間的這些故事，以一種很深、很深的情感方式觸動我。大家問我靈感來自何方？當年我看見這幅畫，它以非常強烈的方式影響了我。」

年輕的威爾克斯很快就發現了另一位荷蘭巨匠波希，布勒哲爾深受其影響。他思索著這兩人與自己之間大約四百年的差距：「藝術的靈感超越了世代。」

這是一趟迷人的旅程。
我確實發現，只要我周圍能保持這股能量，
也就是那股由信念、想堅持下去的人散發的正面能量，
那一切皆有可能發生——
我們會拍到想拍的影像，動物就會在水坑現身。
——史蒂芬．威爾克斯⑳

在後疫情的世界中，**發亮**在重新投入社交連結上發揮令人意想不到的作用。人類是社會性物種，而這場疫情造成的劇烈破壞，猶如一場風暴掃過，摧毀我們之間的連結，如同所有電力線路被整片扯斷。無論從公衛標準來看，這種被迫中斷社交連結有多必要，但之後有意識地重新建立人際互動，已成爲不可或缺的需求。

如同電腦當機時，我們會點擊重新啓動或「還原設定」，當社會結構遭到破壞，我們可以把這當成一次機會，以更大的意圖選擇新的設定，還原我們如今認爲珍貴的事物。也許還能對某些設定做出一些不同的選擇，將過去習慣的設定，取代成更能積極照亮世界、帶來新視角的方式。

機緣巧合和好運具有一種神祕特質，不過你無須等到諸星連成一線，期望能有個好結果。有些人對交流持保留態度，有些人則否；這是我們社會性動物的一種特點。有時候萬事

俱備，就差一顆火花重新點燃連結。我們也能意識到引發個人恐懼的因素，比如害怕被人拒絕，而且體認到恐懼是內建在我們的基因中，但是我們可以更主動地利用機會，造就最好的自己去排除它。

## 加乘你的超能力

神經多樣性指的是：每個人的不同經歷，會以不同方式重塑其大腦。就算來自同一個家庭，在同一個屋簷下成長，個人的大腦差異會讓你我受到不同事物的吸引，或是做出差別很大的決定。我姊姊和我的年齡只差幾歲，在幾乎一模一樣的環境下長大，可是我們從小就很不一樣，後來的地理距離更使手足間漸行漸遠。我們花了大概三十年的時間，加上對父母的共同關懷，才讓關係變得和睦，並且重新發現彼此值得欣賞的特質——從實際作爲到精神層面的。

無論在家庭內外，與人互動時，我們可以探索其間豐富的內涵，並始終抱持開放的態度，學習新知，貢獻所長。這種態度普遍適用於我們如何拓展社交圈、社區參與，以及參加地方或更大範圍的倡議與合作。在我們實驗室和其他工作場所中，讓一支多元團隊的優勢發揮加乘作用，可以提高我們解決問題的能力。㉑

天寶・葛蘭汀指出，我們時常過度專注於需要修復的事物，例如：建築物、橋梁和其他基礎設施，卻忽略了「誰有能力做這件事」這個問題。她主張應更加關注神經多樣性的思維，特別是其中一個典型特徵——高度專注，因爲這種特徵「對創新和發明至關重要」。[22]

爲了激發**發亮**因素，創造更具生產力且更有樂趣的互動和合作，請牢記以下幾點：

- 混合不同的經驗和專長，有助讓討論具備更寬廣的視角，這樣就不會有哪一種觀點主導全局。
- 在處理問題與提出對策的方式上擁有多樣性，是令人興奮的，特別是團隊成員來自不同國家、文化和教育體系，他們不受西方思維模式的束縛。
- 以淡化自我並擴大跨學科交流爲目標的價值理念，能鼓勵眾人秉持實現團體目標的精神，承擔知識上的風險並勇於挑戰彼此。
- 一個積極探索機會的環境，是每個人都充分閱讀並做足準備，能充滿活力地投入討論，並推進對話和團隊的思考。

當團隊的成員對了，結果可能非常驚人。

蘇珊．霍克斐告訴我：「我在實驗室中認識到『協同思考』的力量。」在出任耶魯和麻省理工的領導高層之前，身爲神經科學家的她參與實驗室會議，爲研究問題提出想法和新方法。「這對我來說是魔法，一群致力鑽研這個新問題的聰明人聚在一塊。接著有人想出一個點子，那是沒有人光憑自己就能想到的主意，這就是集結眾人之力的魔力。並非單靠一個人，而是一群人為某個複雜難題絞盡腦汁，不知怎的，這種神奇的思維組合竟產生出很厲害的東西。」

> 我們的環境、世界和社區如果只有一種思考方式，是不健康的。
>
> ——麗莎·佐佐木，史密森尼學會㉓

## 有感染力的利他主義：永遠「發亮」

二〇二二年初，俄羅斯入侵烏克蘭後不久，據信有超過一千萬人逃離家園，世界各地有許多人想幫忙卻不知從何著手，我就是其中之一。有一天早上，我在領英上認識的朋友開出職缺，讓來自烏克蘭的學生難民到她的實驗室工作。我想了幾天，才領悟到自己也可以做同樣的事。我在領英上發文，突然間得到四萬八千次瀏覽和目標明確的深入合作與討論。我問過實驗室的幾個人願不願意幫忙，他們立刻舉雙手贊成。我問醫院的研究副院長，如果有需要，能否請他協助我們處理簽證或相關事務，他也很樂意幫忙。這個過程最終以我想像不到的方式提供了協助，包括為一個牙醫系學生、一位器官移植外科醫師，還有一名小兒科醫師創造了就業機會。只需要一點小小的火花，就能促進許多想要做出改變的人齊心貢獻。

當你將世界視為一個廣大機會——可以跨越分歧、彼此連結、向他人學習和了解他人、分享彼此的經驗，並積極帶來正向影響……很快就會發現，有人已經走在你前方兩步，而你可以從他們的成功得到借鏡。當我們尋找這樣的機會時，就能找到方法運用社群媒體和社區行動主義（community activism），迅速與有需要幫助的人取得聯繫，並動員響應、發揮作用，這讓我深受鼓舞。有人說，利他的衝動是人類遺傳密碼的一部分，也就是所謂「無私的基因」，或是一種保護性、充滿同情心的本能，讓我們見人有難時伸出援手——正是這股衝動，讓我們從「想幫忙」走向「實際行動」，為了更大的利益而努力。㉔這種演化而來的遺傳就像重力，能將資源送往需要之處，克服距離、冷漠和組織惰性等障礙。

柏克萊社交互動實驗室（Berkeley Social Interaction Laboratory）主持人達契爾．克特納談到他的書《天生善良》時表示：「哺乳動物和原始人類的演化，造就了人類這個物種具有仁慈、玩樂、慷慨、敬畏和自我犧牲等了不起的本能，這些特質對於演化的三大經典任務——生存、基因複製與群體的平穩運作，極為重要。」㉕想像一下，每當你感動、難過、同感、同情、關切呵護、關愛或憐憫，你的大腦就會亮起來，準備抓住機會按照這種感覺行事。當你這麼做，若有另一個人被這個想法觸動時，他們的大腦也會亮起來——**發亮**！

人生點燃工具④

## 做個積極探索機會的人

將無限潛能視為現實：一個沒有邊界的高能量大腦。獲得知識、見解、構想和專業知識，還有能量與熱情，進而激發新思維，並加速善的行動。書籍和雜誌、podcast、TED演講、嗜好和旅行都是容易取得的方式。大腦喜歡直搗問題，用筆型手電筒照射出問題，但我們可以用廣闊的思維反制它，且以最寬廣的方式看見並尋找連結的機會。你愈是積極與這個世界互動，獲得意外好運和成功的機率也就愈大。從橫向思考的角度來看，狄波諾有句名言是這麼說的：「把洞挖得再深，也不等於挖出另一個洞。」[26]自此以後，關於帽子與洞的隱喻大量湧現，包括「別愈挖愈深，試試別的地方吧」。[27]積極探索機會的人會把洞挖得更深，**也**會去別處挖洞！下面是適用於積極探索機會的一些**發亮**策略：

- **敞開大門，這樣機會就不用來敲門了**。和陌生人閒聊。認識朋友的朋友。和所知事物有別於你的其他人打交道。我搭Uber都會跟司機聊天，下車後常會思考他們提到的事。
- **特別留意你個人經驗有限之處**，因為這可能會造成盲點或不自覺的偏見，你可以刻意努力觀察、多方了解、更主動參與，進而改變它。

- **把神經多樣性視為一種資產**。這個詞經常被用來描述某人的學習障礙或差異，卻很少用來強調他們的優勢。每個人天生都具備強項和才能，我們全都落在光譜上的某個位置。當你遇見某人著重的事物與你有別，請特別留意。我們愈是刻意從彼此的差異中學習，收穫也就愈大。
- **在職場團隊中，利用有目標的合作，讓一小群靈活、善於深入思考的人將多元思維發揮到極致**。尋找能帶來你們不具備的知識和經驗、能帶來活力並形成動力、能幫忙從不同角度思考問題的夥伴。
- **保持好奇心並樂於接受驚喜**。在我的女兒喬汀（Jordyn）於二〇〇九年出生後，為了確保實驗室有足夠資金運作，我向一個補助金委員會做簡報，希望爭取一小筆補助金。後來卻因為我累到差點站著睡著，不得不在中途放棄。事後有位委員來找我，提議我們可以碰面喝杯咖啡。當時我正處於大量申請補助金的階段，因此我的第一個（睡眠不足下）念頭是：我真的想花時間去喝咖啡嗎？幸好在一片渾沌間有個火花的微光閃現，我心想：這可能會帶來什麼呢？後來我赴約了，我們的談話帶來兩家公司的創立，我的實驗室也（從另一個不同來源）得到四年的資金，可以繼續我們的研究。
- **培養對周遭人才技能的敏銳度，特別是那些你缺乏的技能**。這個目的不是用來感到羞愧或自我批評，這只是坦率的自我評估和選擇。尋找已經掌握某類技能或特質的人，並且向他們學習。向他們請教有關它的事情。研究他們如何執行這項技能。尋找能變成你的能力的那些技能。

- **擔任志工**。跟隨你的興趣，或留神聆聽最迫切的需求並挺身而出。這是很棒的貢獻方式，也能讓你的生活充實豐富。㉗

# 5

# 刺激你的大腦：注意力是你的超能力

## 懂得有意識地運用經過鍛鍊的注意力。

人人都有專注的能力，只是忘了怎麼啟動它。

——亞莉珊卓·霍洛維茲，

《換一雙眼睛散步去》作者①

大約八歲那年，我讀三年級的時候，我們搬到了鄉下。雖然ＡＤＨＤ還是跟著我，而且在學校注意力不集中的問題依然存在，但我很快就在新的祕密基地發現令人驚喜的東西。放學後，我時常在後院待上好幾個小時，或是探索附近的田野和樹林。有一天下午，我沿著長長的碎石車道走，經過一棵多節瘤的老樹時，掛在樹枝上的某個小東西引起我的注意。我覺得它看起來有點怪，但以爲它只是那棵樹的一部分。等我走近時，發現它動了一下。我湊得更近之後，瞧見細小牙齒閃閃發亮。哇——**竟然是一隻蝙蝠！**看見牠讓我又驚又喜！我小心翼翼地後退，卻無法將注意力從牠身上移開！等我終於掙脫那股癡迷，就飛也似地跑過最後三百公尺（跑過跨越小溪的一座橋並跑上山丘），衝回家告訴家人這件事。

在接下來的幾年裡，我開始意識到周遭大自然的所有事物經常讓我大感驚奇，儘管我對學校課業有專注困難，卻能輕易專注於此。望向我家後院，我看見好多東西可以探索，一片森林、一塊農田、一條小溪，而且在探索中找到吸引自己注意力的東西時，我毫不費力就能更加專注於它。接著我體認到閱讀某些書也是如此，特別是知識小百科和笑話集。我不需要強迫自己專注在這些事物上，因爲（一）小知識很有趣、（二）笑話很滑稽，以及（三）這些內容簡短精煉，切分得剛剛好，很適合我。

後來我開始好奇：這裡頭是不是有什麼我可以轉化成一種策略，幫助自己在學校集中注意力呢？在大自然中，當某個有趣的事物引起我的注意，就像是「掐一下」——它抓住我的注意力，並將其他想法擠出我的腦袋瓜外。不僅如此，這種**感覺**和我ＡＤＨＤ腦袋裡的分心狀態不一樣。這不是讓思緒增添混亂的那種刺激，相反的，這樣的「掐一下」讓我感到專注、心平氣定，同時又活力滿滿。這感覺棒極了。在這樣冷靜且精力充沛的心態下，無論我關注任何事，這股能量就能直接流入其中。以我當年十歲，從《星際大戰》和《太空超人》得到的參照標準來看，這種掐一下感覺就像是某種超能力。

因此，除了那些大人教我用來提升學業表現的常規策略之外，我開始實驗如何有意識地利用掐一下——掐一下我的注意力，讓自己保持平靜、留神和專注在我選擇關注的事情上。舉例來說，早上起床後整理床鋪：我媽一直希望我能這麼做，可是它總是排在我的優先事項清單的最後一條，所以我得找個法子，以集中的注意力優先處理它。或是準備餐點後，自己收拾乾淨：準備餐點這件事對我往往比後續清理更容易，因爲備妥餐點後，我的心思早就移往下一件事，根本沒有動力去收拾善後。我在學校依舊不好過，但是透過這個過程，我明白自己有潛力，有一些儲備的注意力能量是我可以利用的，只是我必須釐清一個穩定可行的方法去調動它。我開始嘗試解鎖這股能量，慢慢琢磨如何將它應用到每一件事情上，包括學校課業。我在學校焦慮會飆高，所以課業上的進步時常碰壁，但我試著繼續自己的實驗。

以前我不知道爲什麼掐一下能發揮作用。直到最近，我開始好奇，實際掐捏皮膚如何改變那個部位周遭的血流，也想知道神經系統是否有相似表現，於是我在神經科學找到了一種可能的解釋——這個概念在一個多世紀前就已被記錄下來，名爲**「功能性充血」**（**functional hyperemia**）。[2]十九世紀的義大利生理學家與科學家安傑洛·莫索（Angelo Mosso）研究病患的大腦血流狀態。這些病人因爲頭部外傷或手術，直接暴露出他們的大腦，得以進行長時間的直接觀察。[3]今日，神經影像和其他研究顯示，當大腦局部區域的神經元活化，流到那個區域的血流量就會增加，進而迅速增加氧氣和營養素輸送至此處。想必不需要在你臉上放一隻蝙蝠，就能掐一下你的神經元並引起血流增強。如果你能選擇運用掐一下的時機和狀況，那就更好了。

## 已經不專心了，爲何還要再添干擾？

在一九七一年出版的《電腦、傳播與公眾利益》一書中，諾貝爾獎得主司馬賀（Herbert A. Simon）的一篇文章已有先見之明地指出：「因此，大量的資訊會造成注意力不足，因爲資訊會消耗注意力，而你必須有效率地將注意力配置在過剩的資訊來源上。」④半個世紀過去了，我們才剛開始逐漸理解這句話所揭示的事實。長期分心如今已成爲當代生活的招牌特質。

但罪魁禍首不僅僅是當代生活。原始的大腦迴路仍舊驅策著我們的生存反應，讓注意力容易被轉移。心理學家丹尼爾．高曼說，人類大腦「天生愛游移不定」。不妨把它視爲一種演化而來的「遊走目光」：大腦天生就有回到原始遊走模式的本能，在這種狀態下，所有感官都會保持高度警覺，準備隨時察覺潛在的威脅或機會。這些威脅在過去指的是掠食者、獵物、在植被或地景中出現異狀而預示著潛在的麻煩。今日的問題則是，勾引我們注意力的各種電子裝置、消遣娛樂和數位演算法，正是透過吸引這個游移、原始心智的注意力，來實現其目的。

由於大腦勢必會優先考慮生存線索，我們的注意力因此很容易被劫持，並保持在高度警戒狀態，像是腦中的雷達不斷掃描四周，搜索下一個突發狀況。但是這並不代表我們就無可奈何地卡在這裡，也不表示我們容易分心的特質不適合當今這個時代。我們可以利用這套系統，讓它對我們有利。

因爲人類大腦不只天生愛游移不定，也天生**好奇**。當某人或某件事激起我們的興趣，不管那是掠食者、獵物或令人好奇的事，大腦都會認定那是新奇的事物，進而觸發一連串的神經化學反應。這些影響有的只持續幾毫秒，有的可能持續幾分鐘，但是它們透過不同機制，能增強感官、提高感知、強化動機和反應力，並對酬賞處理、學習和記憶產生其他正面效果。大腦在「愛游移不定」和「好奇」之間、「對新奇事物」和「集中的注意力」之間不斷交互運作，爲我們投入的精力持續供電。

掐一下可以吸引你的注意力，讓你更專注在自己選擇的任何事物上，並隨你喜好調整焦點，就像顯微鏡的調節輪那樣。檢查標本載玻片時，首先轉動粗調節輪，將標本帶進視野內，接著微調細調節輪，瞄準標本的不同部位。現在，想像你用類似方法將注意力指向任何事物上，從初步認識（取得籠統但明確的焦點）到進一步讓焦點更清晰或更擴大。或者把掐一下視爲注意力的筆型手電筒，起初你聚焦在照亮特定事物，接著你靠近，想看得更清楚，或者後退，照亮更大的空間。

從漫不經心轉變爲集中性注意力背後的神經科學，牽涉到位在大腦底部、連接大腦與脊髓的一個極小神經核團，叫做「藍斑核」（locus coeruleus）。大腦額葉幫助我們集中注意力，有助於情緒處理和抑制魯莽的原始衝動、組織、計畫、做決定，而這個微小的藍斑核卻在我們的專注力中扮演關鍵角色，因為它能調節喚醒程度、警覺狀態和定向。藍斑核是正腎上腺素這種神經傳導物質的主要來源。這個所謂的「藍斑」透過幫助我們篩選與辨識相關資訊，調控注意力。之所以稱為「藍斑」，是因為神經元內部的黑色素顆粒讓它呈現藍色。有趣的是，患有ADHD的人對正腎上腺素的處理方式與一般人不同。

當大腦對「注意力掐一下」做出反應時，它會調動認知和其他大腦—身體歷程（感覺、情緒、記憶）激發更多有意識的思考與行動。你其實可以繼續引導、重新引導或刷新注意力，進而讓高度清明的**發亮**能量維持在心流狀態。我們可以有意識地讓注意力進入心流狀態，在其中，我們可以高度集中注意力，幾乎不受干擾。練習「掐一下」，有助於培養強化新習慣的神經連結，最終訓練大腦能隨心所欲地進入專注狀態：一有需求即可**發亮**。在實務上，持續多次、鎖定目標的掐一下，不僅能觸發，也能凝聚我們對新事物的覺察，不只是針對我們好奇或熱中的主題，也包括對自我的認識。例如：當我們先關注外部事物——比如一個情境或別人說的一句話，可以透過掐一下來調整注意力，感知當下所經歷的情緒，進而發掘內心更深層的東西。

請嘗試下面三個步驟來練習「掐一下」，第四步是進階加強的練習：

- 將注意力集中在能激發你的好奇心、困擾你或讓你感到平靜的事物上：窗外的鍾愛景色、照片或珍愛的個人物品、你家小狗或貓咪。在這麼做的瞬間，請留意你的注意力能量有何改變。

● 運用這股充滿活力的注意力掐一下，與你關注的對象有更深入的連結：分析思考引發你好奇心的那個念頭、進一步反思你關切的事、仔細端詳窗外的景色或手中的照片、帶著更多感激之情關注你的寵物。

● 品味這個覺知增強的片刻，加深你的體驗。接著重複那個掐一下，更密切聚焦，或是轉換視角，看得更全面。

● 進入心流狀態。我發現，如果我能抵擋干擾大約五分鐘，並專注在自己選擇的事物上，這兩者結合起來能幫助我進入心流狀態。

> 注意力是人類精神最強大的工具。
> 我們可以透過冥想、呼吸法和運動等練習提高或增強注意力，也能運用電子郵件、簡訊和社群媒體分散注意力，甚至藉由藥物調整它。但最終，我們得為自己選擇如何運用這項非凡資源負全責。
> ——琳達·史東，注意力計畫（The Attention Project）⑤

我對注意力的實驗是出於自身所需，因為注意力問題使我幾乎無法在學校學習，也損害我的人際關係和社交互動。我的思緒仍舊會瘋狂游移，不僅僅是在閱讀時。我很難專心聆聽有聲書或看電影，只要超過幾分鐘，就會開始走神，使我不得不倒帶重聽或重看。多年來，我一直認爲時間管理技巧可以解決自己的注意力問題。但後來發現，時間管理對我來說，只是一種組織工具，卻抓不到重點。我也許可以撥出一段時間關注某件事或某人，但在那段時間內，我仍然無法掌控自己的注意力——也許是因爲當下沒興趣，也可能是壓力還不夠大，又或者我就是無法跨出第一步。

最後靠著實驗，在我十三歲、讀八年級的時候領悟到，針對我這種注意力特別容易分散的情況，必須注意兩點：（一）我必須採取大量的小步驟，才能眞正推動前進的進程。（二）無論這些小步驟我重複做了幾次，它們永遠一樣困難。我得把注意力集中在：哄騙我的大腦，讓它別再神遊，趕快「降落」回現實世界，然後邁步向前！通常只要一丁點動力，就足以創造更多動力，讓我突破最初的阻力。

這種掐一下的方法證明非常適合這個需求。當時我不懂，爲什麼感覺我總是面對一股吸取注意力的無形力量，我認定是自己怪異、有缺陷的大腦在作怪。我的大腦在某些方面也許是不尋常，醫生也如此診斷，但現在回想起來，我明白自己感受到的那股無形力量是一種完全正常的大腦特徵：你有、我有，人人皆有，科學家稱爲「預設模式網絡」（default mode network, DMN）。神經科學根據腦波變化、頻率和其他數據研究指出，預設模式網絡是大腦的基本特徵，會產生一連串穩定的背景活動。簡單來說，如果你曾從白日夢中回過神，或是陷入一種鑽牛角尖思考的漩渦，大腦可能就是在預設模式網絡中運作。從**發亮**的角度來看，預設模式網絡就像是直播串流頻道，播送著大腦不斷產生的資訊。在低耗能大腦模式下運作時，我們沒有想收聽哪個節目，只是把它當成背景噪音。但若扳動**發亮**開關，也就是用心收聽，突然間會發現它不是噪音，而是我們自己的「探索頻道」。在一項探討預設模式變異性與ADHD的研究中，研究人員發現，相較於健康的對照組，沒有接受藥物治療的ADHD患者有較多的預設模式網絡活化變異。這種變異性也和做事的表現比較差有關。⑥

## 大腦雜訊、白噪音，還是掐一下播放清單？

實際上，我們時常將自己漫遊的思緒視爲無益的干擾，或是受歡迎的轉移注意力方式。無拘束的思考、突如其來的創意靈感，或是因爲放鬆所產生的思路清晰，也許能在緊湊的一天中帶來舒緩，但如果時機不對，讓我們分心、心神散亂，反而對自己不利，或許就不見得受到歡迎。這種不受拘束的思維，究竟是敵是友呢？

直到不久之前，科學家都還認爲預設模式網絡只是神經雜訊——一種低階的靜態干擾。但新興研究指出，它可能更像是一份播放清單，是大腦用來持續回顧記憶、意義、推測和可能性的過程，將塑造你這個人的過去經驗、現在狀態和未來想像交織在一起。預設模式網絡的部分功能，也許正是我們被它搞到抓狂的原因——它會在大腦中模擬各種情境，例如：**可能**發生什麼事、別人**可能**會說什麼、三種不同選項**可能**帶來什麼結果等，藉此讓我們不必實際經歷所有可能的變化，就能自我學習。這個過程就像是彩排，毫無上場的壓力。

研究顯示，當我們專注於某項任務，預設模式網絡喋喋不休的擾人程度會降低；如果我們注意力不集中，喋喋不休就會變得更有存在感或更擾人。[7]白日夢、心神不定、有益的深思，或是鑽牛角尖思考，無論以哪種形式體驗預設模式網絡，你會隨遇而安，還是介入並引導它呢？大自然對此有一種「應用程式」：認知控制，也就是大腦具有靈活應變、適應與目標導向的能力。你可以運用這種神經反應性和調適力，中斷並重新導引思維。[8]靠著**發亮**掐一下，你可以更加聚焦於當前的事物，或是將注意力完全轉移到別的事情上。無論採用哪種方法，只要有意識地調整注意力，就能隨心所欲地調用這種與生俱來的能力。

隨著刺激（這裡指的是掐一下）的新鮮感逐漸消逝，大腦會調整自己的反應，通常反應會變得沒那麼強烈，不過這會隨其他因素而變化，比如你周遭發生的事、內在生理變化，或是其他在大腦中同時觸發的神經衝動。

在測量大腦活動的研究中，近期有些科學家調整了對「神經變異性」的理解。神經變異性指的是：大腦對刺激產生反應時，腦波的不規則波動。[9]這些變化長期被認爲是另一種「神經雜訊」，而且可能無關緊要。但現在科學家認爲，神經變異性也許是一種具適應性的平衡機制，與神經系統的反應和學習息息相關。

德國馬克思普朗克人類發展研究所的研究人員指出，有證據顯示，成功行爲可能正是因爲神經變異性才出現。[10]無論是辨識一張臉、記住一個物體，或是解決一樁複雜的任務，大腦能否調節當下那一刻的變異程度，似乎都是達成最佳認知表現的必要條件。同時，當這個認知過程逐漸穩定下來時，變異性也會隨之減少，這是個好跡象。

如果集中的注意力能平息神經變異性、使雜訊安靜下來，那麼「腦力激盪」就是一種歷久彌新的方法，能讓神經變異性活躍起來。⑪有什麼比煽動神經變異性更能保持新鮮的主意（即刺激）源源不絕產生？我就是根據這個概念設計實驗室的腦力激盪過程。透過這種方式，我們可以突破熟悉的想法和既有專業領域的舒適區，進一步觸及那些令人興奮的可能性邊緣。我們處理的醫療難題之所以未被解決，往往是因爲它們被局限在過於狹隘的框架中。透過在專注與分心狀態中來回切換，我們盡量擴大新點子的多樣性，並從多種角度定義問題。我們透過這種方式時常能發現其他人錯失的新見解，爲潛在的解決方案開闢嶄新路徑。在自己的生物啓發式創新過程中，問題就像掐一下，能幫助我們穩定朝新領域推進。

> 像雷射，而不是手電筒般專注。
>
> ——麥可·喬丹⑫

## 超越感知的限制

我們在實驗室一直在超越感知的限制。在研究的許多關鍵時刻，事情會轉向意料之外，或者我們怎麼樣都找不到解決方案。我們會試著將這些時刻當成重新聚焦注意力的契機，並以煥然一新的能量往前推進。我們必須不斷「掐一下」，突破自己對「可能性」的既定感知。我們需要不斷挑戰，甚至經常打破團體迷思、該領域牢不可破的信念、他人的假設，甚至是我們自己的假定。每個人都用這種方式聚焦和重新聚焦，而且就像一支接力隊伍，我們也可以集體這麼做。在像我們這樣腦力激盪的環境下，時常會有人遇上靈光一閃的時刻，能爲其他人點燃整個氛圍。

當我們面對新問題，重要的是，試著想出新的解決對策，並抗拒大腦那種習慣被現有技術或既有對策吸引的「重力牽引」，因爲這往往會導致不理想的結果。在研究初期，我們會檢視工具箱中的既有技術，但同時也會保持謹慎，因爲人有一種自然的慣性——一種像「重力牽引」般的本能，會讓人想直接使用熟悉的方法。你可能會浪費寶貴的時間和資源（而且這種浪費可不是一點點，要完成一個研究過程動輒需要好幾年），結果只是努力把既有技術硬套上新問題，最終卻發現問題變得更複雜，而你其實打從一開始就應該用完全不同的思路和解法來應對。我們應該刻意避開阻力最小的道路。怎麼做呢？運用策略性提問來「掐一下」自己的注意力。

我們既有的技術能做些什麼？更重要的是，它們**無法**做什麼？這與當前的問題定義有多契合？因爲此刻最要緊的是：需要的是什麼？別人已經嘗試過什麼？什麼已經失敗？什麼看起來可行，但還不夠好？生物學、醫學和轉譯（可擴充性、專利、臨床實驗等等）的哪些方面很重要，應該在這個過程的早期就列入考量？別人曾實現的最佳結果是什麼，用的是什麼模型系統？如果想要讓這個領域的同業驚豔，吸引投資人、同事、這個產業和這個社群的關注，我們需要達成什麼樣的成果？什麼樣的突破，才能眞正推動這個領域大幅前進，並造福患者？

這個最初的檢視過程通常可以幫助我們更清晰地界定新問題。接著，我們會重新聚焦在這個新問題上，再把過去的研究、老問題，以及我們爲了解決老問題而開發的舊技術全都束之高閣。

以下是一個經過簡化、慢動作處理的版本，介紹我們如何在實驗室運用「掐一下」來加快、同時強化解決問題的過程。這些問題曾引發好幾輪探索性的討論與研究，最終在我們設法創造更好的醫療黏性產品的過程中，催生多項實用的仿生靈感成果。

● **問題：有哪些問題是可以透過更好的醫療黏性產品來幫忙的？**

這迫使我們深入挖掘，並定義這個問題。我們請教了醫生、護理師，以及醫療產品公司的人，發現市場對於某種黏性產品的需求極爲迫切——這種黏性產品必須能將監控設備固定在新生兒幼嫩的皮膚上，且移除時不會扯破肌膚；它還能密封幼童跳動的心臟內部孔洞，以及可以像釘書針般把皮膚或組織釘合在一起，卻不像縫合釘那樣損傷皮膚（因爲必須將組織往內彎才能穩穩固定）。釘書針式的縫合方式也會形成細菌入侵與滋生的溫床，而且縫合時需要使用體積龐大的器械，這使它難以用於僅需小切口的微創手術中。

- **問題：自然界中已經演化出什麼黏著機制，也許能提供我們靈感？**

　　我們早先曾研究過受到壁虎啓發的一種組織黏著劑，可是應用在諸如皮膚移植或跳動的心臟內部這樣艱難的環境下，它不夠耐用。我們針對不同生物如何纏住自己接觸到的物體上進行腦力激盪。我們考慮過蚊子和蜜蜂的管狀口器，後來有位同事提議：「如果用豪豬的刺毛呢？」

- **問題：我們對豪豬的刺毛已有什麼了解？**

　　我們做足了研究。北美豪豬（與非洲豪豬不同）的刺毛有倒鉤，與尖端的方向相反。這些倒鉤的寬度大約等同人類毛髮。刺毛的尖端刺入目標組織後，這些倒鉤會增加移除刺毛的難度。

- **問題：我們對倒鉤的原理還有哪些了解嗎？豪豬的刺毛究竟如何輕易地牢牢嵌入——撞擊、刺入、停留在牠們的目標組織中？**

　　針對豪豬刺毛進行的學術研究寥寥可數，比如讓刺毛沒入肌肉需要用多大的力量、移除刺毛需要多大的力量等等。

- **問題：我們如何找出答案？**

　　我們將豪豬刺毛戳進組織中，觀察入口處。結果發現，大多數刺毛在距離尖端四毫米內有好幾排倒鉤。令人驚訝的是，將有倒鉤的刺毛推進組織中所需的力量，大約只有將同樣直徑的針或一根倒鉤被刮除的刺毛刺入組織時所需力量的一半。而且不像標準用針或組織縫合釘會在進入組織時留下微小的裂傷，有倒鉤的刺毛會開出一個邊緣完全光滑的洞，因此較容易預防常見於粗糙邊緣的細菌感染。

- **問題：如果在生物可分解的縫合釘兩端放上人造豪豬刺，消除縫合釘兩端得彎進組織內的需求，會如何呢？**

我想你抓到重點了。每一道問題幫助我們將注意力集中在最有意義的探索和新問題上。

## 輕推和細微差別

我的同事維韋克．拉馬克里希南（Vivek Ramakrishnan）指出，當大腦逐漸習慣先前認爲新奇的事物，你可能會假定自己必須做或尋找比以前更大、更精采的事。但其實你可以像他一樣，培養觀察周遭事物最細微變化的習慣，他稱爲「萬物的無常」。我們會在〈按下「暫停」鍵〉這一章更深入探討這個話題，不過簡而言之，這個想法說的是，透過敏銳捕捉最細微可察覺的變化，光是今天與明天之間的對比，就足以激發大腦的驚奇。這個掐一下不需要很巨大，它可以只是能點燃連結的火花——讓球滾動起來——有效降低某個刻意轉變所需的活化能，而不是讓我們必須靠意志力苦撐著去掌控一切。

對我來說，管用的「掐一下」手法還包括倒過來閱讀文章段落，也就是從文章末尾往開頭讀。這有助於集中我難以管束的注意力。不可否認，我是極端的例子，不過這個原理是可以善加利用的：人的注意力會本能地聚焦在擾亂、新奇或不熟悉之處。對我而言，掐一下大腦能讓我隨心所欲、將這個過程應用在任何事情上，例如：處理一項計畫、與夥伴交談，或是規畫下一步職涯動向。掐一下大腦，引起它的注意，接著專注在你想要的任何事物上。

> 讓自己靜靜被真正喜愛的事物深深吸引。
>
> ——魯米，詩人⑬

你的複雜生活和職場挑戰，也許跟我們在實驗室面臨的難題不同，但是這個「掐一下」的**發亮**過程是普遍適用的。如何管理日常生活的注意力，基本上決定了人生中的每一個面向。任何人努力完成需要持續專注力的事——也許是一項計畫、一個家庭、一段關係，或一個人生夢想⋯⋯都明白，當投入的能量似乎慢慢消失時，是什麼樣的感受。掐一下的力量會注入新能量，重新喚醒你的注意力，而光是好好思考自己的選項，本身就是一個起點。

## 抗拒拉力，追求推力

注意力的「拉力」指的是打斷你專注，把你拉走的事物。至於注意力的「推力」，是由你主動發起的注意力轉移。如果我們誠實面對自己，生活中有許多拉力不僅優先順位極低，對我們來說，也幾乎沒有任何價值。它們可能是思維習慣：重提舊事或感受、鑽牛角尖思考或無端憂愁。它們也可能是反應上的習慣，例如：認爲我們必須立刻回應每個人。有時這還有一個附加的習慣：漫不經心地使用媒體或社群媒體，或者用抽菸、大吃大喝紓壓，或是並非那麼無腦卻過量使用媒體，特別是社群媒體。

諷刺的是，就連社群媒體巨人抖音在美國國會聽證會上爲自己辯護時，也端出所謂的「暫停」機制，藉此回應外界指控它在減少年輕用戶過度使用上毫無作爲。這個平台前一陣子宣布啓用一種新的減速機制，也就是針對十八歲以下用戶祭出「每日限用」六十分鐘的規定。但這個限制，其實很容易突破，年輕用戶只要重新輸入密碼就能繼續使用。抖音的家庭安全與發展健康部門負責人崔西．伊莉莎白（Tracy Elizabeth）說，研究顯示，暫時停下來想一想要繼續使用或登出，有可能促使人停止使用。「這樣的暫停讓他們必須主動思考自己正在做什麼，並且選擇自己是否想繼續使用抖音，這才是最重要的部分。」⑭

雖然這樣的減速機制未必對所有人都有效，但它能幫助我們開始一個重要的過程：辨識和減少低優先順位的拉力，並試著用有意識的推力取代（也就是你主動做出選擇，以有意義的方式集中你的注意力）。你愈常練習這麼做，所需的活化能就愈低——也就是你會愈來愈省力地讓那些無關緊要的拉力自動滑過，也就愈容易（也愈快得到獎勵）將注意力集中在對自己最要緊的事物上。

賓州大學華頓商學院行爲科學教授凱蒂．米爾克曼，著有《零阻力改變》一書，她說：「你可以設定阻力，強迫自己在無腦從事某個行爲之前，先暫停一下，思考一下。這樣至少讓『理性思考的大腦』有機會決定這是不是我此刻想做的事？而不是交由『自動反應的大腦』下意識地行動。」⑮

## 皮拉提斯和一個新練習

當我們生命中有這麼多重要的事物很穩定——家庭、友誼，甚至我們熱愛的工作——它們很容易變成自己視爲理所當然的背景。有人說：「非凡之處，往往隱藏在眼前。」你可能需要掐一下大腦，才能對這種平凡中的不平凡有反應。

雖然我的妻子潔西卡是小有名氣的皮拉提斯教師，我卻很晚才體認到身心靈相互聯繫的重要性，而皮拉提斯包含了這三者的訓練。在潔西卡的溫柔指導下，我很驚訝做皮拉提斯時，最終竟能開啓一條靈性探索之路。⑯在這條道路上，我發現，有意識地專注於內在靈性或直覺能力，能加強連結，活化神經網絡。我愈是探索內在世界，在嘗試事物、閱讀、聆聽

podcast 節目，或者和孩子在餐桌上交談所耗費的活化能就愈少。

皮拉提斯是我將注意力轉移向內所需的掐一下。每個人全都有一種直覺能力，它扮演道德指南針、內在聲音，指引自己走向最適合的道路。但我們往往會忽略這些「輕推」。掐一下注意力，讓它集中在新的興趣領域，包括內在世界，能開啓令人興奮又無限多的新道路。

有些掐一下的策略看似微不足道，卻往往很有效。你可以休息一下散散步，特別是徜徉在大自然中，或是做點完全不相干的事。有時光是將注意力轉向不同計畫就會有幫助。每當你將一件事從大腦「暫時放一邊」，移到「主要關注」狀態，這樣的轉移可能會創造出新的能量。根據我們的經驗，什麼事最能得到大腦強力、持久且穩定吸引注意力呢？答案是：好奇心、興奮和目標。這些激勵要素能在忙碌的大腦中將愛游移變成好奇心。在日常情境下，一個簡單的掐一下可以增強你在當下的感受與思考方式，以及投入程度。在會面中，尤其當我察覺自己漸漸流於純交易性的互動時，我會提醒自己（就像輕輕掐一下）：眼前這個人或這群人，都是自己生命中最重要的人物——和我交流的對象是人！每個人都走在自己的旅途上，這一點和議程中的任何事項一樣，是這場對話的重要背景。

## 動機，最能激發行動力

在探討動機和注意力的研究中，有證據顯示：動機愈強，更能集中注意力。[17] 動機可以

### 微調你對動機的注意力

當你將注意力轉向個人的激勵來源時，它們可以增強你的行動能量。檢視以下這份清單，是否有一、兩個此刻特別適合你。什麼是你目前生活的激勵來源？它是你想改變的，還是更加擁抱它呢？

能幫你集中「掐一下」注意力的人類動機或獎勵如下：

| | | |
|---|---|---|
| 目標 | 健康 | 權力 |
| 渴望 | 人際連結 | 金錢 |
| 好奇心 | 成就 | 新奇 |
| 驚奇感 | 愛 | 期限 |
| 緊迫感 | 生存 | 恐懼 |
| 療癒 | 期望 | 痛苦 |

隨著時間和不同條件而改變，因此，善用讓你充滿幹勁的**事物**和**原因**，是掐一下大腦的關鍵所在。就像看見某人正在受苦時，你很想幫助他們，注意力會立刻集中，不太可能游移不定。然而，我們的目的或目標通常沒有這麼急迫，所以如果想達成它們，就必須設法維繫自己的注意力和動機。無論這個動機是內在驅動，還是外在獎賞（如金錢、晉升、購買的物品）都能提醒自己目標的存在，以及它爲何對自己很重要，將我們與情感能量（驅使我們的欲望）連結起來，並成爲那個掐一下大腦的關鍵力量。

## 伴侶和親子關係：強有力的掐一下

二〇〇七年，我開始擔任教職時，麻省

理工學院的一名研究員把我拉到一旁，告誡我擔任教職會讓人上癮。她說：「你千萬要小心，我看過太多婚姻因此破裂。工作會占滿你的生活。你得留意這件事。」當時我認為這永遠不會發生。但我沒有體認到自己早已工作成癮。

七年前攻讀博士學位時，我認識了潔西卡，那時我的工作時數已經比自己認識的大多數人還長，而且他們還是鍥而不捨、勤奮努力的那種人。加倍努力工作，是我逃避因學習障礙而感到羞愧的一種方式，但在這個過程中，我用一種比較健康的方式來面對：遇到障礙、調整策略、再試一次，因而發掘了自己的優勢，也發現，生物醫學工程非常適合我那顆過度活躍、非典型神經發育的大腦。成功解決一個問題，只會讓我想繼續挑戰那些看似無解、更棘手的問題——這些問題就像是對我這種不被看好的人發出的挑戰書。

同時間，潔西卡忙著追求她對人類潛能、健康與養生、運動，以及靈性的興趣，這些對我來說似乎有點趣味且令人嚮往，但總感覺和我的工作狂生存方式相去甚遠。婚後，我們的家庭成員隨著兩個孩子：喬許（Josh）和喬汀相繼誕生而增多，我忙碌的工作責任和壓力也日益繁重。我絕對不想成為那個讓大家等、拖慢事情進展的人，就像化學反應中那個決定整體速度的最慢步驟（也就是我們口中的「速率限制步驟」）。我因此給自己訂了一條規矩：即使得通宵工作，任何事還是必須在同一天回覆對方。最終我將實驗室擴大了三倍，延攬更多才智過人、滿懷熱情的研究人員加入，同時和企業家、投資人及其他轉譯專家合作，開辦公司將這些創新投入應用在病患照顧上。我熱愛這一切——我上癮了！

我們的家庭生活當然逐漸崩解。工作讓我感覺良好。工作之餘，我很痛苦。然而，我時常感受到一種來自內心的拉力，警示我事情不大對勁。潔西卡逼我多花點時間陪伴家人，可是我不知道如何離開那種工作狂般的快節奏生活。我創造出工作與家庭平衡的假象，只為了逃避愧疚感。即使在孩子的學校活動上，我也會為了替自己當前的專案注入新的動力，特意去尋找有相關專長的家長攀談。工作導向的熱情與目標，就像子彈列車般驅動著我狂奔的大腦。當我試著抽離，想全心陪伴家人，卻會因為沒有實現特定的工作目標而備感壓力。

和我的孩子在一起時也是如此。儘管我承諾要和他們一起做某件事，我還是會說：「再給我五分鐘就好。」有時候，潔西卡和孩子已經在車上等了，但我還是會匆匆忙忙地想多回覆幾封電子郵件。最後他們不再等我，直接把車開走。喬許年幼時本來會找我一起踢足球或丟橄欖球，後來也不再開口邀我了。

當新冠疫情來襲，我們開始在家工作，我的生活慢慢停頓在客廳裡。我的實驗室重新聚焦在協助新冠專案上。我們設計新的口罩、診斷工具、治療法，以及包覆並殺死病毒的鼻噴劑。我密集參與這些工作。但此刻處在封城期間，我開始看見自己過去錯過的事：和家人建立體貼彼此、饒富意義、情感親密的關係。我一直是缺席、心不在焉的父親和丈夫，這種狀態持續太久了。我痛苦地意識到：我必須刻意改變，打破舊有模式。

為了多陪陪喬汀，我開始加入潔西卡開車載她去學校的車程。我想要祝她一整天順順利利，跟她揮手說再見。然而，一路上我們兩人都只盯著自己的手機。她發簡訊給朋友，我在讀電子郵件、安排會議時間、擬定策略。我明白這種情況必須改變。所以有一天早上，我沒有查看電子郵件，而是把自己的手機遞給女兒，問她願不願意看一些以前拍的家庭照片。幸好，她開始看照片，然後笑著說：「你眞懂我！」我們在剩下的車程裡瀏覽那些照片，享受著歡樂有趣、傻氣可笑的美好回憶。對我女兒來說，這也許是件小事，但對我可是非常重要的大事，也是我更有意識地抵抗工作引力的開始，讓注意力更專注在我的孩子和我們的家庭生活上。

人們常說，在進入一個場合之前，備妥策略是最好的策略。把你的意圖擺在第一位，並專注在能讓你朝正確方向前進的具體步驟上。這個「場合」可以是任何事物的隱喻：一個人、一段關係、一項專案、一件計畫。如果我在要與一個人碰面時，希望能時刻理解對方，尊重對方是有自己的生活和優先事項的個體，那麼在走進那個場合時，心裡先帶著這個念頭和意圖，會很有幫助。知道兒子特別需要我支持的時候，我會到他身邊，然後刻意專心聚焦自己想支持他的那股能量，然後傳遞給他。我們可以透過持續調整和集中注意力，嘗試深化這種意圖。掐一下的能量是可以無限再生的。

人生點燃工具⑤

## 訓練專注力

- **帶著目的「招一下」，進而區分想要、必要和不重要**。探索並實驗，找出能提供你最大效力的「招一下」，並且運用它們區分什麼對你是必不可少、什麼是次要的、什麼對你幾乎沒有實際價值。
- **為正向目的「招一下」**。把注意力放在你的目標上，致力於創造正向回憶，或是為你認定重要的事物累積能量的體驗。[18]當你把心思聚焦在優先事項上，它們會變得更強大，瑣事的力量會跟著減弱。
- **覺察明擺在眼前卻被忽略的事物**。選個安靜的片刻坐下來細細檢視，確保你沒有忽略生活的重要面向。不要責備，也不必羞愧，只是讓你清楚了解什麼地方需要你多一點（或少一些）關注。也許是對別人的承諾，或是對你很重要的議題，也可能是自我照顧、斷捨離，以及透過運動、冥想、音樂或藝術支持自己，讓你的心充滿活力。
- **隨時隨地拆解關鍵點**。你最近有沒有注意過平常做的事，是怎麼一步一步完成的？走去你家信箱拿信件？帶著小狗在附近街區蹓躂？摺衣服？做飯？把你的注意力帶回這些時刻，感受自己能完成每個步驟的事實、體會動作的節奏和流暢、重複性、你的意圖，以及結果。運用這些關鍵點來降低活化能，並增強你的動機或動力，做為正念練習的一部分。例如：你可以透過專注在自己享受的步驟，集中注意力，鼓勵自己做飯：用一把銳利好刀切開蔬菜的感覺，以及欣賞蔬菜切面的紋理。

- **招一下來抵抗外在的拉力、訓練自己習慣新提示**。培養對勾選待辦事項的生活方式（checklist lifestyle）的覺察——我們已經習慣性、不自覺（雖然可能是表面而已）對電子郵件、簡訊、來電通話、專案期限、社群媒體，甚至是家庭時間做出反射性回應。我們必須擺脫這些習慣性的反應模式，才能讓自己朝著真正的意圖發展。通常，我會覺得必須放下手邊正在做的事去回應，但現在我會問：「這是我請某人在此刻問我的事嗎？這是我現在打算要做的事嗎？如果現在可以選擇如何分配工作、家庭和個人時間，我會專注在哪件事情上？」
- **學會抽離**。用一個念頭轉換自己周圍的能量，想想你的反應或期望如何影響他人。試著從以我為中心的微觀焦點，轉向考慮他人的宏觀焦點。
- **轉向大自然，尋找新鮮或不同的事物**。環顧四周，細細感受大自然的每一面：在人行道裂縫頑強生長的雜草、腐朽的樹樁上滿滿都是昆蟲和腐爛的有機物、鳥兒在築巢時期到處收集細樹枝……這些迷人的細節說也說不完。只要用心，這種能量轉移可以讓你重獲元氣。大自然總能為人帶來活力。

# 6

# 愛上動起來的感覺：這是演化成功的關鍵

## 不只是運動，對一切形式的身體活動都欣然接受。

人類最遠的旅程是從腦到心。

——達雷爾・鮑伯酋長，

史戴里恩族（The St'át'imc Nation）知識守護者①

自然界在「移動」這件事情上，有很多可以教我們的。我並非建議應當仿效蛞蝓或麻雀的移動方式，畢竟對人類來說，靠兩條腿直立行走已經運作得非常好。可是環顧四周就能發現，廣義的移動定義了我們生活的星球——從野生動物的大規模遷徙到板塊移動、變化萬千的大海和蜿蜒水道、靠著風傳播的種子與孢子、搭便車的微生物、「入侵」物種，以及人類自己。

生物學家朗．內森（Ran Nathan）在《美國國家科學院院刊》上發表的〈一種新興的遷移生態學典範〉中寫道：「個別生物的移動是地球上生命最基本的特徵之一，也是任何生態與演化過程的關鍵要素。」②人類畢竟也是動物，因此純粹從生物學的角度來看，這一點對我們同樣成立。但身為人類，我們知道自己具有內在世界和精神層面，因此明白移動也涵蓋了這些範疇。有些物種會依循大自然的訊號，跨越遼闊的地理空間進行遷徙，隨著季節遞嬗和食物來源的變化而移動。人類已經調整了生活方式，不再需要為了生存進行季節性長途跋涉，但這不代表我們不需要遷徙所帶來的冒險感：各種挑戰、共創故事、離家與返家的歷程。大自然仍舊以直觀的提示對我們發出指引，引導我們走向健康的身體和豐富持久的內在世界。

真正重要的是，我們透過身體行動與大自然的互動，而大自然也已經為這種互動提供了很多背景與線索，但我們往往視而不見，反倒能從鳥類、螞蟻和樹木等意想不到的「老師」身上看見與欣賞這些訊號。每一個今日仍存在的生命體，之所以可以存活，都是其物種在演化過程中，回應了自然環境給予的提示——這是一種流動的對話。這種生物和環境之間的

「生物學對話」，讓雙方都能進化與繁榮。

本章開頭的引文指出，任何人的最漫長旅程是「從腦到心的旅程」。我們要怎麼做才能讓自己的心投入，實現這樣的意圖呢？又該如何在這趟人生旅途中前進呢？印度靈性導師室利・尼薩加達塔・馬哈拉吉（Sri Nisargadatta Maharaj）曾說：「頭腦創造了深淵，心才能跨越它。」③警戒的大腦往往會放大負面觀點，使我們困在問題當中。但我們可以透過觀察和感受身體的反應，深入了解自己是如何體驗事物，進而創造跨越深淵的行動。這有助於安撫身體的生理反應，讓心沉靜，並搭起橋梁，讓我們隨著心進入完整的身心合一體驗。

撇開運動和健身的代謝指標不說，移動也和我們的社交與情感發展、終身健康與福祉息息相關。如果你曾被某件事打動過——比如被一則故事觸動，感動到流淚——就會感受到讓你從一種心境轉進另一種心境的情感能量。或者，想想冥想如何讓能量從混亂轉爲平靜，而且這種轉變會對大腦的腦波產生可測量的影響。

對許多動物來說，尋找食物和棲地、遷徙和適應季節變化帶來的資源變動，以及交配與繁衍的能力，是衡量其演化有多成功的標準。如果把目標定得更高一點，不僅僅是存活，而是要蓬勃發展，並充分發揮自己的潛力，對這個星球有所貢獻，那我們可以從更全面的視角理解「移動」這件事開始。無論是最私密的內心世界、現實問題與人際關係，還是超越日常感官和理性理解範圍的靈性體驗，我們交流和探索的能力都是無限的。

健康心理學家與教育工作者凱莉．麥高尼格在《史丹佛大學的情緒修復運動課》一書中提到：「有運動習慣的人通常比較快樂，也對生活更滿意。無論他們喜歡走路、跑步、游泳、跳舞、騎腳踏車、打球、舉重或做瑜伽，情況都是如此。」麥高尼格對相關研究進行大量回顧後指出：「習慣活動身體的人擁有更明確的人生目標，也更容易感受到感激、愛與希望。他們和自己所屬社群的連結更緊密，也比較不容易感到孤獨或憂鬱。」她說這些好處會出現在各個年齡層，適用於任何社經階層，而且普遍存在不同文化間。她補充說：「重要的是，身體活動帶來的心理和社交益處，與特定的體能或健康狀態無關。前述這些喜悅，像是希望、意義和歸屬感，主要來自**動起來**，而不是你有多強壯或多健康。」④

動起來也一直是表達創造力、安定身心，以及靈性省思的一種歷久不衰途徑，透過舞蹈、太極拳、瑜伽等方式，不僅鍛鍊身體，也能滋養內在心靈。內在生命就像身體一樣，可在良好「鍛鍊」的挑戰下蓬勃發展。無論在日常生活中或世界上，開始行動就會產生動力，而動力又能激發改變的能量。

至於我，我喜歡從「喜悅」這個角度來看。

> 我說的散步，和運動八竿子打不著……
> 它本身就是一天的計畫和冒險。
> 如果你想做運動，不如去尋找生命的泉源。
> ——梭羅⑤

意識和受到啓發而採取行動的能力，是人類這個物種的獨特特徵，和我們的肢體一樣與生俱來，隨著狩獵、採集的需要和定期遷徙至更宜居之地的需求，逐步演變而成。五十年前，身心靈相互關聯的整體觀在西方醫學中被視爲邊緣概念，但如今已被廣泛接受。這個觀念源自古老的東方修行方式，後來爲了符合現代西方的喜好經過調整，近年來更被認爲是原住民族智慧的核心理念，根植於人類起源和我們與大自然的關係中。

《愈「動」愈成功》的作者卡洛琳．威廉斯說：「我們忘了身體與大腦是相連的。我們可以把身體當成一種工具，用來影響自己的思考與感受，就像是一條直通大腦的熱線。」⑥加布．德利塔這位生活教練在離開軟體銷售這個很賺錢的行業後，不知道自己的下一步該做什麼。他說唯一確定的是自己內心有種感受：儘管這份人人稱羨的工作看似前途無量，但這個方向感覺就是不大對。他依循直覺，選擇透過騎單車環遊世界的體能挑戰釐清思緒、全心投入，追尋一種有目標、合一感的生活。

科學研究指出，身體活動能刺激神經滋養因子、腦內啡、內源性大麻素和其他神經傳導物質的分泌，爲大腦和心智帶來許多正面影響。無論你選擇健身或日行萬步，這些好處在不同程度上都跟身體活動有關。然而，戶外活動可以提供更多益處，別的先不提，光是暴露在陽光下就能促進維生素 D 的生成。大腦也會因爲需要適應地形變化和其他因素而得到更多鍛鍊，同時也會爲了避免受傷而更加專注。目前我們對戶外活動能帶來某些益處的機制尚未完全了解，但科學家開始思考，是不是我們和自然環境間存在某種特別的關係，才會產生這些好處？

讓我擔心的是，每個物種的長期存續取決於它和所處環境的動態關係，而我們正失去這樣的連結；這也是我一再回到螞蟻與樹木生命故事的理由。這不只是一個仿生科學家的緬懷之詞。〈偉大的戶外世界：綠色運動環境如何造福所有人〉一文的作者說：「人與自然的連結似乎正發生變化，這對人類現今如何與大自然互動具有重要意義。」這篇二〇一三年的研究，目的是改善眾人親近綠色運動環境的機會。⑦此外，達契爾・克特納在《敬畏：帶來生命驚奇的情緒新科學》一書中也提到，我們在戶外環境中對大自然產生的共鳴，是大自然與人類神經系統尚待定義的互動結果。他說：「大自然讓人平靜。自然界中有許多化合物。你會聞到花香、樹皮或樹脂的氣味，這些能活化大腦部位和免疫系統。因此，人類的身體天生會以開放、自主、增強的方式回應大自然。」⑧

許多報告顯示，人類有將近九成的時間都待在室內。美國慢性病預防與健康促進中心（NCCDPHP）指出，只有四分之一的美國成年人和五分之一的高中生達到建議的身體活動量。伴隨這項赤字得付出的高昂代價是心血管疾病、第二型糖尿病、癌症與肥胖。此外，身體活動量不足，每年還會造成一千一百七十億美元的醫療支出。相反的，身體活動能促進正常生長與發育，降低罹患多種慢性疾病的風險，也能幫助我們在白天表現得更好，晚上睡得更香甜。而且研究持續找到新證據顯示，即使是短時間的身體活動，也能改善我們的健康和福祉。

## 大自然其實站在我們這邊

我們之所以跑步——或者更精確地說，我們之所以運動，並不是因爲我們天生就愛。其實，儘管人類進化成更擅長、也能更有效率地移動，但我們會本能地避免不必要的體力消耗。《天生不愛動》一書作者、哈佛演化生物學家丹尼爾·李伯曼說，人類進化成經常活動身體，但這不是爲了運動。人類最早期爲了生存，必須不斷活動，但像現在這樣爲了健康或健美而運動，其實與我們爲了狩獵想保留體力的深層本能背道而馳。李伯曼表示：「人類出於這些根深柢固的本能，會避免不必要的身體活動，因爲直到近代，避免這麼做都是有利生存的。」⑨

我們需要適時地推自己一把，讓自己動起來，特別是現代久坐不動的生活型態，已經取代了原本需要大量活動的日常生活。精神科醫師約翰·瑞提在《運動改造大腦》一書中寫道，即使採集和打獵已被上超市採買和訂速食餐點所取代，我們的基因仍舊是爲活動而設計的，大腦本來就是用來指揮身體行動的。他指出：「拿掉這類活動，就會打亂歷經五十多萬年來持續調校的精細生物平衡。簡單來說，我們需要啓動體內的耐力代謝系統，才能讓身體和大腦保持在最佳狀態。」⑩

只要我們讓自己動起來，就算採取最簡單的步驟，大自然也會營造有利於我們的條件。大腦和身體從活動中得到的好處是彼此交織、互相影響的。身體活動時會分泌多種物質，保護大腦與身體免受壓力傷害，其中包括腦源性神經滋養因子（brain-derived neurotrophic factor, BDNF）。我們已知腦源性神經滋養因子能促進神經細胞存活與成熟，也能調節大腦中跟學習記憶和神經可塑性有關的受體。

不妨把這個過程想成一場神經元之舞。大腦造影研究顯示，當我們聽見音樂節拍翩然起舞或用腳打拍子，這些能力背後有著錯綜複雜的動作模式。⑪一項探討祖母與孫女一起跳形意舞的研究發現，這類共同活動能鼓勵運動、促進正向感受、提振心情、讓祖孫關係更加親密，也改變女孩對老化的看法。研究人員認爲，跳舞是一種很有潛力的創意性介入，尤其適合年長者。它能增強肌力、平衡感與耐力，預防焦慮和憂鬱，有助於對抗失智。⑫

神經科學家溫蒂・鈴木（Wendy Suzuki）說：「每次運動都是讓大腦來一場神經化學泡泡浴。從長遠來看，這些定期的泡泡浴還能保護大腦，抵禦阿茲海默症和失智等疾病的侵襲。」⑬鈴木是紐約大學神經科學中心的神經科學與心理學教授，也是《鍛鍊改造大腦》（*Healthy Brain, Happy Life*）一書作者。她與團隊成員在發表於《大腦可塑性》期刊上的一篇文獻綜述中指出，即使是單次鍛鍊（內容以有氧運動或阻力訓練爲主）也能增加比如多巴胺、血清素和正腎上腺素等神經傳導物質的含量。⑭這些神經傳導物質可提振心情，也能在運動後持續增強記憶力和專注力，效力可長達三小時。⑮最一致的行爲效果是提升大腦的執行功能、振奮心情，以及減輕壓力。這些對認知與情緒的雙重正面影響能全面促進心理健康，因此她建議，每天從事幾段短暫但高強度的身體活動。只要動起來，一點一滴都有幫助。⑯

## 惰性是第一道障礙：一步步克服它

知道什麼對自己有益，不代表就有動力去做那件事。如果事情這麼簡單，你這輩子只需要立定一次新年新運動計畫就好了。如果「資訊」（理性上的知道）不足以點燃火花，「鼓舞人心的榜樣」（情感上的感動）或許能讓你起而行。我時常邀請身心健康領域的專家、佼佼者或教練到實驗室來進行午餐演講。有一回，一位舉重選手來和我們聊聊。他沒有建議我們做重量訓練，而是分享自己過去遭遇的一些挑戰，以及舉重如何幫助他挺過那些難關。他描述自己是如何愈來愈擅長處理這樣的狀況。我們都看過一些充滿熱情的TED演講，主講的運動員或其他人物的故事讓人熱血沸騰，但即使如此，這些感動也未必眞能讓我們持續運動或保持活動的習慣。

你不必覺得羞愧，是演化讓我們面對消耗或保留能量的棘手問題時進退兩難。如同李伯曼指出，保持惰性很自然。記住，從演化角度來看，節能往往是生存的關鍵。

怎麼做才能克服惰性，或抵擋想讓大腦保持在低耗能狀態的向下拉力呢？雖然人類天生的預設選項是保留能量的節能模式，但是和冬眠的熊不同，我們可以透過有意識的注意力和實用策略，將設定從節能模式切換爲活動模式，並且持續維持這種狀態。

我們可以借用說服力設計的劇本，並改編行銷產業的鉤癮策略，降低動起來所需的活化能（例如：展開一項運動計畫），盡量縮小障礙、放大獎勵，並有意識地培養行動的習慣，讓我們對行動上癮。雖然我們可能天生慣於保留能量，但也有能力透過選擇改變習慣，攔截舊有訊息並否決它。

> 除非有東西動了，否則什麼也不會發生。若有東西振動，整個宇宙的電子都會與之共鳴。萬事萬物都相連。
>
> ——愛因斯坦⑰

## 找到適合你的方法：「發亮」的實驗方法學

當我們談到「動起來」是一種**發亮**的轉變契機，一種可以有意識運用的工具時，真正的意思是：要學會啓用「運動」這個能量來源。每個人適合的運動方式和時間都不一樣，甚至你自己在不同時期適合的方式和時間也會有變化。在一天當中，有些時段就是更適合進行某些活動。如果比起獨自一人，有朋友作伴，你會更有動力去散步，何不找出你們兩人都方便的時間呢。我們的晝夜節律和體內化學物質的自然波動決定了飲食、睡眠、學習和放鬆的最佳時間。想要降低做任何事的活化能，順著自然的生理節奏走，就會比較輕鬆順利。

做實驗是找出你適合哪種運動、何時做運動最好的過程。這過程不需要很花俏。你就是實驗室、主要研究人員、唯一的測試對象，也是自己日誌裡的文章作者。（沒有截稿期限！）你可以使用比如 Fibit 的穿戴裝置或更精密的智慧手表追蹤數據，也可以嘗試老法子，直接傾聽你的身體反應。

有趣的是，我們通常很快就能知道某項運動或冥想練習是否有效，因爲我們完全感受到當下的經驗。你的身體、大腦、心理狀態都會提供回饋，只需留意即可。例如：假設跑步讓你振奮，甚至覺得很累卻很愉快，你就知道自己選對了運動，達到期望的正向效果。事後你可能感覺很棒，也可能在劇烈運動後感受到「好的疼痛」。但如果某種運動讓你感覺不對勁或無法提供預期效果，不妨檢視可能的因素，並稍加調整你採用的技巧，或者換一種運動。

對這些細微的內在提示變得敏銳，特別有助於我們建立新的日常習慣，或根據情況調整細節，進而獲得最大益處，並盡量減少傷害。幾年前，我終於正視自己的體重逐步上升，這讓自己突然很有動力想減重。起初我減少飲食分量，發現這樣做沒有用之後，我專注於減少攝取碳水化合物，但是幾週下來，結果還是沒有改變。我很洩氣，但想減重的決心不變（看見別人努力減肥也讓我備受鼓舞），思考後我認爲，唯一能讓體重減下來的方法就是開始跑步。我穿上運動鞋開始跑步。一開始我很快就上氣不接下氣，非常抗拒繼續跑步。有時我感覺自己好像過度換氣——胸悶、驚慌、大腦尖叫著「快停下來」！我上網搜尋，找到跑步時如何有效呼吸的幾種不同建議。我試了腹式呼吸這種節奏技巧，三步一吸、兩步一呼。我也嘗試了其他技巧。最後我找到一種呼吸策略，它既能減輕我的焦慮，也能讓我更放鬆、跑得更遠。

接著我遇上另一個障礙：開始規律跑步後沒多久，我的腳踝痛到幾乎無法走路。有一天我忍著劇痛，一瘸一拐地走進醫院急診室。猜猜醫生的診斷是什麼？只要休息一下就會好轉。（謝天謝地，急診室醫師沒有發現任何實質損傷。）我上網進一步研究，才知道跑步前後的伸展很重要，於是我開始這麼做。我也換了一雙新鞋，疼痛就消失了。對我來說，這就是一個來自大自然運行法則的啓發：實驗後進化。我調整自己跑步的時間、速度和持續時間長度。什麼可行？什麼行不通？六個月前行得通、現在卻不大可行的事，是不是有什麼因素發生了變化？做實驗是關鍵，持續改進細節讓它能長久維持。我逐步發展出一套適用於自己的迭代系統，我正在自我進化。

> 這件事說出來很怪，但運動讓我的大腦自由自在、「放空」，然後它又突然繞回我原本想解決的問題，只是用的觀點和方式完全不同。
>
> ——蒂娜．凱薩瓦爾金（Tina Keshavarzian），前卡普實驗室實習生

沉思或冥想活動也提供看得見的回饋。如果靜坐式的正念冥想讓你的焦慮感升高（很多人都有類似狀況），不妨試試步行冥想。冥想的益處的早期科學研究對象多半是打坐修行的

僧侶和其他「冥想大師」。但現在我們知道，包括步行冥想和秉持正念進行的其他日常活動在內，有許多選項也能提供顯著的健康益處。重點在於進行實驗、聆聽身體的回饋，以及調整改進。

健身追蹤技術的一大優點是，它能提供無法用其他方式得到的詳盡數據。根據不同裝置或應用程式，這些數據可能包括步數、站立時間、靜止心率、平均心率和心率變異度。你可以運用這些資訊調整運動、冥想或其他活動的時間或其他方面，配合自己的目標或興趣。即時追蹤數據可以激勵人、降低活化能，用其他方式帶來實質的改變。我的朋友丹尼爾．吉布斯（Daniel Gibbs）是退休的神經科醫師，患有早期阿茲海默症。他天天走路，有機會就健行，努力以有氧運動做為養生之道，事實證明這種方式能延緩認知退化。他在回憶錄《大腦上的刺青》（*A Tattoo on My Brain: A Neurologists Personal Battle Against Alzheimer's Disease*）中分享，有一段時間他開始察覺到自己的認知出現輕微衰退，變得有點健忘和迷糊。他自覺運動時和運動後思緒比較清晰，可是在科學上，諸如此類的個人觀察常被認定是軼事證據——有趣，卻不能做為嚴謹的科學數據。然而，追蹤器上的數據證實了這個感受。一般來說，他的認知評估分數在有氧運動後會提高八%。有一天，在走完一段費力的上坡健行後，他的智慧手表顯示心率一百三十一，當天開始健走時的心率基準線為六十四。他花了五十七分鐘從起點走到最高點，共計二．八公里，海拔高度升高兩百六十公尺，他的認知評估分數提高了一五%。對吉布斯來說，這套精密的追蹤計畫、即時回饋，以及它是臨床試驗的一部分這項事實，都讓他更加享受健行活動。他說：「我喜歡這些數據不加掩飾的細節。

對我來說，這種向內窺見的景象，是我能理解的。」

心率變異度（HRV）指的是連續心跳之間不斷變化的時間長度，我會運用這項數據判斷今天適不適合進行劇烈運動。我注意到做完劇烈運動後，我的心律變異度會下降。如果某天我的心率變異度比平常低，這表示身體還在恢復中，當天我會放輕鬆或接受自己沒有足夠的體能，而不是怪自己懶、只是想像自己很累。

不論有無科技的協助，做實驗這個方法能幫助你探索驅動自己思維和行爲的隱藏因素，進而更清楚自己想做什麼，並且擺脫阻礙自己的習慣。每個人心中都有個擺錘，在好惡之間來回擺盪，猶如在相反的磁極間擺動。少了有意識的意圖引導，我們很容易被當下出現的情緒或狀況牽著走。比方說，當你被某件不相干的事嚇到或壓力上升時，可能一下子就不想去散步了，甚至轉頭「用吃來發洩情緒」，吞下平常不會選擇的食物，畢竟——今天的健康目標都泡湯了，那還管什麼呢？

只是一個簡單的自我提問，有時就能打斷這樣的衝動。舉個小例子：有天下午我想吃巧克力，所以我吃了一些。接著我想再多吃點，於是又吃了一些。第三次正要再拿的時候，我停了下來，心裡冒出一個疑惑：如果接下來五分鐘我不吃巧克力，五分鐘後還會想吃嗎？我讓自己做點別的事，過了五分鐘後，那股想吃的衝動也過去了。我並不想吃更多巧克力。我們常聽到「活在當下的力量」。可是我在想，我們有時是不是太活在當下了？如果我們能設想哪怕只是五分鐘以後的事，可能就會發現，當下讓你難以抗拒的衝動，其實轉眼就會消失。我們內心的這種無常、這種思緒的易變性，其實可以是神隊友，成爲我們重拾初衷的**發**

**亮**因素。允許自己臨機應變，運用你善變無常的力量，幫助自己做出有利的選擇。

你愈常停下來、用**發亮**意圖打斷自己的思緒，就愈能強化大腦中的這種模式。這麼做時，驅動自己行爲的動力就會從文化和其他外在因素轉回到你身上。這一點在今日尤其重要，因爲數位世界和社群媒體讓文化力量益發放大。丹尼爾・李伯曼指出：「文化的改變如今已成爲影響人體演化的主要力量。」他告誡道：「說起人類這個物種複雜豐富的演化史帶給我們最實用的一課，那就是：文化並不能讓我們超越自己的生理條件。」⑱

人類的生理條件說：我們需要動起來。

## 別停下腳步，繼續前進

關於耐力訓練，我人生中學到的最重要一課來自艾德・麥考利（Ed McCauley），我的九年級英文老師。我在他的課堂上學得很吃力，但我決心要進步。麥考利老師很嚴格，對我有很高的期許，他是個很有智慧的人，一位非常難得的好老師。我常常在課後、放學後，甚至有時在週末去找他。他會陪我坐下來，幫助我從不同角度看事情。他願意花時間，耐心地陪我一點一滴慢慢進步。我很想讓他對我的成長留下深刻印象。

回想起來，那是很強烈的動力，想讓我崇拜的人另眼相看。即便我無法有把握地判斷自己成長了多少，但只要能讓麥考利老師刮目相待，就表示已經走在正確的學習路上。我想，這背後更深的原因是，他幫助我開始相信自己。儘管他陪我這個學生一路走來感覺必定像是跑馬拉松，但他從未對我失去信心。

我會在探討移動、運動和數據追蹤的此刻想起麥考利老師，是因爲有些事是這些追蹤裝置無法告訴你的——但是當年麥考利老師說過，有時你也會在支持學校保留體育競賽，並鼓勵孩子無論運動能力高低都要加入某支隊伍的理由裡聽到。麥考利老師曾說，他觀察過那些後來在生活中最成功的人都是跑者——因爲跑步在某種程度上能訓練一種更深層的能力，一種面對人生的耐力：學會投入、堅持、遇到困難也不放棄。當你堅持跑步，也會在生活的許多面向培養出毅力。有時候，身體想要放棄，但你必須用大腦自我鞭策、像教練一樣鼓勵自己繼續跑下去。雖然跑步不一定適合每個人，可是麥考利老師的建議是：別停下腳步，繼續前進。

身為跑者，我們捕捉大地的節奏，感受地球的心跳。
它帶給我們力量和耐力。大地正撐起你。
當我們奔跑，它穿越我們的心，
讓我們聽見祖靈鼓勵我們的聲音。
——戴夫·庫爾欣長老，在《團結一心：領先者的旅程》中，
回憶一九六七年泛美運動會
原住民青年組隊擔任火炬手接力傳遞聖火[19]

## 耐力本身就是獎勵

當喬伊．狄塞納（Joe De Sena）在二〇〇九年創立斯巴達（Spartan）這個耐力運動品牌時，是從佛蒙特州的一座鄉村農場起步。他和妻子離開大城市生活和華爾街職涯，舉家搬進這座農莊。他描述他們嘗試過好幾種事業，像是鄉村餐廳、加油站，但都沒有做出成績來，他鬱悶得快發瘋了。他在好幾年前就開始投入耐力賽，當時他們還住在城市裡。有一天，他工作的辦公大樓電梯壞了，他不得不改走樓梯，剛好在樓梯間偶遇一名男子，對方固定在那裡爲探險越野賽進行訓練。他們聊了起來，隨後開始每天一同進行例行訓練，狄塞納從此著迷。沒多久，他報名參加世界各地的探險越野賽，隨後開始訓練並指導有志者。

有一天，一個朋友慫恿狄塞納在他的農場舉辦一場障礙跑競賽。「我本來就是創業型的人，參加這些賽事的時候我總是想，我也可以舉辦類似的比賽——這肯定很好玩。你想想，把自己熱愛的事變成事業，豈不是很棒？」不過他對障礙跑的概念持保留態度。他說，探險越野賽——划獨木舟、騎登山車、跑越野跑——對他來說，像是一種奧運比賽，「感覺很正統」。但是障礙跑參與者較量的對象不僅僅是崎嶇的地形，而是**刻意設置的**難關，充滿泥坑和帶刺鐵絲網。他記得自己當時認爲這簡直是瘋了。「誰會想報名參加這個？」

沒想到有五百個不辭勞苦的人報名，斯巴達障礙跑競賽（Spartan Race）就這樣誕生了，後來更成長爲障礙跑競賽的全球領導品牌。狄塞納說：「現在我明白當中的原因了。人們和世界太疏離了，渴望重新連結彼此。我們做的，就是幫忙他們找回連結。我們是一條通往重新連結地球、也重新認識自己的道路。我現在常收到人們來信說：『你們改變了我的生活。』其實不是我們改變的，我們只是提供了舞台，是**他們**改變了自己的生活。有趣的是，他們需要的只是一些泥巴、帶刺鐵絲網，還有滿身汗水，就能讓他們領悟到『噢，老天爺，嗯，這才是活得健康該做的事。』」

我們內心總存在著不知何時該放棄的拉扯，也總會不斷思索自己能走多遠——這不僅是當下的抉擇，更關乎能否實現自己的潛能。我們彷彿活在一個由自身成長潛力構成的泡泡中，以爲泡泡的表面是堅硬的，殊不知它其實有彈性。如果我們願意施力推它，就能拓展自己的潛能。但唯有撐開這個泡泡，讓它保持擴張狀態，這種潛能才會眞正實現。

狄塞納堅信你做得到。他的活力極具感染力。你無須參加斯巴達障礙跑競賽也會被他感動到起而行。他是完美的口袋教練——我腦中的狄塞納。每當我想早點收工，不想再多做一點運動、走遠一點、爲申請補助或準備簡報或研究點子再多努力一下下時，我腦中就會響起：**既然還有時間，也許我可以再多做一點點**。狄塞納體現了**發亮**活力，光是**想到**他，就能讓我再多撐一下。

我喜歡把狄塞納這樣充滿正能量的人，想成是隨時可以鼓舞我們採取行動的人。我兒子是高中美式足球校隊的四分衛。他的教練查德・杭特（Chad Hunte）就是激發行動的無限動力源，一位眞正的良師益友。他看見球員的潛能，幫助他們發揮它，無論在場上或場外都傳授他們領導技巧。我在很多地方都遇過這樣的人，他們能點燃火花，讓我的心態瞬間轉變。誰是你的狄塞納？誰是你的口袋教練呢？

無論你是真的認識他們本人或只是讀過他們的故事，有這樣一個充滿幹勁與決心、能點燃你的鬥志並幫助你繼續前進的人，真的很有幫助。如果你願意努力付出，就去找那些願意相信你、支持你，也會鼓勵你突破自己極限的人。你做得到！

> 我喜歡有道理的動作，它教會我一些事。按照自己的步調，不帶預設地練習我在皮拉提斯中學到的動作，這讓我創造出一條路，引導潛意識改善自己的姿勢。我或快或慢，用本該如此移動的各種方式活動身體，這麼做既能訓練大腦，也讓心平靜下來，我整個人感覺很棒。
>
> ——潔西卡．西蒙尼特（Jessica Simonetti）

## 選擇有意識的生活節奏

整天都得快快做完事情的需求，常把我們壓得喘不過氣來。迅速劃掉清單上的待辦事項給人一種成就感，但它也可能讓人上癮。你動作愈快，腎上腺素和腦內啡帶來的快感就來得愈快。但若沒有節制，這種快會讓我們失去平衡。慣性也是如此。留意你在生活各個方面的節奏有多快或多慢，接著有意識地調整你的節奏。

舉例來說，我發現在冥想時，大腦就像手機，會不斷跳出提醒，要我記得處理各種事：忘了去做的事、排定要做的事、大事小事、重要的不重要的、生活中掛心的瑣事。**我忘了我需要再聯絡某人。讓我們專案卡關的那個問題該怎麼解決？好久沒打電話給爸媽了……**

冥想時產生的這些念頭會讓我有點焦慮。以前我會立刻採取行動回應這種焦慮，結果打斷冥想。但現在有意識地進行冥想時，儘管思緒奔騰，我已經學會不讓自己立刻跟著念頭行動，而身體的靜止會讓我的思緒慢下來，回到我的咒語上——那個定心的聲音也是我冥想練習的一部分。

在平常的每週生活中，我們有很多機會能留意自己的節奏，找出方法調整步調、專注焦點和投入程度，讓生活更有變化，也更平衡。我會刻意安排某些時段，讓自己的思緒從「處理任務」切換成「無任務」狀態，進而與他人建立更深刻的連結。這是一項持續進行的練習，但是對我來說，**發亮**的一週包括了認真工作、走路或運動、讓大腦自由聯想，刻意與自己、家人、寵物和大自然建立連結，透過指導或服務幫助他人，以及那些最終帶來更大的洞見、動力與行動的努力奮鬥。

> 假以時日，冥想練習會讓你更容易選擇要專注於什麼、放下什麼、流連什麼、縱情於什麼、拒絕什麼、加深或重複強化什麼。
>
> ——吉兒·薩特菲爾德，〈刀尖上的正念〉[20]

我們需要完全了解自己的快慢節奏，並努力在生活的各個領域覺察這種根本節奏。冥想是培養這種覺察的一種有用策略。舉例來說，我曾做實驗，嘗試用冥想取代工作中常見的分心行爲。我發現只要冥想十五到三十秒，就不需要用分散注意力當做休息。但我不會無時無刻進行這種「微冥想」，而是等到工作的間歇空檔，或者感覺注意力被拉向當下並不重要的事物時，才閉上雙眼深吸幾口氣，接著張開眼睛——不帶任何目的，只爲了歇息片刻。

通常我能重新回到手邊的工作，至少讓自己轉換到不同的心理狀態（更平靜的那種），或者先去處理其他待辦事項，接著再回到原本的工作上。在一天當中，用片刻的正念冥想（特別是一次平穩的呼吸吐納，或節奏較快的規律呼吸練習）取代無意識的分心行爲，能爲我的思緒和感受帶來正面影響。

常見的分心行爲，比如狂刷社群媒體、吃零食、對眼前的事立刻做出反應，全都是可以迅速完成的，但我們也可以放慢速度做這些事。我們可以在登入 Instagram 前先暫停一下，細嚼慢嚥，回應別人之前先深吸幾口氣。感受你內心周而復始的變化；觀察在一天當中，自己是如何在各種外界刺激和內在平靜之間來回擺盪。這是一個發現的過程。你可以主動前進，也可以與當下的現況共處、解讀內心的訊號，了解什麼能引起你的共鳴，鼓勵你並照亮自己的心。這趟旅程和這個發現的過程本身就具有意義，我們一旦能保持這份覺察，意識到其中的奧秘與價值，它就會爲我們照亮前路。請選擇有意識的生活節奏。

即使我們在演化上並不熱中於毫無目的地在稀樹草原上奔跑，但我們的基因也沒有爲久坐不動、吃垃圾食物的生存方式做好準備。我們一直活在一場即時觀察「長期久坐＋吃垃圾食物」的實驗中，但結果卻不容樂觀。我們對垃圾食物的渴望就是其中一個例子。人類舌頭的味覺受器是用來判斷哪些食物安全可食，哪些則否。但它們根本無法抵擋今日那些高糖、高脂、高熱量的加工食品，因爲這些加工食品全是針對我們容易衝動進食的弱點來設計。

普立茲獎得主、調查記者邁可·摩斯（Michael Moss）在他的書《上癮：食物、自由意志，以及食品業龍頭如何利用我們的成癮》（*Hooked: Food, Free Will, and How the Food Giants Exploit Our Addictions*）中，描述速食如何激發大腦的酬賞迴路，綁架我們的食欲，讓我們變成飲食毫無節制的人。速食也利用大腦爲了節能而偏好自動駕駛的演化驅力。摩斯在二〇二一年接受公民食（Civil Eats，一個致力探討美國糧食系統議題的非營利新聞組織）訪問時表示：「在狩獵採集社會中，與其追捕黑斑羚當晚餐，不如抓住坐在那邊、不會逃跑的土豚更加合理——這是一種貪圖便宜的選擇，因爲它『消耗的能量較少』。」[21]

超加工食品包含過量的糖、鹽、脂肪和空熱量，又容易取得，使這類食品深具吸引力，但長期食用卻很致命。當它們與少動和睡眠不足結合時，後果特別嚴重，偏偏這種狀況時常發生。索爾克生物研究所調節生物學實驗室的薩欽·潘達教授著有極富啓發性的《用生理時鐘，養成好健康》一書，他指出，深夜看Netflix、吃Oreo餅乾會對身體產生三重打擊。

他說，忽略生理時鐘會爲健康帶來嚴重後果。他解釋：「晝夜節律（生理時鐘）是存在身體每個細胞、每個器官（包括大腦）當中的內在時間表。它是個主控程式，規範我們全身兩萬個基因的每一個該在白天或夜晚的什麼時間要活化或去活化，進而影響每個細胞的運作。」[22]如果維護得當，這套由DNA驅動的程式能幫助我們預防疾病，增強免疫功能，加速修復機制，強化新陳代謝、解毒和DNA修復機制，讓大腦功能最佳化，促進情緒與心智健康。

所幸，潘達建議的順應生理時鐘過生活的方法相當簡單：按固定時間表每天睡滿大約八小時；白天待在戶外三十分鐘；每天運動半小時；保持規律的進食模式，早上起床後一小時內不吃東西，而是在接下來的八到十二小時內進食，然後直到隔天早晨都不能再進食——務必戒除宵夜。遺憾的是，現代生活常迫使我們（還有我們的孩子）犧牲這些基本需求。

用這種放任隨便的態度對待身體是無法持久的，但我們很容易就上癮，卻很難正視其後果：久坐不動的習慣讓我們懶得動。在心理上，我們慢慢落入低耗能模式。在生理上，我們愈來愈胖、動作愈來愈慢、反應和恢復力都變差。缺乏身體活動，使我們的內心世界也了無生氣。其實，內在旅程對健康的重要性並不亞於外在旅程，它需要用心關注，那是一種特別的能量和投入，去反思、深入觸及，並堅持探索內在生活。

想想看，在我們的社會中，喝酒多麼普遍。對很多人來說，喝酒其實極具破壞力，甚至致命，但我們還是覺得它很有吸引力，成爲逃避那些讓人不快的時刻或念頭的一種方式。

我這麼說，是因爲個人過去的經歷。剛出社會時，有段時間我每天晚上都會喝兩杯蘭姆酒，做爲從白天的實驗室工作切換成回家後「上夜班」繼續加班的一種儀式。我陷入可預料的困境：總是很疲憊，偶爾消沉，不太能控制自己的情緒。酒精看似減少拘束感或隔閡，推動人際關係的進展，但如果不去理解那些障礙是什麼，爲什麼會出現，該如何以支持健康、而不是摧毀健康的方式解決那些障礙，就不可能眞正實現有意義的進展。更何況，酒精還有個副作用，就是會損害睡眠品質，而睡不好會抵消我們從活動身體當中獲得正向神經傳導物質所帶來的益處。

人類碩大複雜的大腦本來是一種優勢，但前提是我們得運用它，思考自己的選擇和作爲（或不作爲）會帶來什麼後果，看清眼前路上的陷阱與危險，並懂得適時修正。自我毀滅不會帶來任何演化優勢。

迪士尼樂園的科技進步旋轉劇院多年來歷經多次定期更新，但在幾年前因技術問題停擺後，有些評論家建議將它報廢，因爲這個概念已經過時了。無論這項主題樂園展覽的命運爲何，我們需要重新修訂對「進步」的想像與敘事方式，讓它呈現出這樣的人類形象：積極參與、與大自然共生，也與彼此攜手合作，運用科技爲人類和地球創造永續的未來。我們不能再等了。我們必須跳下這座進步的旋轉木馬，開始行動。

人生點燃工具⑥

## 享受身體的動作

你可以透過簡單的方式增加日常活動量或嘗試新的行動，比如降低啓動所需的活化能時，設定一項挑戰或獎勵增強你的動力。一旦動起來，動能和正向回饋機制就會幫助你堅持下去，也會讓你記住自發性運動的感覺。將來如果遇到中斷或暫時停滯時，還可以回想這股動能的感受，重新啓動行動力。你可以試試下列方式：

- **製造一點磨擦力，一點有目標的逆境**。選擇比較難走的那條路可以是一種積極的挑戰，也能培養堅韌的心態。逆境能讓人不斷前進。它每天都會提高我們的技能標準，提醒我們自身的強項和有待改進之處，並指出未來的成長方向。耐力運動員喬伊．狄塞納曾遠赴瑞士、蒙古等地挑戰最嚴酷的體能考驗。當然，你不需要這麼拚命，只要為自己設計一項感覺適合你的挑戰就行了。
- **為了「有精神」而運動**。留意運動後內在與外在的能量變化。通常會立刻精神大振，你可以運用它維持自己的進步。注意這股能量如何提升你的動力和樂觀情緒，改善心情、思緒清晰度、與他人的互動，以及你在各方面的表現。當你逐漸熟悉運動後能量增強的模式，就可以設計挑戰來善用這段高效時光。鍛鍊身體是為了讓自己更有活力。

- **如果可以，盡早開始活動身體**。一大早就動一動，能讓你更有動力為一整天做出更健康的選擇，也有助於減少分心。即使是利用煮咖啡或微波燕麥片的空檔做十個深蹲或伸展都好——動起來就對了。
- **把開會地點和休息時間移到戶外人行道上，可促進創意思維**。為了更有意識地進行擴散性思考，不妨將腦力激盪會議從室內移到戶外。史丹佛大學的研究發現，走路能激發創意靈感。他們比較人們走路和坐下時的創造力表現，結果發現受試者走路時的創意產出平均提升了六〇%。步行能刺激構想產生。把坐下的時間留給需要集中精力回想特定正確答案、處理細節的工作吧。[23]
- **讓你最在乎的事物，成為當下推動你的力量**。找出能觸動你的情感泉源。你的生命中有鍾愛的人事物嗎？那可以是孩子、伴侶、一隻動物，甚至一棵樹或一座花園。去擁抱它吧。當我發現自己注意力不集中，尤其是想一直滑手機時，我會去抱抱我家小狗。這也許聽來老套，但這正是能讓我振奮精神的能量轉移，不用多久，我就能帶著全新的活力和專注回到工作上。
- **讓自己休息一下**。當你的動力或後續跟進行動下降，或無論出於任何理由而需要休息一下，請發揮自我慈悲的力量。適時休息可以幫助我們找回有意識的節奏，讓我們能從失去興趣或動力的事轉換到更有意義的事情上。別為此責備自己，而是體認到有時你就是需要喘息的空間，也體認到再試一次、著手進行新事物或多方嘗試，都能為自己帶來動力。

# 7

# 愛上練習：品味大腦發達的樂趣

## 享受重複帶來的獎勵，體驗逐步改進的喜悅。

我從不練習，我只是彈琴。

——汪達·蘭道芙絲卡，

波蘭大鍵琴家暨鋼琴家①

理查．特納（Richard Turner）可能是全世界最知名的「紙牌操控奇才」，也有人說他是「老千」。他不只是認同「練習」的擁護者，更爲此著迷。我們談話時，他單手拿一副紙牌，翻牌、開扇，做出多數人用雙手也無法辦到的紙牌動作。無論看電視、排隊、在健身房運動、吃飯，他都把玩著紙牌，甚至漸入夢鄉時也不停手。他閉上雙眼，手還不停翻牌、切牌，直到睡著了，雙手的動作才會停住，等到他一醒來，所有動作又立刻繼續。

特納曾兩度獲得美國好萊塢魔術學院頒發的「年度近距離魔術師獎」。他說：「人們常說練習能造就完美，我不信這一套。我認爲，完美的練習才能造就完美。」

對特納來說，「完美」是什麼呢？他告訴我：「我會先弄清楚最終目標是什麼。假設最終目標是單手出示一副牌當中的第十七張牌，接著我會逐步回推，思考怎麼擠捏這副牌，才能剛好將第十七張牌轉出來。然後用我的食指和中指一夾，再用拇指從牌的中段一撥，把牌翻過來——全程都用單手完成。」接著他就這麼做。

我不會說特納是個普通人，因爲一般人做不到他用一副紙牌就能辦到的事。但他不只是操縱紙牌的高手，還是和道流空手道黑帶六段的健身狂，也是勵志演說家，以及盲人——雖然他不喜歡提起這一點。

特納九歲染上猩紅熱，後來出現視網膜病變，在十三歲前視力快速衰退、惡化至失明狀態。如果被問起，他會說那都是過去的事了。他希望把話題聚焦在紙牌、紙牌、紙牌，以及他對練習的熱情——有些人會說這根本是強迫症。他認爲自己操縱紙牌的能力是一種天賦，但精熟的關鍵是你怎麼運用自己擁有的東西。

練習的過程對任何人來說都是看似單純，實則充滿微變化、驚喜和意想不到的發現。它的內涵遠比表面看到的更爲複雜。練習幫助我們學習或掌握一項技能，除此之外，它還具有活化大腦的作用。重複和挑戰能刺激大腦的神經可塑性，創造深化的全新神經路徑，這些互相交織且充滿活力的網絡連結會影響我們的情緒、認知、記憶、動機和專注力。大腦對能量的需求也會發生變化，因爲曾經新鮮且具挑戰性的行爲變得熟悉、自然而然，甚至不假思索後，大腦就能騰出資源去補充能量儲備或投入新的活動。

眾多研究結果顯示：練習能爲每個領域（包括工作、學習、體育競賽、人際關係、冥想與靈性）的成長和滿足感創造出一種模式。當你把家事看成一種練習，進而欣賞當中的過程與成果，就連家事也可以不再是「苦差事」。

辛苦取得的進步帶來的滿足感和自信心，也會延伸到生活其他面向，使我們更願意持續努力。這可能意味著再多做三組健身動作、持之以恆地練習某種樂器，或者試著用新的因應方式去處理老問題——也許是改善與某人的溝通，或用不同方式應對特定情境。

克服大腦天生抗拒費力（無論是身體或心理）的傾向，達成對自己很重要的事，這會讓人心滿意足。就算我們不認爲這件事有多重要——也許我們並非競技跑者，也不認爲摺衣服是什麼值得引以爲傲的成就——仍舊可以透過刻意的重複，感受練習帶來的回報。一旦練習開始見效，這種正向經驗和大腦的獎勵機制會讓人更享受練習的過程，並進一步激發隨著進步而產生的自信心：**這件事我都辦到了，說不定那件事也能勝任**。

我認爲這種狀態像是「愛上練習」。它不僅僅是自律，也不同於責任或義務。你愈能體會練習中的細微差別和一點一滴的進步，它就愈有回報，也能為你開啓愈多新的可能性。你甚至會開始覺得練習本身就令人滿足——你不為別的，只是全心全意投入當下。我對「練習是一種人生啓動工具」的新覺察，終於讓我學會欣賞這條路本身，如同美國佛法教師賈斯汀·馮·布迪多斯（Justin von Bujdoss）說的：「它是如此曲折迂迴，我們必須一路努力不懈。」②

> 紀律養出紀律。你愈常做某件事，能做到的就愈多，也能做得愈好。
>
> ——理查·特納

## 尼爾森·德利斯：危急關頭的清晰思路

全美記憶力冠軍尼爾森·德利斯（Nelson Dellis）早年並不擅長記憶，他對數學或數字都不拿手。用他自己的話來說，他只是個普通人。在祖母被診斷出阿茲海默症以後，德利斯開始對記憶，尤其是美國記憶力冠軍用來記住大量資訊的那些技巧產生強烈的興趣。他從一副紙牌開始練習。他並不像特納那樣能輕鬆操控紙牌，起初他費盡工夫才能按照正確順序記得那些紙牌。透過運用記憶術並勤加練習後，他將記憶時間縮短為二十分鐘，然後是十五分鐘。他的速度愈來愈快，最後只花四十秒就能記住整副牌的順序。

德利斯並不是天生的記憶力高手，也沒有展現什麼早慧的記憶天賦，讓人覺得他將來肯定很傑出。一切都是靠練習累積出來的。事實證明，他在練習中養成的習慣是一項可轉移的技能——這種敏銳的專注力後來在二〇二一年，他第四度嘗試登上聖母峰頂的時候，救了他一命。

那年攀登聖母峰特別嚴峻。由於天候格外惡劣、兩個熱帶氣旋接連報到，加上擔憂新冠疫情，使得登山隊伍間的關係益發緊繃。德利斯的隊伍趁天氣適合攀登的短暫空檔往峰頂推進，他來到超過海拔八千三百公尺的高度，也就是登山者口中的「死亡地帶」，這裡的含氧量不足以維持人類生命。當他明顯感覺體力透支時，決定要下撤。他說：「我不想在更高的地方出狀況。這個決定很難，但很正確。」

在那個海拔高度，呼吸就已經夠困難了，更別說缺氧會影響大腦運作，引發意識混亂和蒙蔽判斷，害登山者喪命。光是能在那樣的環境下保持頭腦清醒，做出放棄登頂的決定，就很令人敬佩，但若是考量到花在訓練和準備、旅行、各項開銷上的所有投資，以及當時對達成目標的情感投入，這個決定就更加了不起。

當其他人繼續攻頂時，德利斯留在營地，等待與隊友會合後一起下山。我問他是否在那麼高的海拔嘗試過任何記憶術或記憶回想？

「身爲熱中記憶力訓練的人，我出門旅行時，總是隨身帶著紙牌，特別是那種會有許多空閒時間的旅程。出乎意料的是，就算在死亡地帶，我還是能在一分鐘之內記住一整副牌。

很瘋狂，對吧？」

從優異的記憶成績到攀登山岳，他展現的當機立斷令人印象深刻。但他認為自己天生具備高效思維能力嗎？

「我從小就喜歡嘗試新事物，不管是身體的，還是心理的。在贏得美國記憶力冠軍後，我開始相信，只要刻苦訓練並突破自我，自己就能在很多方面展現高水準表現。所以我做的很多事，無論是記憶、登山、健身或其他事，我都會用同樣的高標準去面對，而且始終懷抱明確的目標。」

毫不意外的是，後來那股目標導向的動力，在他人生的另一個階段又推動他重新調整優先順序。十年後，他成了以家庭為重的男人，也是企業經營者，肩上的責任也加重了。他說：「以前我認為，只要全心投入一件事，夠執著、夠努力，必定能看見成果。但現在我沒辦法那樣一頭熱、毫無顧忌地往前衝。我的時間和資源有限，必須精挑細選，果斷決定該如何安排時間，才能看見成效。」

至於攀登聖母峰，至今仍是他渴望征服的目標。十年來，他四度嘗試，而且首次挺進垂直距離峰頂五十公尺內的位置，這項挑戰仍是他很強大的動力來源。儘管每次攀登都因為不同理由未能成功，但每一次都必須在極為惡劣的條件下，靠他保持頭腦清醒，做出明智的抉擇。他說，是記憶訓練和技能「在高山上救了我的命」。具體來說，記憶練習的「**發亮因素**」使他積極投入思考，幫助他在面對極度危險時，依然能做出清晰的判斷。

## 克里斯・哈德菲爾：預演突發狀況

練習不僅能精進認知歷程，也可以塑造我們的直覺——這是一項寶貴的資產。克里斯・哈德菲爾必須調整自己的技能，適應太空探索狀況，因此對於直覺的寶貴也有所體會。

在成為太空人並擔任國際太空站指揮官之前，哈德菲爾是高山滑雪選手。在滑雪比賽當天，為了更準確地在心中模擬整個賽道，他會逆向從終點的旗門開始往上爬，將整個路線探勘一遍。他說：「我想要掌握賽道的細微差別，拿它和我的心像做比較——盡我所能地在心中看見清晰的畫面。」他用相同方式進行視覺化訓練，為太空漫步和在太空船上生活與工作五個月預做準備。

他說，人類的直覺並不是為了擔任太空人或戰鬥機飛行員而設計的。「為了培養那樣的綜合技能，你必須刻意改變自己的直覺，這樣就算沒有時間進行全面的分析，也有機會成功。培養整套直覺技能的唯一方法是，你得明確知道自己的目標，深入研究並努力理解所有的變數。」此外，就像他在滑雪坡道上做的那樣，「接著在愈來愈逼真的情況下，一而再再而三、堅持不懈地反覆練習。」

比較貼近日常生活的練習方式，也可以強化人際溝通技巧。我也曾經苦於不知道怎麼讓練習不枯燥，所以聽到別人如何發揮創意，刻意運用練習來應對自己獨有的挑戰，也使我深受啓發。這樣的練習不一定是為了取得競爭優勢。就某位同事的例子來說，練習居然跟開玩笑有關。

史黛芬妮‧斯特拉次迪（Steffanie Strathdee）是加州大學聖地牙哥分校醫學院全球健康科學副院長與教授、傳染病流行病學家，她在推特上的暱稱是「超級細菌剋星」。這個綽號裡的一絲幽默感，可不是她天生就有的。她在青少年時期意識到自己不懂幽默的微妙之處。不論是廣告看板或玩笑話，她都從字面上去理解。她記得看到一則樂透廣告寫著「Retire a Millionaire!」，她當時心想：**爲什麼會有人想讓百萬富翁失業呢**？後來她才發現自己完全誤解了那則廣告，它其實是「退休時身價百萬」的意思。

多年後她事業有成，體認到自己的大腦看待事物的方式有別於大多數人，這對科學家來說是優點，但她依然無法領會幽默的「眉角」，她也懊惱旁人似乎都能享受的社交樂趣，自己卻總是錯過。她開始懷疑這個令人氣餒的隔閡可能跟神經生理特質有關——或許可以歸因於她擁有一顆非典型神經發育的大腦，這在高功能自閉症患者身上也能看見。然而，敏銳的分析能力是她的一大強項，既然知道分析式思考是自己最擅長的學習方式，她決定用這套方法培養一種特殊的社交能力：幽默感。

她開始研究蓋瑞‧拉森的漫畫《遠方》，拆解其中的幽默元素，分析並破解這些笑點。後來她將漫畫納入授課當中，慢慢發展出自己的風格，就像任何人學習新事物那樣，她靠的是學習、良好的指導（由她幽默風趣的丈夫擔綱），以及練習。她笑著說，這果然行得通，只不過它需要長時間的**大量**練習。「我後來學到，不能向別人解釋我的笑話。如果一則笑話需要解釋，它大概就是不夠好笑。」

她靠著刻意練習，讓自己有意識地對周遭的幽默更爲敏感，她解碼笑點的速度也變快了。照她丈夫的說法，如今她的幽默感「略顯書呆子氣，但挺可愛的」。她目前還在努力微調中。有個朋友告訴她，她對笑話的反應有兩種明顯不同的笑聲：一種是「聽懂」時的開懷大笑，另一種是她發現大家都聽懂、唯獨自己沒有時的乾笑，這種笑聲反應通常落後眾人幾秒鐘。現在她能認出這些失誤並記在心裡。她說：「我把它們存在腦中的一個盒子裡，直到自己有能力分析它們，然後調整我的笑話演算法。」

> 練習讓你的肌肉長腦袋。
>
> ——山姆·史尼德，高爾夫球傳奇名將、PGA循環賽最多勝場紀錄保持人③

## 喬安·迪克：練習讓大腦更強健

無論透過練習達成的是健身，還是生活目標，你都可以體會到，練習其實就像讓大腦去健身房鍛鍊一樣。擁有預防心理學家、作家、講師多重身分的喬安·迪克（JoAnn Deak）說：「我喜歡『鍛鍊肌肉』這個比喻。」她致力於幫助父母、老師和孩子了解大腦如何運作，進而更有效率、也更開心地動動腦。當你不斷重複一項特定任務，這種「練習」會讓大腦中的神經「組」重複作用，改變參與這項活動的所有神經元使用的化學物質。重複練習是一種增強能力的技巧，透過刺激樹突（神經元的多分支突起）成長、締結新的連結，以及強化現有連結，幫助大腦變得更強健。④

持續練習能降低啟動與執行某項任務所需的活化能，因爲大腦不需要每次都從零開始創造全新連結。隨著每次重複任務，大腦會愈來愈上手，反應也愈來愈快。

迪克解釋，透過持續練習，加上留下容易追蹤的化學記號、長出更多樹突、降低必要的能量消耗，「雖然你還是得花很多力氣才能拉出一首複雜的莫札特小提琴曲，但和十年前比起來已輕鬆許多。」

這種透過練習創造「節能的大腦迴路」的做法，跟我們努力想用人生啓動工具喚醒的「低耗能大腦狀態」聽起來很像，這是因爲它確實動用了相同的神經迴路，也就是那套能讓大腦自動略過重複細節的機制，用更快的方式執行任務。但是如何運用這種「快轉功能」是你的選擇：你想允許自動導航模式讓大腦變得遲鈍？或者運用練習騰出腦力，讓大腦挑戰更有創意、更具挑戰性的事？

練習有時能讓我們發現自己的極限——或許是能力的極限，也可能是動機的極限。我喜歡跑步，但無論多勤於練習，都無法讓我變成奧運選手。雖然我對靜坐冥想充滿好奇，但多年來只是隨興嘗試，從未全心投入。直到有一天，我想要「更有意識地生活、更用心陪伴家人」的強烈動機出現，才讓我眞正堅持下去。

動機很重要。我們重視什麼、怎麼看待某個目標或意圖，這些都會推動我們。動機能激發活力，是我們與這世界、與彼此互動的基本要素。動機是練習的**發亮**推進器，能降低活化能、激發行動，以及不斷刷新我們對練習的承諾。

## 拆解它！縮短練習段落、多練幾次

亞利桑那大學音樂系教授與神經科學家莫莉．蓋布里安（Molly Gebrian）專攻中提琴。她在思考如何教學生拉琴時，對於「練習如何創造新的突觸連結」產生興趣。幾個世紀以來，出於歷史和荒謬的理由，中提琴在音樂作品中的地位泰半屈居配角，位於尺寸較小、音調較高的小提琴之下。直到二十世紀，中提琴才因爲在弦樂四重奏和現代音樂形式中的角色而較受重視，但是學習中提琴的教材——練習曲、音階和無調性技巧——卻落後於需求。

蓋布里安在她的萊斯大學博士論文中寫道：「遺憾的是，小提琴手在完成整個音樂教育的過程中，可能從未演奏過一首寫於一九〇〇年以後的獨奏曲。」⑤她接著說，不妨想像一個音樂系學生從小就練習傳統音階、節奏和音調，現在突然要演奏那些完全不遵循這些慣例的現代音樂。「由於肌肉記憶的力量太強，那些不符合大調／小調架構的音階段落格外有挑戰性，因爲演奏者必須在強行壓抑自己已經內化的調性音階肌肉記憶的同時，還要正確演奏出作曲家譜寫的音型。」她指出，就學習樂器者而言，後調性（也就是超越傳統調性體系的音樂風格）的現代音樂是一種完全不同的音樂語言。

這個問題一直是蓋布里安在神經科學方面的關切重點。她說音樂家通常每天會花四到五小時練習技巧和曲目，但和大多數人一樣，很少有音樂家真正知道如何練習最有成效。她告訴我們：「大腦最有效率的學習方式往往相當違反直覺。音樂家常認爲自己需要非常、非常努力地練習一大段時間。如果有一小時可以練習，就會全部用來只練一件事。這其實並不是最有效率的學習方法。」

至於練習長度，蓋布里安說，最好是進行多次的短時間練習，比如早上十五分鐘、中午十五分鐘，晚上再十五分鐘。這是因爲練習會刺激大腦建立新的或更強的突觸連接，但這些學習並非發生在練習當下。她說：「學習發生在練習之間的休息時間裡。大腦要眞正學會一件事，必須經歷實質的生理改變，也就是記住資訊。但要進行這種改變，就不能同時繼續使用大腦來做別的事。」

研究指出，大腦在短短一小時內就能開始建立連接，展開記憶保留歷程。藉由隨後的練習來強化課堂所學——指法、弓法、背譜——這些學習就會更加穩固。假以時日，當愈來愈多神經元建立更多連結之後，曾經覺得困難的特定動作就會不假思索也能做到。

新近研究顯示，練習一項技能也有助於形成髓磷脂，這是一種包覆大腦電生理訊號傳導路徑的絕緣物質。隨著髓鞘變厚，它有助於形成一條電生理訊號的超級高速公路，進一步增強技能的記憶保留能力。

此外，練習有個階段叫做「過度學習」，指的是精通某項技能之後的持續練習。這時你的表現未必能再提升，但持續高難度的練習能確保你的表現穩定度。但研究也發現，過度學習的威力可能強大到會暫時排擠新技能的學習。也就是說，在充分吸收舊技能之前，無法掌握新技能。迪克指出，過度專一的練習也會產生類似的不利因素，尤其是在童年與青春期的大腦發展上。她說：「小心花太多時間在單一任務上，因爲你**沒有**花時間做的事可能會出問題。一旦你做了大量練習，創造出更多樹突、較低的啓動門檻、留下化學痕跡，大腦就會想做這個。它想做比較簡單的事——它不想受挫，也不想承受工作負擔。」而其他事情，比如社交和情感發展就需要另外努力。

學習新技能時，練習中的休息也能在大腦中創造一種驚嚇效應，這相當於大腦在記住新輸入資訊的過程中受到輕微干擾。蓋布里安說：「等到你後來又回頭練習它，大腦的學習準備程度會更高。雖然大腦可能會忘記一點點，但新的練習能提醒它，進一步鞏固所學。」

休息是連結大腦中過去經驗與現在學習的催化劑。生活中的每件事都有這樣的經驗軌跡，這表示我們早已降低大多數事情的活化能。我們只需要想起這些點，再把它們串聯起來！很多時候，我們需要的只是一個簡單的提醒，就能重新接續下去。

我喜歡把練習想成是一種工具，用來培養自己正在發展的技能所需的信心、準確度和直覺能力。我們在練習過程中啓動的大腦神經回饋迴路，會爲不斷擴展的技能組合建立起信心。因此，練習不僅可以提升某個具體技能，也開啓無限的可能性，而且從哪裡開始都沒有關係。從運動、音樂、嗜好，甚至是人際互動或與自然重新連結，刻意練習都能推動各樣事物的進化。

## 堅持後才懂的喜悅

德利斯描述，有三種動機讓他對練習記憶術保有熱情。他說：「我練習，因為很想要達成某個目標。」這可以是一個目標數字或別人保有的紀錄。「愈是接近那個數字，感覺就愈開心。這就是我每天不斷練習的理由。」第二個動力是數據紀錄。他在每次練習後追蹤數據，看看自己進步多少，並分析可以調整改進的地方。他記錄自己的成績、練習時間，以及可能影響表現變好或變差的各項外部因素。他說：「每天看見這些數據就能提醒我，從開始到現在自己有多大的進步。」最後一個動力是他所謂的自我當責。他表示：「看見我每天的數據紀錄，就像看見畫滿X的月曆，這說明我天天練習，從未偷懶。我對保持連續不中斷上了癮。我極力避免錯過任何一天的練習，這股力量甚至強過**想**練習的動力。」

任何能帶給你活力的事都能成為練習的樂趣，至少大腦是這麼認定的。迪克解釋，有證據顯示，當你持續練習或在練習中得到進步時，大腦會分泌多巴胺和血清素，進而影響情緒系統，帶來美好的感覺。所謂的「跑者高潮」是一種難以捉摸的獎勵，甚至連處於巔峰狀態的運動員也不一定體驗過。但若了解練習對大腦帶來的影響，這可以是更有趣、更可靠，也更持久的獎勵。若能將愈多正面情緒融入練習當中，像是欣賞一點一滴的進步和發生在腦中的變化，你的練習就愈能觸發那些感覺美好的獎勵，讓自己更有動力持續下去。研究指出，戀愛也會促使這些神經化學物質大量分泌，因此，何不試著愛上練習，更加享受它呢？

多年來，我不斷鞭策自己練習、練習、再練習各種技能，可是要我眞正體會愛上練習實在不容易。我原以爲追求跑者高潮才是自己想要的動力，但迪克讓我看清事實——後來我傷到自己的手指，才發現她說的沒錯。我和兒子玩傳接美式足球時，不小心弄斷了左手小指。但這眞是個幸運的意外！我很走運，不需要開刀，但必須穿戴副木。我發揮本色，對傷口痊癒和復健過程深感興趣。骨組織再生和一連串的其他癒合過程是非常艱辛、複雜又緩慢的生理歷程。如果能在顯微鏡底下觀察那些變化，肯定很壯觀，可惜肉眼根本看不見。我們了解痊癒過程的唯一窗口出奇地老派：靠我們的感覺和所見所聞。

爲了讓小指恢復功能，我得進行物理治療和職能治療，每天做復健，一點一滴、慢慢恢復的力量、柔軟度和關節活動度。我的物理治療師一遍又一遍地向我示範正確動作。

我開始懂得欣賞、甚至享受復健的這個部分。能專注做一件事、認眞練習，然後親眼看見並親身感受到進步，是很令人興奮的事。我知道如果不努力恢復手指活動能力，未來很多事就做不了，這更進一步激勵我認眞復健。看見我的小指能多移動〇．一公分，這種進步眞的很有成就感！

要是以前有人告訴我，有一天我會因爲這麼微小且漸進的進步感到興奮，而且關注的焦點居然還是自己的小指，我肯定會哈哈大笑。但事情就這麼發生了。我逐漸康復，而這就是我的獎勵。沒有驚天動地的快感，只有穩穩的進步：一根靈巧的小指和一顆健壯的大腦。

有時候，眞正帶來回報的，是我們對自己、對過程有耐心。回顧自己的人生，你可能會發現屬於自己的重要啓發，對我來說，那是我高中時身爲「不被看好的」田徑隊員發生的事。我從來不是運動咖，在下課或放學後組隊，我通常是最後被選中的人。不過念高中時，我報名參加投擲鐵餅、標槍和鉛球。我不是特別被看好的選手，可是我喜歡擲鐵餅的感覺：旋轉、保持繞圈、投擲、鐵餅的角度，以及它如何離手。美術老師韋德先生因爲小時候練過鐵餅，負責指導這個項目。當我請教他，他同意爲我示範擲鐵餅的技巧。

我是那種無法在第一次，甚至第十次，就把事情搞懂的人。我需要一遍又一遍觀看事物才能記得。可是他對我很有耐性，多年後我才明白，他其實是在教我怎麼對自己有耐心，怎麼專注在學習過程中。當時令我大感驚奇的是，居然只要做一點小小的調整，就能看見自己的進步。後來大賽當天，我奪得全校第二，因而有資格參加全市運動會，最後還以個人最佳成績拿下銅牌。我欣喜若狂，但最重要的是我學到一輩子受用的教訓：**相信過程**。舉例來說，我最近得知，用特定方式學習所得到的正向刺激——也就是「強化學習」，正是讓練習變愉快的原因。我還學到，習慣的養成比起目標，更容易受到環境的影響。[6]練習某個行爲時，得到的正向提示（包括多巴胺獎勵）愈多，你就愈有可能繼續這樣做，而且這個行爲就愈容易變成習慣。例如：早期人類爲了生存，必須找到有食物的地方，這個過程會促使大腦分泌多巴胺。而我成功建立一些有生產力的新習慣，讓大腦在工作情境中也能分泌多巴胺。

魯道夫·譚茲指出，在我們的人生中，有熟悉的規律和練習讓人安心愉快，也有新鮮事物帶來的興奮刺激，而在科學界和音樂界他把兩者都體會到了。我們可以主動練習兩者，特別是當我們把練習看成是一種連續的過程，而不是靜態的苦差事，也不一定是追求特定目標，而是因爲這個過程本身就值得追求、令人滿足。

帕烏・卡薩爾斯（Pablo Casals）可能是有史以來最偉大的大提琴家。他從四歲起，開始用三種樂器演奏音樂。八十歲那年，有人問他爲什麼每天還保持練琴數小時？他說：「因爲我覺得自己還在進步。」[7]

改變舊有習慣或培養新習慣，其實是一種創造性的行爲，我們可以選擇最適合自己的方式、挑個人的練習途徑，選擇堅持不懈。想想螞蟻因看似機械化的堅持而聞名，但其實牠們在做選擇時也有自己的偏好。科學家與教育者查爾斯・亨利・特納（Charles Henry Turner）以其對昆蟲行爲的開創性研究聞名。他在一九〇七年發表的論文〈螞蟻歸巢：螞蟻行爲的實驗性研究〉中描述一項實驗，他將一個小障礙物（一支叫做「移片器」的斜面）放在螞蟻日常活動必經路徑上。當時的科學假設預測，螞蟻的反應具有一致性，但他發現牠的實際反應並非如此。「我發現來自同一蟻群的兩隻螞蟻，在同一時間、相同外部條件下，對同樣的刺激卻有截然不同的反應。這個斜面對其中一隻螞蟻來說毫無任何心理價值，卻促使另一隻螞蟻來回穿梭其間。有一隻螞蟻把移片器當做討厭的刺激，另一隻則把它當成有吸引力的刺激。牠們各以不同方式實現相同目的，並各自記住與利用自己的經驗所得。」螞蟻才不是機械化生物呢！更有意思的是，牠們似乎賦予不同選擇不同的「心理價值」。

接著特納反思螞蟻，以及人類在習慣和堅持不懈上展現的力量：「螞蟻不但能記住牠們學到的事至少好幾個小時，而且一旦形成習慣就難以打破。我曾多次設計實驗，想打破牠們的習慣，但往往以失敗告終，因爲我的耐性根本比不上螞蟻的堅持。不過在有些情況下，我憑著耐心和堅持，最終獲得成功。」[8]

人生點燃工具⑦

## 從練習中獲得能量

想要從練習中獲得能量，不妨試著從每一小步中找出啓發，看看哪些方法能幫助你進步或成長。幾年前，看見潔西卡身體的柔軟度，讓我想知道自己是否也有類似的潛力。在好奇心的帶領下，我每隔幾天就試著彎腰摸腳趾。我會盡可能往下伸展，然後快速從一數到三十。後來我改成從一數到三十，再倒數回到一。剛開始，我很難摸到膝蓋以下的部位。可是持續練習這個簡單動作最後，我就趁每天等待微波爐加熱食品的空檔輕鬆地做一次。我的體前彎愈做愈好，這項練習也愈來愈輕鬆。幾個月後，我終於能摸到腳趾了——那感覺真棒！我開始渴望經常做這個伸展動作。雖然達到目標的感覺很好，但讓我印象深刻的並不是自己的柔軟度變得多好，而是這麼簡單、甚至看來無關緊要的事卻能引起我的興趣，讓我這麼投入。這感覺也很棒。（而且隔年健檢時，醫生說我長高了一公分！）

研究指出，動機有助於提升大腦對任何事的反應。動機可以降低活化能並增強整體能量，讓你的努力有回報。強健的大腦也會是更快樂的大腦。請試試下列這些**發亮**推進器：⑨

- **借重社交的力量**。如果獨自練習令你氣餒，何不動動你的「社交腦」增強自己的動機和獎勵。人類是社會性動物，和朋友或某個團體一起練習吧——只要把第一次的練習時間排進行事曆，降低開始的難度，接下來的一切就會比較容易展開。跟那些活力十足、和你頻率相合的人在一起，會為你帶來積極、支持和鼓勵。如果喜歡競爭的氣氛或教育班長的練習方式，那就找能以這種方式激勵你的團體或個人。如果覺得練習陷入瓶頸，可以和更有經驗的人交流，或是改變職場環境來恢復活力。現在有各式各樣的實體和線上共享空間，讓你和陌生人齊聚一堂，快速分享接下來一、兩個小時的目標，接著分頭進行工作，最後再會合討論你們完成了什麼。
- **利用鼓舞人心的楷模來點燃動力**。你可以透過媒體，從別人身上得到鼓舞和洞見。像是音樂家、藝術家和運動員的紀錄片往往會介紹他們的練習過程，目擊那種程度的熱情與投入能讓你充滿幹勁。紀錄片《決戰撒哈拉》講的是三個男人為了提高世人對非洲乾淨水資源計畫的認識，並籌募資金，徒步跑了超過六千九百二十公里，橫越撒哈拉沙漠。這讓我從完全不同的角度看待自己每天面對的挑戰。令人驚訝的是，它給我一股力量，讓我看見人類潛能的可能性——讓我覺得自己也還有潛力沒有發揮，相信自己可以走得更遠、做得更多。鼓舞人心的楷模是**發亮**能量轉移的一個好例子。
- **對未來有信心，能建立人際連結和影響力**。每個人都擁有無限潛能、喜悅、自由和成就感，但在踏出第一步之前，往往覺得它們遙不可及。朝著長期目標努力的其他獎勵還包括與他人建立關係，以及相信我們可以為自己、為所屬社群做出更有益的事情。隨著我們的技能逐步發展，會發現自己有能力指導他人，並利用能量傳遞的**發亮**原理去支持他人與我們自己的努力。這種協同作用會讓我們更有信心去培養新的或不同的技能。

- **擺脫一成不變的期望，享受練習的樂趣**。我們通常認為練習是為了變厲害，但有時其實沒必要把表現看得比樂趣重要。當我們一家搬到公共高爾夫球場附近，我決心要提高自己的球技——再也沒有藉口了！我認真練習，但很快就愈練愈挫折，感覺做白工。為了提振興趣，我觀看線上教學影片，鎖定揮桿的具體分解動作，接著再到練習場練習。當我重新調整每週的關注焦點，立刻感受到自己的揮桿和心情都有了變化。打球也再次變得有趣。如今我練習的是**不**打高爾夫球，因為我想把重心放在與家人相處，以及培養其他技能。我們可以主動調整自己對練習的期待，以求更符合當下的優先順序與興趣，並接受這樣的選擇帶來的挑戰與自由。
- **藉由團體動力推自己一把**。集體練習可以突破你的極限，讓你感受到超越自我的某些事物。我和潔西卡一起參加非洲鼓課程，大家圍坐成一圈打鼓。指導老師艾倫・陶柏（Alan Tauber）說，我們只要出席、放輕鬆、演奏就好。令人詫異的是，他常讓大家演奏我們加入時無法想像自己能演奏的複雜樂曲。我們會一起開始演奏，哪怕最初聽來不完美，但隨著大家不斷調整，竟然很快就變得很好聽。就算你無法演奏所有的音符，也能敲擊出其中的部分。你可以聽見自己的鼓聲、別人的鼓聲，還有合奏的和聲。每次上完課，我們總是滿懷驚喜地離開——原來只要出席就夠了！

● **享受練習時的心靈平靜**。持續練習一段時間有助於減少大腦分心或來來去去的雜念——擔憂、焦慮、想完成什麼的念頭，或整天困擾我們的擾人想法。練習的過程可以靜心，比如摺衣服或洗碗盤。將注意力聚焦在重複動作上，把其餘的一切拋到腦後。

# 8

# 做不同的新鮮事：邀請驚喜和意外發現的方法

## 把玩細微差異與新奇之處，就能產生新的可能性。

你需要變化，否則就會失去嘗試新事物的活力。

——魯道夫・譚茲，

哈佛醫學院神經科學家、頂尖的阿茲海默症研究人員到頭來，連梭羅也離開了華爾登湖。經過兩年在鄉間漫步，在那條傳說中少有人走的路上探索創意和心靈的新層面後，他領會到：一條新的道路走久了，終究會變成思維上的老路。他在《湖濱散記》的結尾說：「我離開這座森林，正如當初走進去一樣，都有很好的理由。」——爲了做沒做過的事。即使是自己選擇的例行公事，也不免會逐漸乏味，他總結道：「令人驚訝的是，我們多麼容易在不知不覺間陷入固定模式，走出一條習慣的路。」①

今日最先進的神經造影研究不僅證實了梭羅感嘆的「舊習效應」，還顯示一個更令人鼓舞的發現：新穎、不同或意外的刺激，能爲大腦注入能量。面對這些刺激，大腦會形成新的神經路徑，不僅能促進技能培養（像我們常聯想到的體育訓練或技法掌握），也能提高創造力。二〇二二年，一項研究在分析具有「超凡創造力」（或稱「大C」創造力）的視覺藝術家和科學家，以及「高智力的對照組」的大腦造影後，亞莉安娜·安德森（Ariana Anderson）和共同研究者寫道：「大C創造力與一種整體神經網絡的功能架構相關，這個架構『更隨機』，而不是以『高效率』爲主。」他們補充說：「這種更隨機的連結，雖然在大多數時候效率可能比較差，但是這樣的架構讓大腦活動能『選擇少有人走的路』，並產生新的連結。」②

我們前文已提及，練習能拓展並深化這種成長，但是在一開始，**發亮**的關鍵是學習新事物。當我們用特定方式學習某件事，就會在大腦中開闢一條路或「築路」。承續這個比喻，如果我們學開車的時候是在柏油路上，一旦改成在碎石子路上駕車，就會很難，因爲我們將最初在柏油路面學到的策略套用在碎石子路上。我們需要形成新的突觸連結並進行練習，按照不同路面改變自己的駕駛風格。這個過程中的新鮮感和動機可以點亮大腦，也有助於降低活化能。

相反的，熟悉未必生輕蔑，卻可能產生自滿與盲點，或者至少會引發大腦視覺感知的注意力盲點。這種知覺現象被稱爲「特羅克斯勒效應」，是以瑞士醫師、博學家伊格納茲・保羅・菲塔爾・特羅克斯勒（Ignaz Paul Vital Troxler）來命名。他運用視覺錯覺展示出：大腦對周邊視野中特定物體與色彩的注意力會逐漸減弱，並偏好新奇事物。我們對眼前景物愈是熟悉，靜態影像就愈容易從視野中消失。[3]這是大腦天生爲了追求效率而運作的功能，正是這樣的習慣，讓我在大學自習室能忽略電視和彈珠台，卻無法忽略一九九〇年代中期開始出現的新奇電子郵件的通知。多年後我意識到，新鮮感的力量是我們可以刻意運用的一種**發亮**工具。

在複雜精密的世界中，專業知識被認定是取得成功的要素，然而，最超乎尋常的發展往往得歸功於偶然的際遇，以及秉持一顆初心面對新情境。無論在職場或家中，當每個人都指望你繼續做自己最拿手的事，別忘了刻意踏出一步，做點新鮮事，給自己驚奇。爲了回應「出乎意料」而產生的大量神經化學傳導物質，不僅讓神經網絡活躍起來，你的行動引發的漣漪效應也會開啓其他可能性。

擁有眾多興趣的葛瑞絲・卡奇曼（Grace Katzschmann），正是過著追求新鮮事物生活的典範：總有新事物等著她學習，有新的方法讓她探索自己的興趣，還有一個又一個新工作展現她全力擁抱新機會的熱情。

卡奇曼在二〇〇九年加入我們的實驗室。正式加入前，曾先來實習了一年，接著，她一拿到新加坡南洋理工大學化工與生物醫學工程學士學位後，馬上又回到波士頓。她在我們這裡取得相同領域的博士學位，和我們共事的這五年間，她在幹細胞治療領域中，成爲幹細胞生物學與幹細胞工程的專家。

但最終引起她注意的，竟然是一名肌肉萎縮症患者隨口對她說的話。這件事其實與她在實驗室的研究毫不相干，她只是應一堂課程的要求離開實驗室，走進眞實世界。

卡奇曼表示：「這門課程有一部分是讓我們有機會在臨床環境中待上三個月，與醫師和病人交談，藉此了解眞實世界的問題。我最喜歡問病患的一個問題是：『你最想念健康時的什麼事？』」當她向那名肌肉萎縮症患者提出這個問題，對方說那天早上光是穿好衣服就花了一個小時。卡奇曼說：「她想念自己過去能獨立進行像是穿衣這類的日常小事。」

這件事觸動卡奇曼的原因有兩個。首先，在她的成長過程中，她姊姊前後動過十幾次顎裂與上唇修復手術。最後一次手術是整形手術，目的是恢復鼻子的對稱性，那年她姊姊十八歲。卡奇曼說：「她拒絕了那次的手術，說那是她的鼻子，她接受它的樣子。這種對自己容貌的信心，激勵了我。而且，姊姊還小的時候，有人告訴她，因爲『她的長相』，往後的人生必須更加努力。這讓我清楚意識到外貌對人生際遇會產生重大影響。」其次，她說：「我小時候的夢想是成爲影視節目的服裝造型師——我喜歡運用服裝幫人改頭換面、爲每個角色創造故事。」

那位患者的回答促使卡奇曼產生了一個想法，她對她的職涯來說，是完全陌生的事物。

她說：「我想設計讓身障者容易穿脫又好看的服裝。」要面臨的挑戰是什麼呢？「我過去接受的是非常標準的科學導向教育，我對設計一無所知。」

於是，卡奇曼將自己解決問題的技能用來學設計，具體來說，是如何爲肢體活動受限或有生理障礙者設計漂亮的服裝。她和朋友合力構思了一項教育計畫，邀集服裝設計師、工程師、職能治療師，以及身障者共同創造穿衣對策。這個名爲「開放式設計實驗室」（Open Style Lab）的非營利組織創立於二〇一四年，此後每年都會舉辦研究、設計與開發活動。如今它被納入帕森設計學院的課程當中，其他學術機構也開始仿效推行。

卡奇曼說：「開放式設計實驗室教會我的是，要有信心投入完全陌生的領域，一步一步把事情摸索出來。」她後來成爲麻省理工學院講師、創業投資家、生物技術分析師和研究主管，現在在瑞士擔任生技顧問。「我本來就喜歡嘗試新鮮事。」

並非每個人都準備好要在不熟悉的領域開創新事業，不過我們確實有一個共通點：新的經驗、人、想法和身體挑戰，都能讓大腦興奮，並一個突觸接著一個突觸地啓動可能性的網絡。新經驗讓我們感受到**發亮**，而我們可以就從自己所在之處出發。

諾貝爾獎得主、遺傳學家菲力浦．夏普刻意盡力結識新朋友，而且聽取的新見解不限於科學領域，還擴及更廣泛的範疇，他的做法深深打動我。由於有很多人希望得到他的關注，他想出一個法子保護雙方的時間。他將會面邀約分成兩個同等重要的類別。第一類與長期的承諾相關，第二類則是能讓他有機會「跳脫日常」，騰出時間認識新朋友或經歷新鮮事。他建議：「要避免落入按慣例行事，花時間去體驗新的場所和新想法。這件事非常重要，你得把它寫進行事曆中。」

魯道夫．譚茲指出多樣化在日常習慣中的價值。當你執行熟悉的事務，因爲很熟知這些們，所以大腦會一再活化同樣的網絡。這些神經網絡包括你的習慣、模式、喜歡和不喜歡的事物，全都隨著時間慢慢形成，但它也可能是實現**發亮**心態的障礙。學習新事物和進行練習需要消耗心理能量，但同時也會產生心理能量。

譚茲說：「你得了解有件事很重要：形成秩序的制約、重複和模式，就像一個架構、一棟房子。每當你想擺脫它，嘗試新事物，都會帶來混亂和破壞。這種變化讓你保持新鮮感，並注入能量。」

他說，模式是敵人。「模式會形成秩序，但是同樣的模式一再重複，會變得停滯衰敗。你需要變化，否則就會失去嘗試新事物的活力。」

譚茲說，恐懼和渴望是驅使人做所有事的兩大原始動機。我們逃避恐懼的事物，受到渴望的事物吸引。他提到自己過去克服恐懼、跨出舒適圈去做事的經歷，並從中得到正向經驗，這幫助他把注意力轉移到恐懼以外的事。杏仁核仍舊會發出警報，但是我們不需要心驚膽戰地回應它。我們可以選擇引導這股能量改變方向，轉而與正向的期待連結，而不是陷入畏懼。

一定要去做你認為自己做不到的事。
——愛蓮娜．羅斯福，前美國第一夫人④

就像卡奇曼說，當她積極想嘗試新事物時，比較不會擔憂恐懼的因素。她將這歸因於選擇性記憶、熱情，以及願意在需要時尋求協助。她解釋道：「對人生中的低潮時刻，我的記憶力眞的很差。我想不起自己束手無策的具體時刻，我覺得，這是因爲我通常會找幫手，進而避開這些低潮。我會針對自己感到迷惘的領域，尋找有經驗的人，請他們幫忙我脫困。」我們也可以有意識地做同樣的事——模仿「記性差」帶來的好處——培養放下的能力，不執著於腦中的負面想法或恐懼，只是承認這些想法的存在，接著讓它們通過，如同人在公路旅行時會在許多地方停歇，但它們都不是最後的目的地。這種超然的練習可以在你嘗試陌生、也許還令人膽戰心驚的新事物時，降低它的活化能。

譚茲提到，即使他偏好改變現狀，事情也未必都那麼容易。不過，感受到一陣焦慮時，他會在當下做個簡單的冥想，閉上雙眼，專注在呼吸上，這有助於聚焦於自己的目標。這種正向獎勵能緩和內心的抗拒。這麼做，大腦就會成爲你的盟友，它憑藉著神經可塑性，可以因應新的挑戰改變自己的架構和網絡——爲了回應新的需求，長出新的神經元並互相連結，同時剪除過去少用或閒置的模式。

不妨嘗試運用不同策略，找出能幫助你跨越恐懼、嘗試新事物的工具。有個對我來有效的方法是，不要對眼前的狀況過度思考。讓善於分析的大腦暫時休息，改由直覺引導行動。

我盡量不讓過往的經驗成爲阻礙，也不讓自己對投入新經驗存有偏見。其他工具還包括：

- 盡量找出恐懼的根源，判斷這股恐懼是否有存在的必要。
- 練習更自在地面對無法掌控的狀況，這麼一來，不確定性本身就不會變成引發恐懼的因素。我們的思維模式往往會強化令人不自在的念頭，給予它們否決權，其實就是任由不安迫使我們做出決定。例如：在一個難以掌控的情境下，我們可能很容易一直想著或許會出錯的各種狀況，最後決定放棄或不參與。與其如此，倒不如讓這些想法存在，但不讓它們成爲我們決定的依據。
- 質疑那些對自己沒有幫助的想法或信念，而不是任由它們不受質疑地存在。自問如果這個念頭永遠都是對的：這眞的對我有害嗎？這會傷害我嗎？最壞的情況會是什麼？我能從中學到什麼嗎？我能得到深刻的洞見嗎？可能會出現什麼有用的事嗎？

質疑那些妨礙我們前進的想法，可以爲內在對話騰出空間，釋放能量。譚茲建議，透過一項簡單的視覺化練習，能改變你進行這項任務時運用的大腦技巧。想要瓦解或否認負面思維模式，你可以「趕走這些言語」——實際上就是減少你賦予它們的能量和關注。少了這些言語的牽絆，就能開始訓練大腦從那樣的訊息中抽離。換句話說，我們可以訓練大腦少一點分析，多一點對此時此刻的整體感受與經驗。當發現被無益的念頭綁架時，我會盡量在當場停下來或事後檢視自己：爲什麼我一直鑽牛角尖、限制自己，不與外在世界多多聯繫？我這輩子一直努力精進集中注意力和大腦的分析能力，但有時候，必須刻意打破這種慣性，因爲這樣才對自己最有幫助。

> 神經可塑性優於「心想事成」這個說法。
> 當你的念頭促使新的神經元生成，
> 心思就會變成事實。
> ——狄帕克．喬布拉與魯道夫．譚茲，《超腦零極限》⑤

## 違背認知常理

並不是每個人都像卡奇曼有熱中的計畫可以全心投入，或是像譚茲有許多令人興奮的選項——從分析深度數據的試算表，到在國會聽證會上作證，以及在搖滾天團的主舞台上當鍵盤手。但是這不打緊。重要的是，在當下做些不同的事。絕大部分的事——只要與熟悉的例行公事稍有不同——都能喚醒大腦，在那一瞬間凌駕大腦對變化的本能抵抗，並創造出讓神經元與鮮活的創造力產生交流的機會。哪怕只是最細微的變化，也能激發大腦的反應，加速可能性的引擎。像是使用非慣用手寫字、選擇一條不同路徑步行或開車前往某個熟悉的目的地、和陌生人或平常擦肩而過的人交談，這些簡單的事都能活化大腦的學習迴路。即使你的目的僅此而已，沒有什麼崇高或戲劇性的企圖，只是單純想爲大腦注入健康的推動力，這也已經圓滿達成任務了。要求大腦違反常理行事，會帶來認知上的刺激，進而激發創造力，而且嘗試新鮮或冒險事物還能引發多巴胺的分泌，獎勵這種作爲。⑥別忘了，狄塞納對健身的建議是製造某種有目標的逆境。事實證明，大腦也熱愛好好鍛鍊。

我們往往會把「培養認知發展」當成是兒童才要做的事，並仰賴學校、教育玩具和活動來達成目的。然而，即使年紀漸長，大腦天生還是擁有「從新事物中獲益」的能力。隨著邁入成人的各個發展階段，我們會以不同方式投入能帶來新可能性的經驗，因爲人到中年，熟齡大腦的左右兩個半球會更密切合作。老年精神醫學領域的先驅吉恩·柯翰（Gene D. Cohen）說：「凡是能善加運用左右腦的任何活動，大腦都會細細品味。它對大腦來說，就像巧克力。這類活動像是你擁有了新的能力或技術。」⑦

> 我在一百歲時，大腦能力比二十歲時更優越，這都要歸功於經驗。
>
> ——麗塔·李維—蒙塔西尼，義大利神經學家與醫師⑧

二〇一四年的「突觸計畫」（The Synapse Project），探討了持續投入對年長者認知功能的影響。研究人員發現，學習一些需要動動腦的全新技能（在這項研究中指的是拼布縫紉和數位攝影），而且持續這麼做（在這項研究中指的是至少持續三個月），可以能增強年長者的記憶力。⑨

新奇事物在大腦中引發的漣漪效應，或說認知上的延展也令人印象深刻。心理學家與作家喬安．迪克告訴我們：「大腦沒有任何一個區域是獨立運作，舉例來說，當我按下按鈕，並不只是運用大腦的運動控制區域，還有從本體感覺受器接收資訊的部位，以及視覺皮質和處理資訊的大腦區域。在任何時候，就算是最簡單的任務也會動用十個、三十個、甚至四十個不同的大腦部位。」

奧運獎牌得主亞當．黎朋表示，他之所以被電視舞蹈實境秀《與星共舞》吸引並決定參賽的原因是，這對他是一種挑戰，是他尋尋覓覓的那種經驗。他告訴我：「身爲競技選手，我發現，把自己推離舒適圈，才會眞正感覺到自己最有活力、最充分發揮自我的時刻。《與星共舞》完全不是我擅長的領域，但這正是最吸引我的地方。這是很不同的事，是我未曾做過的事。」

他說：「當你踏出舒適圈，就會對自己有更多了解。你會更了解自己如何應對不同的情境、處理不同的壓力。因此，我很開心自己花時間去做這件事，即便這段時期實在瘋狂——遠比我想像的還誇張。但同時它又非常有趣，讓我收穫良多。」

## 「陌生化」自己，激發嶄新視角

選擇透過新的眼光看待事物，可以帶來出人意料的嶄新體驗。愛爾蘭詩人、神學家帕椎格．歐圖瑪（Pádraig Ó Tuama）仔細思考他最鍾愛的俄文字眼 остранение，也可譯爲「陌生化」或「去熟悉化」（defamiliarization）。這個詞在藝術和文學中被用來描述，那些將熟悉事物以極爲陌生的方式呈現的作品，衝擊我們的感官，更激發出嶄新的視角。想想安迪．沃荷的巨幅康寶湯罐頭畫作，就是將這個無所不在的品牌轉化成著名的藝術品，或是喬治．歐威爾的小說《動物農莊》，將農場裡的動物塑造成複雜、具人性特質的角色，上演一場黑暗的政治戲碼。然而，歐圖瑪意識到，陌生化能幫助我們在日常生活中用新鮮的眼光看待事物，比如在咖啡館或飛機上和初識者、甚至陌生人從容交談時帶來的視角轉換。

歐圖瑪在週更播客《論存在》的一篇電子報引言中寫道：「陌生化是我期待愉快的對話能帶來的一個作用。我聽見某些事，它讓我以新的方式看待對方的世界，並因此改變自己的行動。我期盼能有片刻以新角度看舊想法，讓熟悉的事物感覺有幾分陌生。」[10]

太空人（以及近來許多繞著地球軌道飛行的名人旅客）描述，當他們飛入太空，在遙遠的距離之外觀看地球，會出現類似的效應，也就是所謂的「總觀效應」（overview effect）。對其他人來說，陌生化的體驗近在咫尺，就在你的拇指上。holon（全子）這個古希臘概念描述了一種認知：某個事物本身既可以是一個整體，同時又是更龐大整體的一部分。舉例來說，看著自己的拇指，你可以把它看成一根拇指，但如果放寬視野，就會看到它是手掌的一部分，而手掌又是手臂的一部分，手臂又是身體的一部分，以此類推。最後你可以放寬視野，看見你自己（或任何人）是人類的一員，也是與其他物種共享這顆星球的一個生命體。

迪克運用拇指練習教孩子認識大腦，她說：「全子的概念非常重要，因爲當你原本以爲自己看見了全貌，覺得某個東西是完整的，就會意識到自己其實只看見了某個更大整體的一部分。當你的腦袋突然明白這是怎麼回事，就會改變自己對這世上每件事的看法。你無法再用同樣的方式看待一輛汽車、一隻蟲子或其他任何東西，因爲萬事萬物突然間都是『整體兼部分』的存在。」

重點不僅是要對令你驚奇的事物保持開放態度，並欣然接受它，而且如果有必要，還得有意識地改變觀點，在不同背景下看待事物，藉此爲自己創造驚奇的元素。或者只是更仔細地觀察。新奇感可能會奪得你的注意，但細微的差別才能長久維持這種注意力，因爲我們「用全新眼光看待事物」的能力是無止境的。看見下一個層次、發現事物之間的關聯與互動，會讓同樣的事物再次煥然一新。

> 專家在細微差異中尋求新穎，
> 這就是他們為什麼從來不會感到無聊。
> ——安琪拉．達克沃斯，《恆毅力》作者⑪

在實驗室運作中，這是一個必要、令人興奮的環節，也許最明顯的體現就是在我們的星期三例行簡報上。

每個星期三，實驗室成員得就自己的計畫提出概要報告。剛加入實驗室的人往往會像大多數年輕科學家那樣，一頁又一頁播放投影片，介紹實驗方法、數據和結果。我通常會打斷他們，問他們對這類研究不熟悉的人可能會問的一些問題，比如「爲什麼你的實驗會是正確的實驗？」、「我們可以從中得知最重要的事是什麼？」，以及「你的成果爲何重要？」本著參與的精神，我最鍾愛的問題之一是：「在已發表的結果當中，別人做到的最佳成果是什麼？我們還需要把它做得更好嗎？」這是個「那又怎樣？」的問題——這道最簡單的引導問題，能讓你質疑自己的結論。

通常回應會從某個膚淺的答案開始，比如「我們做這個實驗是爲了幫助病患」或「我們進行這項實驗室是想測試 X 或 Y」。但是經過一番追根究柢之後，大家會開始挖掘表層之下的答案。這類討論的眞正目的是，確保我們不會與更深層且更遠大的目標漸行漸遠：我們想得知什麼？這會如何幫助我們爲病人與社會帶來可觀的進展？在我們的實驗室中，嘗試新鮮事的風氣會帶來令人興奮的創新，有時是透過翻轉傳統方法，或是從完全不同的角度解決問題。以下是兩則近期的範例：

**可以在鼻腔形成塗層的鼻噴劑，還能攔截並殺死病毒與細菌**。在新冠肺炎肆虐時，我們調整實驗室的研究方向，盡自己所能提供協助。一篇已發表的論文引起我們的注意，它描述新冠病毒如何在鼻上皮細胞（也就是鼻腔黏膜）中大量繁殖。我們原本一直在進行一些初步實驗，想創造能透過上皮黏膜傳遞藥物的鼻噴劑，但是在這樣的新情境下，我們看見有個出奇招的機會。與其運用鼻黏膜做為管道，我們把它重新定義成防護壁壘，著手開發適用於鼻腔的長效阻隔膜，降低接觸病原體的機會，並迅速殺死它們。

一**種可注射的凝膠，用於精準輸送與定時釋出鎮痛藥物**。用於治療背痛和膝關節疼痛的現有注射劑與裝置有一個共通問題：它們的效果大多不夠理想，或是藥效太短。我們決定與這個領域的專家合作開發一種方法，從一款原本設計為短期發揮作用的藥物開始，接著在人體內對這款藥物進行保護，讓它能緩慢且精準地釋放在需要的部位，因此只要注射一次，就能帶來長達數月的止痛效果。

## 把握偶遇的機會

基因讓人類這個物種透過和別人建立生氣勃勃的往來互動，變得無比擅長社交且能快速適應變化。我們在生理和心理上都具備適應生活隨機變化的能力，也能在神經變異性和隨機的環境中，與他人建立並維持同步連結。然而，因爲通常喜歡跟熟悉的社交圈往來，也使我們的社交互動內容往往變窄，這會縮小我們接觸新刺激的範圍，也限制了激發創造力的來源。二〇一五年我有個機會能將實驗室從劍橋麻省理工學院附近，搬到波士頓長木醫學區的一棟新大樓。當時沒有明顯立即需要的搬遷理由——實驗室設置在那裡已經八年，一切都很棒，因此起初我反對搬遷。

我原本很害怕搬遷，因爲這會是個大工程。實驗室在搬遷期間必須停擺，還會帶來一些挑戰，比如搬動大量化學藥品。但是我愈想愈覺得，改變可以打破常規，讓事情不再一成不變，尤其是進入更活躍的環境後，會更有機會邂逅有趣的人與有意思的計畫。於是我們在二〇一七年搬進新的辦公大樓，這裡是布萊根婦女醫院（我服務的單位）院區的一部分，事實上，這次搬遷帶來了各式各樣的新機會和醫師與研究同儕不期而遇——無論是在走廊邂逅，還是在簡報與小組討論的交流。這樣的溝通便利性，促成很多新計畫，讓我們可以和過去辦公地點從未遇見過的感染科、胸腔科及麻醉科醫師合作。此外，這棟大樓也設有健全的門診部門。幾年前的某個夏天，我在打高爾夫球時不小心撞上石頭，傷及手腕，當時我來到這裡的骨科接受治療。更重要的是，我們現在更接近那個激發自己研究初衷的環境與人——病患與臨床醫師。

認爲可以將「意圖」融入「隨機」當中似乎有違常理。不過你確實可以改變自己和隨機的**關係**，進而增強大腦的創造力。下面這種思考方式借鑑大自然的運作法則，融合不同理論，再經過大幅簡化：人類生來具有適應力，因爲從誕生起就置身在充滿自發性與隨機事件的環境，從變化莫測的化學分子到異常氣候，以及周遭人的社會行爲。科學家針對永遠保持漫遊模式的大腦預設模式網絡（DMN）的功能提出了一種理論：它會接收隨機的零碎訊息，不斷將它融入心智編寫與重新編寫的鬆散敘事中——這些敘事涉及了過去、假設的情境與未來的事件。人類的創造力具有高度適應性；在我們尚未察覺的層面下，大腦不斷在試探環境，並設法回應它。我們的心智往往偏好結構的舒適性，這種傾向有助於在經歷每件事的過程中進行比較與對照，進而學習。然而，我們也可以培養一種覺察，提醒自己：目前正被結構吸引，而且這種結構未必是有益的（例如：官僚主義、有害的文化常規）。隨機性在這種創意系統中，是有用的偵測方式。

機緣巧合、隨機事件、邂逅，這些讓你有機會與新朋友、新體驗產生意外交集的「碰撞」全都會發生，但前提是你得付出一些努力。

> 徹底離開舒適圈真的很重要。晨起後做一件很難受的事，比如沖個冷水澡，能讓接下來的一整天都很好過。
>
> ——喬伊·狄塞納

人生點燃工具⑧

## 做不同的新鮮事

下列幾個簡單步驟，能讓你的大腦準備好迎接更大的變革。你憑著信念縱身一躍的步伐愈大（承擔的風險愈高），下一次能邁出的步伐就會更大（你樂意承擔的風險也會愈大）。覺得有些抗拒嗎？別忘了這是很正常的。而且這些焦慮、恐懼和其他難受的感覺，往往也是促進成長的巨大動力。

透過專注於積極面來降低活化能，並將不安視為正向訊號。努力培養能帶你跨出舒適圈的新技能。對於自己不擅長的任務，勇敢承接下來，並相信在需要時，你能找到其他更有經驗的人幫忙。這樣你也能從中培養面對未來（無可避免且意料之中）失敗的韌性。我發現有些策略能讓你更容易去做新鮮事：

- 善用行事曆協助你優先安排這件事。把它放進你的行事曆中。練習結識其他領域的新朋友——至少每個月一次，多多了解對方和他們的工作，找出你能分享、對方也會感興趣的內容。
- 不抗拒超出自己專長以外的任務或邀請。刻意讓自己處於陌生環境中，或是擔任自覺不夠資格勝任的角色，這能激發你的創造力來應對挑戰。你的大腦在這個過程中會建立新的連結，帶給你更多資源、韌性和前進的信心。

- 改變幾項簡單的習慣，例如：用非慣用手刷牙、拿叉子、淋浴時拿肥皂。試著用非慣用手扔球或丟飛盤。坐下來吃飯時，試著閉上雙眼吃幾口，感受自己的感知被喚醒，更能覺察到食物的風味和口感。
- 在電腦上建立一個記事檔案，腦力激盪出幾件你想嘗試的事。納入幾件短時間的體驗——拜訪一座沒去過的公園、點一道不熟悉的菜餚、在YouTube上學幾個簡單的舞步。力求多樣化，包含簡單的短期目標和難度更高的長程目標。時常檢視這份清單，增添新點子，並從中獲得靈感。
- 參加你感興趣的主題講座（實體或透過網路都可以）。
- 在你的播放清單中加入一、兩首平常不太會聽的歌曲。
- 寫一封私人感謝函給你固定見面的人。
- 在淋浴結束前，試著切換成清爽且令人振奮的冰水。然後嘗試開始用冷水淋浴。據說三溫暖能促使多巴胺和β腦內啡（鎮痛劑）的釋放，進而產生欣快感、平靜和耐痛，而寒冷能創造有益的壓力，增強大腦對腦內啡和正腎上腺素的敏感度，進而強化壓力的容忍度。
- 做家事時，有意識地欣賞你做的那些事能讓住處變得更適合居住。
- 讓自己置身在一個「幸運的社交碰撞」隨時可能發生的環境中，能輕鬆遇到新朋友與產生新經驗。你可以在結帳隊伍中和人閒聊，或者去當地的食物銀行或動物收容所擔任志工，與其他人互動。

- 試著安排看日出，以此當成你一天的開始，在日落時散步，或選擇你人在戶外的任何時刻，留意光線、顏色、聲音、溫度和其他感官經驗的細微差異。
- 調整你的視角。如果你深陷於細節，請換成從大處著眼。用不同角度觀察某個情境。當你陷入過度思考時，轉成動手做點事——做些實體的勞動，讓自己動起來。

# 9

# 失敗不是重點：為再出發蓄積能量

## 從成功的角度重新詮釋失敗，並從中反思。

我在生涯中有九千多次投球沒進，輸了將近三百場球賽。
有二十六次眾人相信我能投出制勝的一球，卻未能如願。
我的人生一而再、再而三地遭遇失敗。而這正是我成功的原因。
—— 麥可．喬丹①

知名的長泳者黛安娜．奈德是在一九七五年一戰成名，當時她以創紀錄的速度完成繞紐約曼哈頓一圈、總長四十五公里的距離。四年後，在三十歲生日那天，她從巴哈馬的比米尼島游了一百六十四公里，抵達佛羅里達州的朱諾海灘。這是當時海泳的最長距離紀錄，她以二十七小時二十八分完成這項驚人壯舉。

奈德的失敗就鮮為人知。我在此提到它們，是因為這許多失敗——從輕微到重大、無關緊要到毀滅性——它們都算是「好的」失敗。不過每一次失敗的價值，在當下並不明顯。

奈德二十多歲時立定目標，要從古巴一口氣游到佛羅里達，這段距離長一百七十七公里（相當於近四場全馬的長度），而且這片水域多半波濤洶湧、到處都是鯊魚和螫人的劇毒水母。她在一九七八年進行首次嘗試。為求安全，她在防鯊籠中游泳。她游了四十二小時、前進了一百二十二公里，可惜逆風和將近二．五公尺長浪將她推離佛羅里達朝德州而去。洶湧的洋水讓她重重撞上籠子，因此被迫放棄。翌年，在完成比米尼到朱諾海灘的壯舉後，她卸下長泳選手身分，轉戰新聞界與廣播業，展開漫長的記者生涯。

但是她未曾忘卻從古巴游到佛羅里達的夢想。因此在首次失敗的三十多年之後，她組織了一支後援小隊，開始為另一次嘗試進行訓練。她在二〇一一年失敗過兩次，一次因為氣喘發作，另一次則因為遇上一大群水母，牠們的觸手包圍了她的脖子、右上臂和右前臂，以及她的背。

一場雷暴終止她在水中游了五十一小時的第四次嘗試，你可能以為這會是這場追求的終點。但是在二〇一三年的第五次嘗試，時年六十四歲的她以五十二小時五十四分的成績完成這趟泳渡。

她步履蹣跚地走上岸後，受到歡呼的群眾包圍。她呼籲大家鍥而不捨地追求自己的夢想，並將三件事銘記在心：第一，「永遠別輕言放棄」。第二，「追求夢想永不嫌遲」。第三，要像她這樣，在必要時和別人一起合作。她說：「這看起來是場獨自完成的運動，但其實是團隊合作的成果。」②

從她首次不成功的嘗試和隨後三次失敗，到最後的成功，其間發生了什麼變化呢？她從每一次泳渡**學到**經驗。她以精通驅逐鯊魚技巧的團隊成員取代防鯊籠。她學會如何保護自己免受水母螫傷。她在航向管理上下工夫。她從未停止訓練。

她告訴我：「人生不會照著自己希望的方式走，我們能做的最佳對策就是：全心投入。我不怕失敗，只怕沒有嘗試過。」

在談話中，我意識到這是一則個人進化的史詩級故事——融合一次次的「啊哈」領悟，一次次的修正，再加上各種變數（比如天氣）帶來的些許好運，最終造就了成功的結局：儘管模樣狼狽、氣力放盡，奈德還是成功抵達了朱諾海灘。這使我想起實驗室的研究，以及這過程如何訓練我們向前看，並將失敗當做內建在成功裡的一部分——珍貴且必要。

# 羅伯特・蘭格：別迷失在失敗中

我們的文化對失敗看不順眼。當然，沒有人喜歡失敗。但不管是慘痛的失敗（比如哥倫比亞號和挑戰者號太空梭災難），還是比較常見的失敗（像是公司倒閉或考試失利），失敗就是會發生。雖然從失敗當中學習至關重要，但更關鍵的是，你面對失敗的過程，以及如何隨著時間改變這個過程。

這種思維是每位從事科學研究的人都會被反覆灌輸的。在我的實驗室，每十次實驗中就有九次失敗。我們得不到任何結果，或者得到的結果根本不是自己預期的。做好科學研究需要有決心不斷嘗試、不斷思考、不斷提出深入的問題，以及不斷想出新方法來處理問題。有些人會說，只要還在嘗試，都不算失敗。迭代——持續微調想法，直到最有成效的方法浮現，這是一種強大工具，能深入理解問題，並找到處理和解決的辦法。這當然包括種種複雜情況、挫折和意外結果，甚至是碰上失敗本身。

當然，失敗有時候會嚴重打擊我們的聰明才智、精神和財務狀況，特別是如果投資太多個人資本在特定方案卻翻船時。**發亮**的反應會擁抱從失敗當中浮現的機會。深入反思、沉澱思緒、蒐集不同見解，並醞釀出這項計畫的新迭代。採取「成長心態」的想法並點燃它。高階主管教練彼得・布雷格曼（Peter Bregman）在《哈佛商業評論》撰文提到，心理學家與史丹佛教授卡蘿・杜維克在《心態致勝》一書中提出並因而廣受歡迎的概念：「如果擁有成長心態，你會運用失敗來讓自己進步。如果懷有定型心態，你可能絕不會失敗，但也無法學習或成長。」[3]每一回我遭遇失敗，都覺得好像被狠狠打了一拳！但請記住，成功的典範之所以成功，往往就是熬過類似的失敗經歷。

我跟隨恩師羅伯特．蘭格，在他的麻省理工學院實驗室中學習將近三年後，於二〇〇七年成爲布萊根婦女醫院的新進教師。能從事各種計畫讓我很興奮，但前提是必須找到研究經費來支持我、我的小團隊，以及我的實驗室。補助金不會從天而降，而是由審議委員會評分，但他們帶著懷疑的眼光看待每一項請求。舉例來說，向美國國家衛生研究院提出申請的研究計畫中，成功者不到二〇%，對特定機構與特定類型的補助而言，這個數字還可能低於一〇%。

在初任教職的頭兩年半，我申請補助的成功率糟透了。我提交了超過一百件補助申請案，卻幾乎全被打了回票。每次被拒絕，我都覺得自己讓每個人都失望了。而且自尊心跳出來作祟，往往還會讓事情變得更糟。得知補助申請或論文投稿被拒絕時，我會告訴自己，這些審議委員肯定是瘋了才會駁回它。這個審議過程根本不公平，我付出這麼多努力，理應得到回報。

這時候，我會深陷在失敗的屈辱中，並急切渴望成功。我每日每夜都想著補助金，連入睡前都還在想。這眞的很折磨人，甚至潔西卡不只一次問我是不是選錯了行業。這種壓力實在沉重。

但是蘭格教我不要迷失在失敗中。他說：「要緊的是**拿到**補助款！」因此，我努力釐清爲什麼自己的提案行不通。我參加提案寫作的研討會和講座。我開始更加仔細聆聽同儕和導師的意見，他們說我提交的資料需要有更多初步數據做爲概念驗證的第一步。我密切留意自己收到的回饋，例如：我們的研究方法寫得不夠深入、沒有詳述備案、計畫風險太高，或是我缺乏成功必要的專業知識。

我學到，每項補助款的申請都必須「盡量降低風險」，方法包括：提供數據說明研究的可行性、實驗室小組成員須具備必要的專業知識、極度詳盡的研究與實驗規畫、回顧其他人在這個領域已經完成的研究，以及證明我們提出了正確的問題，可以創造好的改變。用**發亮**的語彙來說，我得將補助金提案的重點從「潛能」轉向「行動」和「影響力」。我收到的回饋意見有如寶藏，是學會如何反覆修正、如何成功申請補助金的寶藏。我終於明白，自己並不是經歷一連串撰寫補助款提案的失敗，而是正在接受一門有關「籌措補助款技巧」的訓練。我將每一次失誤得到的回饋意見內化，找機會將它納入我的下一次提案中。我開始慢慢將自己的「成品」想成這套逐漸進化的方法本身，而不只是那份最終的申請書。最後在我的實驗室開張第三年，我成功贏得三項大型的國家衛生研究院補助金，實驗室財務基礎也終於有了保障。

如今我仍舊擔心經費問題；這種擔心永遠不會消失。但如今的我，是從一個截然不同的立足點出發，因爲我和那些目標導向的同事已經能展現出自己深知「爲什麼而做」——我們知道如何解決問題、形成答案，以及將新知識轉譯爲能改善數百萬人生活的醫學進步。

事情愈來愈明顯，創新的真正阻礙，是人們害怕失敗。
——山繆．韋斯特，失敗博物館創辦人④

## 對失敗的偏見，讓人無法好好應對失敗

爲什麼我們這麼不情願談論自己的失敗？這會奪走我們充分利用失敗的機會。艾麗森．卡塔藍諾（Allison S. Catalano）在倫敦帝國理工學院攻讀博士學位時，專門研究「從失敗中學習」這個主題。她說，這樣的沉默讓人付出沉痛的代價。她和同事研究發現，儘管失敗在實務中無所不在，但學術文獻中很少提及，他們試圖釐清這背後的原因與爲何如此。她寫道：「儘管失敗在每一項人類嘗試中都是要角，但我們用來描述結果不盡理想的詞彙，常帶有情感包袱和社會汙名。我們本能地了解，經歷挫折可以提供強大的學習與成長機會，但從小就內化了『失敗應該避免』的訊息，因此拒絕了從失敗中學習的契機。」⑤

卡塔藍諾的研究對象是從事環境保育，也就是保衛與維護生態系這個領域的團隊與組織。她建議自己專業領域的從業人員與其他人，應該從「接受失敗是無可避免的」開始。她發現，傳統上，學術期刊、網站和媒體並不鼓勵作者寫出自己的失敗，這樣的做法是毫無建設性的。她寫道：「最終，成功會滋長自滿和自負，鞏固現狀，產生一種對實驗和變化不太

寬容的文化背景，也更不喜歡冒險。」這些都無法做出好的科學研究。

卡塔藍諾和同事識別出一系列認知偏誤，它們時常讓管理者不願承認失敗，進而善用它。（這狀況同樣適用於所有人，因爲這些認知偏誤會限制我們面對失敗並向它學習的能力。）除了一些耳熟能詳的偏誤，比如確認偏誤和盲點，這份研究還指出，如果你有以下傾向，可能也受到其他認知偏誤的影響：

- 認定自己的世界觀才是「眞實的」，而持不同意見的人都是無知、不講理、不理性或錯誤的。這種偏誤稱爲「素樸實在論」（naïve realism）。
- 強烈偏好避免損失，勝過得到利益。這叫做「損失規避」。
- 將壞結果怪罪到他人的個人缺陷，而不是歸咎於可能超越對方能控制的情境因素。這稱爲「基本歸因謬誤」。
- 當你觀察到一連串本來不相干的事件，卻透過強加一種因果關係的模式，將它們串聯成一個看似合理的故事。這叫做「敘事謬誤」。
- 有系統地忽略關鍵、清楚易見和相關的資訊；這稱爲「有限意識」。

克服這些偏誤，能讓我們對成功與失敗有更精確、廣闊和細膩的眼光。有了這樣的清澈眼光，你會在自己的某些失敗中發現更大的價值，也能找到爲任何成功增添價值的新見解。

## 成功證明某件事行不通

德國機械工程師與物理學家威廉・康拉德・倫琴（Wilhelm Conrad Röntgen）在研究陰極輻射時意外發現X光，因而贏得首屆諾貝爾物理獎。陰極射線是對眞空管中兩片金屬板施加電荷所產生的輻射。倫琴注意到附近的一個光敏感螢幕發出微弱的光線。他花了幾週的時間搜尋這種令人驚訝的光芒來源，最終發現了X射線。倫琴發現X光的故事，就像其他許多諾貝爾獎得主的故事一樣，彰顯了那些迂迴曲折但最終通往（有時令人驚奇的）成功的道路。

時間拉近到比較靠近我們的年代，二〇一一年的諾貝爾物理獎頒給勞倫斯柏克萊國家實驗室的索爾・珀爾馬特（Saul Perlmutter），以及澳洲國立大學的布萊恩・施密特（Brian P. Schmidt）與約翰霍普金斯大學和太空望遠鏡科學研究所的亞當・里斯（Adam G. Riess）兩人率領的團隊。珀爾馬特和施密特／里斯團隊原本以爲，他們的研究會證實宇宙的膨脹正隨時間趨緩。沒想到，他們在一九九七年的發現卻顯示，宇宙其實正在加速膨脹，因爲一種稱爲「暗能量」的宇宙常數，遍布於所有宇宙空間。珀爾馬特在多年後接受訪問時表示：「當年展開這項計畫時，我以爲我們只要針對爆炸的星體亮度進行簡單的測量，並判斷宇宙是否快要終結就行了。結果，我們的發現是個天大的意外。我們把它比喻爲：朝天空扔蘋果，蘋果不僅沒有落回地面，反而直奔外太空，移動速度還不可思議地愈來愈快。」[6]

珀爾馬特強調：「科學追求的，並不是想證明某件事正確，而是想弄明白你是怎麼犯錯，並設法找出自己犯的錯誤。」⑦

很重要的是，別忘了珀爾馬特在十八年前就展開了這項探索。他的研究之路並不是「如果發現A，就會帶領我們找到B」這樣筆直，而是一場對超新星資訊的執著追求，他運用地面和太空望遠鏡、以自己寫的電腦程式分析超大片滿天星斗的天域、根據超新星新的次分類發現重新調整計畫、開發新型的廣域照相機，還有更多更多——以在國內、國外和太空中的研究爲基礎，反覆迭代。世界上只有極少數人從事如此密集的科學探索，不過能有效應對突發狀況、失望與失敗的原則，同樣適用於我們：

- 把路障當成優化過程的機會。失敗很痛，但它爲下一次的進步做好準備。充分利用它。一夜好眠有助於痛苦快快退散，而且由此引發的反思、甚至情緒，幾乎總是能催生出新的點子。
- 在職場和家中培養一種文化，讓不成功的嘗試（或成功證明某個東西行不通的嘗試）成爲有益的討論與行動的一種來源。一旦理解失敗是過程的一部分（也就是預期它的到來），無論成敗，都能成爲激發創造力、讓學習成果最大化，以及支持團隊協力合作的機會。每個人都能改善自己解決問題的過程。
- 找出干擾你分析情境的認知偏誤。我時常發現，當某件事出錯時，我卻深信自己是對的，這可能就代表我必須重新思考自己的假設了。

## 致力追求有建設性的失敗

即使再高明的主意，如果沒有想清楚它如何與現實世界互動，也會以失敗告終。這發生在各行各業的人身上：他們很晚才發現，團隊或組織（或家庭！）的其他成員對他們的好主意並不買單，或者忽略了一些實際層面的考量，結果引發了新的問題。在我這一行常會聽到，有研究人員創辦公司，希望讓他人也能使用他們的發明，卻不了解自己的產品或服務的市場非常小；或者不懂一種解決問題的新方法必須融入既有的配銷系統；或是不知道命名的方式要採用業界通用的，而不是我們在實驗室使用的科學術語。此外，「我的點子將徹底改革這個過程」的想法太過狹隘，也沒有考慮到這個點子是否與既有的做法相容。多年前，我的一項幹細胞靶向計畫未能爭取到資金，也是因爲犯了類似的錯誤。這項計畫太過複雜，潛在投資人一眼就看出來，我卻沒有。但是這個教訓改變了我們實驗室後來的運作流程。

當因爲這些事感到受傷，往往是因爲我們對它們懷有很深的情感。但是等情緒冷卻下來，就有可能浮現寶貴的見解，而且在下一次嘗試時，就能更精準聚焦。如果能泰然面對初次嘗試的受挫，從中汲取教訓，接著繼續做下一件事，成功機率就會大幅提升。

在這個「吃一塹、長一智」的過程中，有四點請謹記在心：

- 失敗加上前進是致勝策略——前提是你有一套不斷進化的方式，讓自己覺察和吸收過程中獲得的見解。如果缺乏更明智地繼續邁進的流程，無聊的停滯可能會壓垮你，尤其卡在原地太久時。這個過程也需要個人化，才能適用於**你**。

- 向別人學習固然重要，但光靠模仿還不夠，還得找出什麼方法最適合你。觀察他人的做事手法，甚至親自嘗試，非常重要。同時要認清你有自己的天性，某些事合你的胃口，其他則否，而且這些契合是可能改變和逐步進化的。
- 當事情運作順利，執行周詳的計畫和步驟會很棒，但如果進展不順，切換到創意模式可能會令人振奮。關鍵在於，找出能讓自己體驗到些許進展的見解。無論進展多微小，都能為你注入新的能量。
- 專注於有建設性的失敗。失敗後，從中學習並得到重要見解，接著展開有目標的迭代過程。正如麥可．喬丹曾說過：「要學會成功，得先學會失敗。」⑧

我們欽佩的許多人走的也是這條路——學到慘痛教訓，用它們指引自己向前行。在實驗室裡，這正是激勵我們找出法子繞過障礙或挫折的動力。我們會從創意模式迅速移動到執行，萬一事情進行得不順利，就會切回永遠都有趣的創意模式。這麼做可以補充能量，讓我們再次迎戰問題，而且這一次通常會比剛開始時更有幹勁，成功的機率也更大。

那些眾人公認的贏家，往往對「失敗」這件事提供了最有說服力的觀點。比如NBA球星「字母哥」揚尼斯．亞德托昆波，在自己所屬的密爾瓦基公鹿隊於二〇二三年NBA季後賽輸給邁阿密熱火隊後，他就提出這樣的見解。他在賽後記者會說：「這不是失敗，成功是有步驟的。麥可・喬丹縱橫籃壇十五年，贏得六屆總冠軍，難道其他九年是失敗嗎？你是想告訴我這個？你也明白不是這樣，那幹麼問我這個問題？這個問題本身就錯了。運動比賽中沒有失敗。日子有好有壞，有時你可以成功，有時就是沒有。」⑨

## 無處可躲

我最難忘的失敗（因爲情緒痛楚讓我銘記在心）發生在我的第一場TED演講上。我忘詞了。⑩

這是我先前提過的那場引人注目的演講——接到主辦單位邀請時，我還緊張到一度拒絕。我已經很久沒背過大量的資料了——上一次是小學發表簡短演說。更糟的是，當年我之所以轉系離開麥基爾大學生物系，就是因爲不想背誦。我不知道能不能記住講稿，但還是答應了。

我知道必須找人幫忙準備這場演講。我找到了幫手，但是背稿無法假手他人，而我的大腦讓這件事成了一場惡夢。我拚命努力嘗試，最後發現如果我一而再、再而三地練習，可以記住二十秒的講稿片段，接著再把它們串起來。但問題是，我很難判斷哪些二十秒的段落該接在一起。即便按正確順序背誦，它們在我的大腦裡一點都不連貫，而且很容易搞混。後來我還必須練習每段之間的銜接，確保自己能順利接上。十五分鐘的講稿全部背完之後，我還得練習演講風格。我在一個又一個群體面前練習，甚至租下麻省理工學院的一間禮堂，感受正式演講時的氛圍。這些群體的回饋意見非常有用，只是出現任何變動都會打亂我的背誦，於是我必須從頭再來一次。

準備登台演講前，我緊張不已。技術人員事先告訴我們，投影片只能切換到下一張，不能回到上一張。如果要回上一張，我們得對著幕後的工作人員大喊。但這不是我平常練習的方式。他們想鼓勵我們這些準備登台的人，說：「如果忘詞了，只管面帶微笑，設法重新整理思緒，再繼續。」

演講前一晚，我幾乎沒睡。臨上台前，我吃光一整包潤喉糖，想靠糖分提振精神。終於，我站上華盛頓特區約翰甘迺迪表演藝術中心的舞台，五部高解析度攝影機對準我，將我的演講直播到世界各地——令人膽戰心驚！我服務的醫院院長坐在觀眾席上，稍後也要發表演說。

開場時一切都很順利。事實上，我把講稿背得滾瓜爛熟，因此在侃侃而談的同時，我開始思考其他事情——我的腦子天生就這麼運作。突然間，我意識到自己漏了一句。**噢，糟糕！**接著，我過於專注在自己的失誤上，竟然徹底忘了講到哪兒了——明明我對講稿已經熟到幾乎是脫口而出。然後我停了下來。**糟了糟了糟了——他們告訴我要露出笑容—就這麼辦！**於是我面帶微笑，但心裡想著**哦，該死**，我笑了很久，感覺像是永遠。在我人生壓力最大的這一刻，每個人都在看我，而我滿腦子只想著**我在大庭廣眾之下徹底慘敗。我能做什麼？我該怎麼辦？把投影片切到下一張**。我確實這麼做了——下一張投影片是空白。接著我想起自己把這張空白投影片放在這裡當成提示，於是我向前邁進。

我恢復了正常。等我講完準備離開時，興高采烈的策展人向我保證這場演講很成功，製作團隊在後製時可以輕易將中斷剪掉。後來有不少人過來告訴我，他們有留意到我中途停頓了一下，「但你的回穩眞的很厲害！」

從這時起，我知道再發生這種狀況，自己依然可以重新振作。光是這一點，就降低了我願意再去嘗試的活化能。更棒的是，我從中學到如何改善流程，可以更有效地為這類場合將自己和素材準備好——包括應對突發狀況。

克里斯·哈德菲爾時常被人問到，在他擔任戰鬥機飛行員、太空站指揮官和講者的漫長職涯中，曾遭遇哪些挫折和突發事件。他說：「沒錯，這種事常常發生。但在陷入後果非常嚴重的境地、甚至可能引發無法挽回的連鎖效應之前，你已經備妥了足夠的技能組合，讓事態就算不如自己所願，也不至於一敗塗地。你很難把每件事做到完美，但預料失敗，其實是成功和出色表現很重要的一部分。其實你該**熱切地**尋找失敗，因為你會希望趁後果還不嚴重的時候，它能盡早發生。」

哥倫比亞大學生物系教授史都華·費爾斯坦（Stuart Firestein）在《失敗：科學的成功之道》一書中描述，失敗是「一種挑戰，幾乎像是一種競技運動，能讓你腎上腺素飆升。」他建議我們與失敗一決高下，善用自己「戰或逃反應」中的「戰」，想像自己像拳擊手洛基一樣。費爾斯坦說：「找出某個實驗失敗的原因，成了一種使命。這是你與失敗的角力。你能看出，重要的發現更有機會在這種狀態下出現，而不是當你只是將『成功』實驗的結果製成表格的時候嗎？沒錯，失敗確實偏愛有準備的人，它也會讓這樣的人做好準備。」[11]

遠大的期望可以鼓舞人心、給人動力，但是僵化的「非成即敗」心態容易導致人難以振作，錯過從失敗中學習，並在下一回合改進的機會。把失敗看成過程的一部分較有助益。

生技公司 Tissium 設計用於組織重建的可生物分解材料。該公司的共同創辦人與創新長瑪麗亞·佩雷拉（Maria Pereira）當年在卡普實驗室從事的研究最終創造出一種黏著劑，可以密封大血管和跳動的心臟的內壁孔洞。屢屢失敗是難免的，要讓這項新科技成功，必須完美協調各種因素，而要保持眾人幹勁高昂，就必須管理每個人的期待與失望。她說：「這不僅是維持你自己的動力，也是幫助別人了解這是過程的一部分，讓他們保持參與。」

> 擁有目標並沒有錯。
> 造成不快樂的，
> 是執著於目標、期待成果和抗拒改變。
> ——詹姆斯·多堤[12]

## 你有很大的進步——請讚揚自己的努力

今日存活於世的每種生物或植物，都克服了各種挑戰，解決了難以克服的問題。你認爲恐龍是失敗者嗎？牠們可是稱霸了地球一億五千萬年！智人只不過存活了幾十萬年。如果恐龍「成功」存活，我們就沒機會進行這場對話了。我們顯然無法知道演化將爲人類帶來什麼？也許連大自然本身也不「知道」我們將面臨什麼——因爲演化是一個過程。但是人類獨特的適應性生存技能之一就是，我們能選擇以最明智的方式運用自己的聰明才智。我們可以採取行動，走出讓自己陷入泥淖且枯燥無味的思考困境，選擇眞正對自己有用的反應。以我爲例，面對失敗的其中一種反應是讓自己感到羞愧，但也可以只是思考下次若再遇見類似情況，我可以採取哪些不同做法，情況會有多大的改善——從負面思考轉換至正面思考。我正在努力做到這一點。

當習慣處於安穩可靠的環境時，基因自然會安排我們盡量避免失敗，確保能生存下去。同時，我們也被設定成要從失敗中學習，避免未來再次失敗。不過我們可以稍微調整，這項機制就能轉而成爲自己的優勢——也就是接納失敗的價値，從中汲取可能的洞見，並從所有經驗中獲取有用的部分。別讓恐懼妨礙你採取那些風險很小、但潛在利益很巨大的行動。

人生點燃工具⑨

## 有建設性的失敗

沒有人願意在苦苦掙扎時回顧自己的失望，但最終我們總能找到前進的方向。有時，它會通往一項計畫或情境的成功結果。有時，它會引發一些改變或轉換，最終帶來更美好的時刻。如果可以，不妨花點時間反思，也許寫下失敗的障礙或難忘的挫折等感覺，細細體會它們在最終的正向成果中發揮了什麼作用。下一次你需要回想自己從前克服過什麼困難，就可以參考這份清單。我自己的清單至少有二十幾項。每次補助金申請遭駁回（超過一百多次），起初我都會很失望，但如今回頭看它們的眼光已經截然不同了。

不妨嘗試下列方法重新詮釋與反思失敗，進而邁向成功：

- 將失敗視為解決問題的工具。每一項創新都是發現被忽略的新見解後，不斷迭代、調整思維或流程下的產物。在科學界，鎖定的目標並不是一開始就取得成功，而是發展出一套從試驗中學習的過程。在實驗室中，我們從未一開始就取得所需的一切資訊，而是透過失敗不斷發現新資訊、新對策和新見解。

- 力求更快回穩。重新集中注意力，運用「回到腦力激盪」模式，提出能帶來更高收穫的問題。
- 克制自己對漸進式改進的不耐煩。舉凡測試、找出系統中的弱點、和一群想法多元的小組成員討論、在必要時從頭來過，這些都需要時間。
- 請你所屬圈子裡的成功人士談談他們的失敗經歷，以及他們是如何克服這些挫折。
- 在家庭和工作中創造「趁早失敗」的文化——有個安全空間，讓人能放心失敗與從中學習。這能鼓勵創意、將學習極大化、終結完美主義導致的停滯，並促進合作與團隊精神。
- 建立一支顧問團隊，協助辨識盲點、推動你突破自認的極限，並在失敗後提供重新喚醒能量所需的**發亮**火花。
- 反思過去的某次失敗最終帶來的成長或進步，你是如何撐過來的呢？想想時間如何幫助你消化緊繃的情緒、尋求他人支持、從睡眠中獲益、有機會反思並調整自己的心態，進而想出新點子，也重新產生熱情。
- 當你處於能欣賞一路起伏、最終走向成功的心境時，請逐一列出過往的失敗。我的清單長得很！回顧過去可以幫助你正確看待自己的失敗，而你的故事也可以幫助他人這麼做。
- 勇於嘗試，也擁抱錯誤，認清失敗是自然過程的一部分。進化在宏觀層面上是一個連續不斷的過程，在我們的個人成長上也是如此。我們完全有能力運用自己非凡的才能，進行複雜的推理、自我反思和決策，讓自己持續進化，茁壯成長。

# 10

# 展現人性：保持謙虛

## 讓敬畏成爲你獲取靈感的入口，<br>並有能力實現更大的善行。

虛心向旁人學習。

——約翰．麥斯威爾，

領導力顧問、作家和牧師①

在許多文化中，有一項禮儀是：走進別人家之前，得脫下鞋子擺在門外。這是一種簡單的尊重表現，也代表你謙恭地踏入別人的空間。你象徵性地將自我留在門外。

如果你在人生旅程，曾經接受了「謙虛等同於溫順或軟弱」的想法，科學會告訴你其實不然。有愈來愈多研究指出，謙虛的人更善於化解壓力，身心更健康，而且比起那些不太謙虛的人，更能包容含糊與差異。②感謝和爲他人的最佳利益著想，會活化各種神經網絡——有些和認知學習有關，有些與情緒智商有關，但這些都能促進與他人連結的感受，說得更明白些，就是一種「人性的感覺」——是謙虛的外在呈現模樣。以這種方式立足於世，你的潛能就會擴展，進而解決問題，並帶來最大的善果，產生最大的影響。愛、善良和社交智慧（謙虛就深植其中）讓我們意識到，每個人、每種情境都能教會我們一些事。團隊（或房間、汽車、關係、社會）中的每個人若能感覺自己被聽見與理解、得到鼓勵與包容，就會建立起信任，這是人際關係的基本組成元素。互動對每個人都有好處。當你把自我留在門外，等同於騰出寶貴的空間給更重要的事物。更具體來說，謙虛有助於克服三種我們自己造成的常見障礙。它讓我們能：

- 克服只關心自己和自私自利的思維，避免忽視對他人很重要的事物。
- 投入更大、更複雜的現實世界，這包括我們與自然界的關係。
- 培養看待自己與世界的眼界，做爲我們追尋意義和採取行動的內在指引。

## 梅－布里特．穆瑟：一種雙贏局面

謙虛似乎與發現大腦中負責導航的細胞毫無關係，但是因這項發現贏得二〇一四年諾貝爾生醫獎的挪威心理學家梅－布里特．穆瑟強烈反駁這種看法。

穆瑟、她當時的丈夫愛德華（Edvard），以及倫敦大學學院的約翰．歐基夫（John O'Keefe）因爲發現構成大腦定位系統的細胞，共同獲頒二〇一四年諾貝爾生醫獎。一九七一年，歐基夫在位於大腦中心的海馬回附近發現這類神經細胞。穆瑟夫婦在二〇〇五年發現，當老鼠通過六角形網格空間的特定點時，形成一種座標系統的神經細胞就會被活化；他們將這些神經細胞命名爲「網格細胞」。接著，他們進一步證明這些不同的細胞類型如何彼此合作。

網格細胞提供導航不可或缺的一種內在座標系統，讓你知道自己目前所在位置，以及如何移動到另一處。從某種意義上來說，這也是一個貼切的比喻，可用於形容梅－布里特．穆瑟談到「謙虛」和「深層合作意識」的方式——它們猶如「精神上的座標」，推動她的科學研究、實驗室人員與環境。她強調，如果沒有這些內在價值觀做爲座標，帶領他們走上諾貝爾獎頒獎台的熱情與目標根本不會存在，也更不可能推動他們的研究取得如今的成果。

穆瑟是心理學家，也是神經科學家，她認爲文化是重要的促成因素——以她來說，指的是兩種文化的融合：傳統的挪威文化與研究實驗室社群的繽紛多元文化。她說，傳統的挪威文化非常強調努力工作、「不高人一等」、平等主義、尊重他人、分擔社會責任，也很重視謙虛與卓越。來自全球、多元化的實驗室社群以不同方式反映出許多相似的價值觀，並爲社交和工作動力帶來充滿活力的化學反應。

研究發現，「謙虛的領導風格」也能激發他人的這種特質，創造更有凝聚力的卓越團隊。穆瑟同意這是一帖很有效的處方。

卡夫利研究所雇用的員工來自三十多國，穆瑟說：「因爲我們希望成員各個不同，這樣才能就科學與其他事物進行非常有趣的討論。我們的思維都需要有人挑戰。這些挑戰讓我們有所成長，理解過去不懂的事。」

> 謙虛的人看見錯誤的價值，以及能從中學習的資訊。
> ——克里斯多福．賽克勒，歐洲高等商學院柏林校區新創策略教授③

與我共事過的一些最優秀執行長都知道自己的思考不免會有漏洞，因此時常找人針對自己正在做的事進行壓力測試和評論。他們清楚自己不懂什麼，也明白別人可能對某件事有不同解釋，這些說法可能管用，或是帶來有用的事物。這種外部觀點可能來自他們原本就很看重的人，也可能來自完全意想不到的人。

在實驗室裡，任何人都必須有一定程度的自負，才能應付我們習以爲常的挑戰。當你的工作重點是爲那些沒有人成功解決過的問題尋找對策時，這就表示要花很多時間去面對已知的極限，近距離體驗自己的無知。這令人自覺渺小，更糟的是，還沒有立刻獲得解脫的保證。水母的觸手眞能做爲捕捉血液中特定細胞的模型嗎？刺激少部分的免疫系統，就能提升抗癌能力嗎？這兩道問題的答案都是肯定的，我們已經做到了——但是我可以證明，那些讓我們深感渺小的時刻也非常有價值。我們正是在這些時候面對所知的極限，進而加倍努力，轉向別處尋找新線索。

如果你想充分了解並解決棘手的問題，就必須放下自以爲是，然後向人求助。找到比你更懂或思維方式不同的人，看看你們腦力激盪能想出什麼。我們往往需要用多種方法聽取同一件事好幾次，才能眞正內化它們，產生連結，並調整前進的方向。有時候，謙虛的課題來自聽見自己不想聽的話，這促使我們正視不願承認的沒把握、恐懼或偏誤。運用令人自覺渺小的經驗調整思維和做法，這就是**發亮**——而且這令人興奮。它也可能會使自尊受挫。對此我會說：**盡量抓住讓自尊受挫的機會！**

在我自己的旅程中，這種心態幫助我，還讓我釋然，也意識到：當持續被學習的機會環繞、被謙虛提醒、警覺自己還有很多不懂的事，我會更快樂、更興奮、更熱中於自己的研究。能做自己無法辦到的事，看見實驗室成員也在這樣的過程中突破自我，朝我們認爲最有價值的目標推進，這眞是令人振奮。這使我不沉溺於安逸，始終與實驗室成員保持開放的溝通。我不可能什麼都懂，但我會創造一個自由發揮的環境，層級極少（只在它有用時），專注於做重要的工作，我也會盡力招募對我不了解的事懂很多的人，大家合力以新的方式推進對話。同時，對患有ADHD的我來說，平凡一天的挑戰可以經常提醒我保持謙虛。我的腦子轉動著各式各樣的念頭，必須不斷做出很多選擇：什麼該說、什麼不該說、什麼該全心投入（或停止投入）、什麼該放下，而且永遠不知道什麼念頭會過去、哪些又會銘刻在我變幻莫測的大腦中。

謙虛並不是要你習慣順從他人，若是如此，它就不會是一種人生點燃工具。雖然你想尋求他人的專業意見，但同時也要準備好提出質疑。有時，與特定領域比我們更專業的人共事，很容易就會信任或接受他們的判斷。但是在一個每項假設都得檢驗、追根究柢的環境中，交流的雙方都能從相互尊重和對他人觀點抱持開放心態而獲益。美國經濟學家、耶魯教授羅伯．席勒這麼說：「就連最聰明的人也會被人類誤判傳染，這得歸咎於過度自信、不注重細節，以及過度信任他人的判斷。這些錯誤往往又源自於一項誤解：以為他人是在做出獨立判斷，卻沒意識到他們其實也是跟隨旁人的意見。」④

意識到自己有很多事不懂、對每件事的想法有多狹隘，很不舒服——即使我們一直覺得自己不是這樣的人。不過，坦然面對這種不適感很重要。我發現這很有啓發性，它創造的能量可用於促成創新的解決方案上。

> 我相信大自然有股微妙的吸引力，
> 如果我們不自覺地順服，
> 它就會引導我們走向正確方向。
> ——梭羅，〈散步〉⑤

至善科學中心創始主任、加州大學柏克萊分校心理學教授達契爾·克特納，著有多篇論述關於敬畏與謙虛經驗的力量能改變你我。克特納在他的最新著作《敬畏：帶來生命驚奇的情緒新科學》中描述這種現象的神經生理學，以及經驗（甚至只是記得它們）如何改變大腦。這門科學很前衛，對長期迴避這個主題的現代科學來說，是一大進展。但是克特納指出，研究結果也支持傳統的原住民教誨，也就是認爲「我們是生態系的一部分，我們的身體也屬於其中」。⑥他說，「分離的自我」這個概念，在某種意義上是成立的，我們的確與他人有別、與自然不同；但更大的眞相是，我們和他人、和自然界會同步。

## 戴夫·庫爾欣長老：科學與靈的相遇

原住民教誨強調，謙虛是一種核心能力，並認爲它跟我們和自然、和靈性的關係品質直接相關，這一點讓我深有共鳴。這些原則被認爲是神聖的法則，根植於這樣的理解：地球與靈是有生命的力量，我們可以把它們完全融入自己的生活，並擁抱它們，過上美好人生。

已故的戴夫．庫爾欣博士是加拿大曼尼托巴省阿尼希納貝族德高望重的長老，他在新冠疫情期間透過Ｚｏｏｍ通話告訴我：「這是一個非常簡單且基本的事實：大地之母是活生生的生命體。她活著，就像你我一樣。你我坐在這裡，就只是『生命網』的一部分。這個網絡中還有許多其他生物。人們談論互聯性，說我們全都相關且彼此相連，這絕對是眞的。無論生命網中哪個部分發生狀況，都會影響整個網絡。」

大自然的教訓總是呈現在我們眼前，但想眞正領會，就必須先認清，無論自己擁有什麼知識或專長，始終都缺少某些關鍵的元素與視角，而這些只能由具備不同經歷的他人提供。

認知有不同類型，智慧也有多種樣貌——包括科學的、直覺的、精神的，沒有哪一種文化或認知方式能讓其他的變得不重要。庫爾欣長老說，數十年來科學家與其他人在處理全球問題和提出對策時，都是以傳統實證科學爲基礎的共同預設進行討論。這麼做忽略或無視了有些人根據不同認知方式而握有的深厚知識，這些知識早在數千年前就支撐著人類的生存。

氣候變遷正好突顯討論的不足之處。「大家都在試圖找出應對氣候變遷的答案，因此就從自己熟悉的觀點和角度，提出他們身爲科學家或知識分子所知的事物。但是這種討論中哪有餘地讓原住民從自己熟悉的立場和自身智慧出發來發言？我們的智慧是源自與土地的關係，還有我們族人口中的簡單認知：『你怎麼對待土地，就是怎樣對待自己；你就是土地。』今日，我們比過去任何時候更清楚意識到，我們對這片土地做的一切，其實就是對自己做的事。」

> 懷著感恩的心，在平常事物中探求神聖，你必定會找著它。
> ——莎拉．布蘭納克，簡單富足出版社發行人⑦

庫爾欣長老已於二〇二一年十二月辭世，我們在前一年的夏天和他通話。他畢生致力在溫尼伯湖南端創立「海龜小屋原住民教育與健康國際中心」。

海龜小屋現在是一處蓬勃發展的文化基地，不僅服務全球原住民社群，也服務愈來愈多覺醒的非原住民，他們意識到數千年原住民經驗傳承下來的知識和智慧對所有人極為重要。類似的資源也存在全球各地的文化中，他們對環境因素（包括人為因素）的深刻經驗是支持生命的知識與專業知識的源泉。⑧我們擁有以謙虛取代自大所需的一切，接下來**發亮**思維將能找到新的前進之路。

有些人會說，是靈創造了這條路，讓我們能帶著一種超然的臨在感活在現實世界中。尤其在大自然中，只要願意去感受，也能讓靈成為一種讓人謙虛的影響力。但是庫爾欣說，這對今日的文化環境來說，可能是一大挑戰。「要向非常聰明的人傳達這一點並不容易。這種人通常習慣於科學論證，必定要讓他們看見證據，才會相信眞有靈的存在。但這是我們辦不到的事。當我們談到靈，那是完全不同的理解領域。但是在原住民的生活方式中，這就是我們世界的現實，靈性影響力是眞實存在的，我們許多人認為那是更高力量的影響力。」

他告訴我：「身為原住民，當歐洲人首次抵達這塊土地，他們不承認或不尊重我們在精神面是非常先進的，以及靈如何反映在我們照料土地，並將孩童當成社群中心的層面上。」儘管殖民者有計畫地消滅原住民族——奪走他們的土地和生命，帶走他們的孩子並禁止他們說母語、不得保有傳統習俗和儀式，藉此強迫他們同化——但今日，神聖法則和部落教育傳授的核心價值觀仍舊是傳承了數千年的那些智慧。⑨當科學開始慢慢追上存在已久的原住民智慧，謙虛這項核心教誨引起新的關注，而且有愈來愈多人對於善用這些知識和觀點感興趣，想在我們面對致災性環境變化時，爲自然界帶來一種均衡。

> 在原住民的認知中，每一種生物都扮演了特定角色。每個生命都具有特定天賦，以及自己的智慧、精神和故事。
>
> ——羅賓．沃爾．基默爾，《三千分之一的森林》⑩

## 琳恩．崔斯特：徹底改變前提和潛能

慈善世界的運作方式理應徹底改革——這個念頭促使當時致力於終結全球飢餓問題的社會運動者者琳恩．崔斯特決心揚棄原本的募款方式，也就是傳統的慈善模式。這種運作方式是由有錢的捐助者定義某個問題有待處理，接著擬定計畫去解決它，資金接受方通常沒有機會提出有意義的意見。她說，和世界各地的原住民一起共事，讓她接觸到這種權力結構下的問題。一個原本隱性的偏見因此變得再明顯不過：富人幫助窮人，而窮人只能表示感激，哪怕資金挹注或準備不足的志工會破壞這個社群。由於對問題的根源缺乏基本理解，這些計畫常常失敗。這樣的覺悟使她謙虛，在直覺導引下，她將自己的使命重新定義為「發自內心的募款」，並且為慈善工作開創一種新的典範：以解決問題的合作關係為基礎，讓每個人的資源都變成寶貴貢獻。透過嚴謹的解決問題過程產生策略行動，並據此投入金錢、時間、專業知識和對問題的深入了解，以求產生最大的影響效果。

崔斯特後來與人共同創立帕查瑪瑪聯盟（Pachamama Alliance），和亞馬遜雨林原住民合作，保護他們的土地與文化。她提到，互相平等的合夥關係非常重要且令人謙虛，對於想支持有效且可持續變革的外部人士來說，這一點特別要緊。崔斯特解釋，她早年在撒哈拉以南的非洲和亞洲的社區工作讓她學到這些教訓。當時對付飢餓和貧窮的手段，是讓當地婦女變成強勢的社區和商業領導者。

當帕查瑪瑪聯盟開始和亞馬遜雨林的原住民搭檔時，崔斯特原本以為會再次遇到類似的權力結構，卻發現狀況不太一樣。這些社群既不貧窮，也沒挨餓，當地婦女對於自己扮演變革者的力量和策略有不同看法，也和西方對賦權和發聲的想像不一樣。事實上，早期想改變這個社群特定習俗的直接行動，遭到當地婦女的抵制。因此，這個合作關係十多年來專注在解決這些社群面臨的其他挑戰上，比如威脅他們生存的砍伐森林。

最後，這些婦女根據自己需要的事尋求協助：取得助產培訓計畫的資源，藉此大幅提升女性教育水準，並推動更安全的懷孕與分娩實務。她們隨後與帕查瑪瑪的夥伴一起創立了相關計畫。這些婦女爲了將知識分享到她們所在區域的各部落，發起針對女孩和婦女的識字與領導力行動方案，並開始走訪各個社群，傳授助產技術。崔斯特說，分娩教育計畫的成果顯著，成功降低了產前與產後脆弱期女性和寶寶的死亡率。

崔斯特說，將先入爲主的想法和預設留在門外，在尊重的基礎上建立關係，用心傾聽、理解，這些從過去到現在都非常重要。「我確實了解到，無論**我**認爲她們可以或應該做什麼，這些都沒有幫助。眞正管用的是，**她們**看見對自己來說是機會的事。一旦她們看見這樣的機會，我們就可以建立平等的夥伴關係。這不是施捨『窮人』，這群婦女熟知這塊土地、了解在地語言、懂得需求爲何，明白自己能夠和不能滿足的事物。這些是她們擁有的資產，而我們則是引入財務資源，幫忙讓計畫順利推動。」

> 離問題最近的人，通常也最接近解決對策。知道何時該退一步，和懂得何時該挺身而出，同樣重要。
>
> ——雷金納・「雷吉」・舒福德，北卡羅萊納權益促進中心總幹事

## 敬畏、謙虛——然後「發亮」

在實驗室，我們幾乎每天都在某項計畫的某個階段，追蹤大自然解決某個問題的方法。從整個地質年代演變的模式、過程和原創設計來看，一張蜘蛛網讓人驚嘆的程度絕不亞於大峽谷。我們在這樣的搜尋中遇見的事物，令人心生敬畏，看見大自然本身的創造力和解決問題的精準度也令人不禁謙虛。有個例子讓我一想起它，大腦就起雞皮疙瘩：水母的觸手。

在治療轉移性癌症時，即使動手術切除患者的原發性腫瘤後，仍有個挑戰，就是要找出能殺死殘留癌症細胞的藥物。一種前景看好的做法是從病患身上採集血液樣本，透過儀器分離出來自遠端轉移部位的循環腫瘤細胞。問題是，這類儀器只能捕獲浮在表面的細胞，無法捕捉到流經（僅僅一根人類毛髮的距離外）的細胞。那些被捕獲的細胞（透過抗體）與表面緊密結合，幾乎不可能完好無損地取出它們，再確認哪種藥物可以殺死它們。

因此我們問：哪種自然界的生物可以捕獲遠處的獵物？水母！牠們長長的觸手可以伸展至遠處取得食物和獵物。於是我們開發出由DNA製成的人造觸手，能專門附著在癌細胞表面，包圍它們，讓它們固定在我們的儀器上。我們不僅能達到前述方法的高執行效率，還能以十倍流速進行操作，這代表我們可以在相同時間內讓十倍的血液量通過儀器。而且因為人工觸手是由DNA製成的，所以只要簡單地添加酶，就能釋放狀態良好、可存活的細胞，進而研究哪種匹配的藥物能殺死殘存的腫瘤細胞。

經過一年左右的研究與開發，當我們能在顯微鏡下目睹DNA觸手捕捉到癌症細胞的那一刻，那個畫面令人屏息。我仍然可以在腦海中看見這一幕，感受到席捲所有人的那股敬畏。大自然爲水母生存設計的對策，竟能透過人類想像力，逐步發展成幫助癌症病患存活的新工具，這一點讓我們既興奮又謙虛。

仿生研究通常會以這種方式，帶來令人謙虛的感受。不過這只是其中一半，另外還有人性因素。當你花時間聆聽人們的故事，或是見證他們的日常作爲，也就是克特納所稱的「道德美」的善行、勇氣、克服困境、拯救生命，就會發現人竟可以如此了不起。⑪根據他爲了寫書，而從全球各地蒐集與分析的二千六百則的口述資料中，他歸納與排名眾人提及最常見的敬畏來源。他說：「一次又一次，最常見的敬畏來源總是他人。你可能不會這麼認爲，尤其是看到推特或IG上的內容時。但其實內心深處，當想到人們可能會做的事，就有一種很強、很強的傾向，讓人激動哽咽、熱淚盈眶。」⑫

這樣的敬畏感，你不需要放眼遠方就能找到。在我們的實驗室，如同許多職場，久而久之，我們會在隨意聊天中聽見彼此的故事。有些是關於家人、個人的期盼與夢想、挑戰與挫折，以及讓他們度過難關的毅力。我們分享自己故事的另一種方式是刻意安排。每年有兩到三次，我們討論計畫進展的週三例會都會來個不按常規的變化。我們把那段時間留給實驗室成員，讓每個人就自己感興趣或熱中的主題發表三分鐘談話，內容不拘。近期的分享包括：有位同事對單口喜劇很好奇，還爲我們表演了一個段子。另一位同事談起自家經營多年的麵包老店在疫情期間不得不停業，但他們決定將重建它當成人生使命。有人談到水上芭蕾競技，還有因爲他們得長時間閉氣，可能會在一整套表演過程中在水下失去知覺。有人談起高中參與學校樂隊的經歷，還讓我們閉上眼睛欣賞他們演奏。最受歡迎的是漢堡熱愛者（與細胞生物學家）達斯汀·安姆多利亞（Dustin Ammendolia）以饒舌節奏的音樂形式評論波士頓最棒的漢堡。

聽這些故事讓我有種很棒的感覺，那是一種心流狀態。其中有一部分是彼此共享的經驗，就我而言，無論關注的是生物學或漢堡，熱情和好奇心都讓人充滿活力。當你善用這股能量，並在身旁的人身上察覺到它時，這種感覺格外迷人。

> 敬畏要我們走出去，拓展自己對事物的看法。
>
> ——達契爾·克特納，科學家、作家[13]

## 羅伯特·蘭格：將父親的傳承當成標竿

最頂尖的創新者與醫學轉譯者羅伯特·蘭格，是個不容忽視的人。他在漫長且傑出的職業生涯中取得多項突破，挑戰這個領域的傳統智慧，徹底革新藥物的遞送方式。根據他的實驗室數十年來的藥物輸送研究，這些發明估計爲全世界四分之一人口帶來正向的影響，其中包括全球三十九億接種莫德納疫苗的人。

蘭格以其卓越才華聞名，但是認識他的人都知道，他謙沖的天性也同樣傳奇。他能看出每個人的潛能並指出它。他讓人人感覺自己很重要，尊重他們的時間、努力和興趣。他會迅速表揚他人的功勞，也對他們個別的工作和貢獻表達感謝。在執行計畫時，他會用正向的方式指點他人，讓他們和目標保持一致。他說自己最大的驕傲不是他的成就，而是他的實驗室訓練出來的人才。

這一點在學術界格外突出，因爲競爭和自負會排擠體貼、好意等良善天使。

蘭格自認是幸福的人，這是有充分根據的。他說這得歸功於和樂的家庭、他在一生致力的工作中找到（和引入）的熱情與目標，以及他對人的基本善良的信念。

他說：「我很幸運。」他的母親當了一輩子家庭主婦，至今仍會打電話關心他在嚴寒天氣時有沒有穿暖。他的父親在六十一歲離世，留給當時二十八歲的蘭格兩則故事，一直深植他的心——在難熬時刻，成爲他的標竿，也啓發並形塑他的世界觀。

一則故事跟個人有關。「我父親在大蕭條時期長大，那是一段非常艱辛的時期，他看見許多成功人士自殺，因爲他們從家財萬貫的大富翁變成囊空如洗的窮光蛋。接著他參加二戰，看見許多朋友死在戰場上，很多人再也沒回家。這些都是艱難的經歷、，也是讓人學會謙虛的時光。」無論發生什麼事，他說：「我父親總是說，二戰結束後的每一天對他都是一份禮物。這對我很有啓發。」

另一則故事雖然屬於棒球史，但它的影響超越了棒球領域，並一直深植在蘭格心中，推動他在醫學創新上的努力。一九四一年，紐約洋基隊傳奇人物盧·賈里格（Lou Gehrig）死於漸凍症（又名盧·賈里格症），那年他才三十七歲。這項使人虛弱的疾病迫使他不得不停止打球，但是他在過世前兩年，於肯定他的貢獻與成就的表揚日上發表的一席告別演說，感人肺腑，那正是蘭格的父親多年來與他分享的重要啓發。「賈里格在這場出色的演說中感謝自己的母親與父親，感謝很多人。接著他說：『我知道很多人認爲我運氣不好，但其實我覺得自己是地表上最幸運的人，我已經擁有這麼多。』我心想，這種看待人生的方式多棒啊。這個人即將因可怕的疾病，在自己人生最輝煌的時刻離世，但他竟然向全世界宣告自己是地表上最幸運的人。每當想起這則故事，想到所有在他之後罹患漸凍症的人、所有遭逢不幸的人，我都會想：**這樣看待人生，眞是太棒了。**」

> 謙虛的人不只關心過去，也在乎未來，
> 因為他們知道如何展望未來，向外拓展自己的可能性，
> 同時心懷感恩地銘記過去……
> 相反的，驕傲的人只是重演過去，變得僵化，
> 將自己封閉在這種重複中，
> 對自己所知深信不疑，但害怕任何新事物，
> 因為他們無法掌控。
>
> ——前教宗方濟各⑭

# 把謙虛帶回家

爲人父，讓我學會謙虛這個課題。孩子並非自願成爲我們的老師，但如果夠幸運，他們會找到法子超越我們最糟的本能，最終帶來啓發。在解決問題的過程中（這有時是條迂迴的路），我自以爲具備的「專業知識」（因爲我也曾經是個孩子）一直是個障礙。最理想的情況是：你記得自己當孩子時的感受，能有同理心。最壞的狀況，或者說是有問題的狀況是：你拋開同理心、甚至不再感興趣，只顧指揮，認定自己在孩子這個年紀採取的做法，適用於他們——不僅僅是**可以**，而是**必定**管用。假如行不通，失敗的責任在孩子，而不是你，因爲你的經驗證據指出它應該有效。

定義問題和解決問題是我的謀生之道，自然會以爲我可以將這些技巧無縫轉移到家中。問題是，在實驗室和其他工作關係中，解決問題的關鍵環節是迭代過程——我們會來來回回地一同定義問題，並針對解決方案和前進方向腦力激盪。這當中包含大量的傾聽與學習。然而，在家中，我們對「重要事物」的定義，往往隨著時間一久就迷失方向。身爲父母，我們只考慮今日、當下什麼對自己很重要，重點擺在**自己**，卻忘了查看兒女對重要事物的定義。無論在家或工作上，我經歷過的最大脫節來自，沒有停下來考慮別人對重要事物的定義。有時候，支持才是最重要的，也是孩子眞正需要的。

因此，當喬許的七年級導師把我拉到一旁，建議我重新考慮我那套爲了發揮孩子潛能的家長版「追求卓越運動」，我很驚訝地問：爲什麼呢？導師告訴我，這麼做會妨礙我兒子自行努力。

這番話讓我反思很久。我從自己就學時充滿挑戰的歲月、得之不易的教訓，以及表現卓越的致勝策略中汲取經驗，認爲它們是驗證過的路。我急於想讓孩子免去自己兒時嘗過的痛苦，就將自己的方法強加在他們身上。但我沒有考慮到，自己理解的投入、自己定義的成功，並不適用於孩子，因爲他們不是我——他們是獨立的個體。我一接受這個明顯的（對每個人來說，除了我）事實，就扔掉自己那套劇本，開始學新的策略。

這需要練習。我得學會如何聆聽卻不作反應，全心投入對話卻不將發號施令包裝成鼓勵，並學著欣賞孩子本來的樣子，以及享受他們成長的變化。

我的孩子不斷爲我上這堂謙虛的課。我體認到最好的**發亮**思維，有時就是全心在當下，光是傾聽、撥空、陪伴、不分心且不帶評判地關注對方——特別是我們的孩子，就已足夠。有件事讓我很羨慕：我的兩個孩子都是認眞的努力派，但是他們比我更懂得拿捏工作、生活和玩耍之間的平衡。我正在努力筆記、學習中。

如果幾年前我能聽從自己的建議，把我的鞋子（還有自尊）留在門外，就能讓每個人（包括我自己）少了很多折騰。但我願意學，我會謙虛，也正努力學習。

人生點燃工具⑩

## 保持謙虛

擁抱你的人性（以及人性中的謙虛）做為人生點燃工具，其美妙之處在於：你可以從當下開始，不需要任何先決條件，而且活化能很低。試著在下一次對話、下一個念頭生起時，透過「刻意欣賞與好奇」的角度看待它，即使只是一會兒也好。如果有人想在對話中和你產生連結，卻一直踩到你的地雷，這也許是他們此刻沒有自信，或者受制於一套壞習慣養成的反應。設法化解你的本能反應，給對方台階下，或者換一種方式進行對話，建立更真誠的連結。

機會無所不在。很多時候，當我感受到一股抗拒的糾結，或者渴望爭對錯的衝動時，只要停下來思索原因，就會發現某種情境觸發了我的自我防衛或保護本能。我會自問原因，也多半會認清，這可能只是某種原始求生本能因為誤判而啓動了。將心態從「以我為中心」調整成「以你為中心」，能讓我更敏銳地看見他人帶來的價值。對於接觸敬畏、實踐謙虛的其他實際方法，不妨試試下列這幾種：

- 盡可能融入大自然。浩瀚宇宙中，我們渺小如微塵，卻同時是人類社會、甚至整個自然界中不可或缺的一環。靜靜坐下，感受這一點。明白自己在生態系中扮演的角色，是一種讓人從心靈深處感受到的謙虛體驗。

- 在眾人身上尋找道德美，像善行、勇氣、克服困境，記住這種想法與感受。
- 讚揚他人，不是因為他們獲得的成果，而是他們勇於嘗試、持續練習的毅力、選擇向前邁進、不畏逆境甘冒風險，以及努力付出。
- 當你得到特殊表揚，迅速分享這份功勞。
- 別人批評你，只是提醒你注意自己可能造成的影響，即使你的本意是好的。若有人說你判斷錯誤，試著承認，並反思如何將它轉化為自我進化的動力。
- 當你犯了錯，花時間把事情徹底想清楚，然後做出有意義的道歉。
- 如果你具備他人欠缺的技能，分享自己獲取這些技能的過程，主動幫助別人學習。
- 培養發現別人優點並欣賞它的習慣，尤其對方是孩子的時候。
- 試著將思考從「以我為中心」切換成「以你為中心」。注意聆聽對別人很重要的事。樂於發問。
- 當自己信任的人對你的言行「實話實說」，別充耳不聞，因為他們是想幫助你看清自己沒察覺到的事。
- 試著珍惜人生中讓人敬畏的時刻。你愈是在乎、想不斷嘗試，這些時刻愈能讓你感到敬畏，也愈有啓發性。

# 11

# 按下「暫停」鍵：保護存在與觀照的時光

## 優先安排從容玩耍、獨處和安靜的時間，幫自己充飽電。

我們都必須記得與自己本質連結、在過程中照顧好自己、
與人交流、停下腳步去感受驚奇，
並且連接到凡事都有可能的地方。
—— 雅莉安娜·哈芬登①

十年前，透過一位共同朋友介紹，我和維韋克・拉馬克里希南有過一面之緣。此後我們沒再說過話，直到疫情期間的一通Zoom的談話，讓我們三人又聚在一起。拉馬克里希南是康乃狄克大學創投發展部主任，在結束通話前，我邀請他來我的實驗室演講。但主題跟他在創投和醫療創新方面的工作無關，而是他奇特的冥想練習。②

通話時，我們三個都在反思自己的職業生涯，也談到新冠疫情如何影響所有人。拉馬克里希南提到他開始更投入研究冥想，以及冥想與預設模式網絡（DMN）的交集。他也定期與一位著名的神經科學家腦力激盪，並參加冥想靜修營，專注發展自己的冥想練習。我最近也開始自行實驗各種冥想技巧，所以我不只是湊熱鬧，而是眞想了解其中內涵。

我總是設法將新穎的見解與想法引進自己的實驗室。我問他是否願意加入我們的視訊通話，這會是一場充滿活力的匯聚。自從他發表第一次談話後，在眾人的強烈要求下，如今他每隔幾個月就會和我們聊一聊。他在部落格上分享對於無常本質的新見解、一項長期的哲學探究和攝影計畫，還有一項相關的興趣，也就是有策略地管理大腦分心的預設模式網絡，而不是無助地隨波逐流或被它分散注意力。無常計畫就是其中一種策略，它是一項簡單的實作活動，只需要你、你的相機（手機上的相機也可以）和你片刻的專注。

我們很快就會談到這一點，但無論你選擇用哪種方式（也許是改變步調或轉移注意力）轉換一天的能量，適當的休息都能讓大腦、內心、身體和精神有機會重新同步。學習如何慢下來是一種技能，但是給予大腦充分的時間消化從周遭世界（透過視覺、聽覺、味覺、嗅覺和觸覺）湧入和來自內在的資訊，也是必要的。大腦會不斷接收從身體系統、情緒和其他更隱晦的直覺來源發出的化學與電生理訊號。（我們認爲「直覺」是一種對事物的直觀感受，但其實它具有腸道和大腦互相溝通的生理基礎。）最後，大腦必須整合這些資訊，協調出即時反應。這一切——數十億個神經元整理、傳送訊號並協調反應，發生的速度快到我們來不及看見，但我們**能**攔截它。我們可以選擇暫停，讓大腦的節奏重新連結到大自然最基本的韻律，並體驗當中令人驚奇的所有面向。我們也可以將直覺提示當成停下來的邀請，並接受在暫停時出現的不同能量。

有時，我們只是需要一個暫停的空檔，可以釐清思緒和意圖，修正方向，或是從卡關中脫困。沒有停下來思考的反射性行爲，會讓人陷入困境，或是反應過度，在我們想與人產生連結時，反倒拉開了與人的距離。偏偏我們會把情緒反應擺在第一位，因爲它的活化能比較低。與其平息衝動，不如爆發出來。

## 借重冬季的智慧

大自然的韻律告訴我們，休息時間並非虛度光陰，而是充滿維持生命的活動，只是這些活動有別於一般認定的活動。在大自然中，冬季的休息時間看起來荒蕪寂寥，但這其實是很關鍵的一段時間，地球和大多數動植物會在這段期間調養自己，爲春夏的創造、能量密集活動預做準備。在這個數位速度、壓力與持續活動充斥的不自然時代，這個永恆的循環蘊含著進化爲了生存而孕育出的智慧。

所有生命都仰賴停頓帶來恢復活力的力量。它的生理提示本就存在我們的晝夜節律當中。③我們本能地知道從睡眠中得到暫停對生命很重要，科學也證實了這一點。身體通常會在夜間或疲倦時提示我們該睡覺了，理想上，我們會在可預期的時間這麼做。睡眠科學告訴我們，睡眠讓大腦有餘裕能將能量轉移到特別是全系統的維持和再生過程，包括神經元的定期維護、排出細胞廢物，以及讓這套系統爲重新開始做好準備。我們醒來時感覺神清氣爽是有理由的：因爲大腦忙著——主動睡覺！許多上班族和家有嬰幼兒的父母普遍長期睡眠不足或睡不好，這會導致不利的健康後果。如果我們都不睡覺，最後肯定會死。

我們不只需要夜間睡眠，白天也需要打個盹兒，讓大腦運作和心靈健康發揮到最大。然而，我們往往會推開這些小睡的警示或不理會，尤其在數位時代的喧囂中。這些訊號仍在傳來，但因爲我們與大自然愈來愈疏遠，對它們也變得麻木。④

我們需要在生活中有意識地暫停。就像地球上其他生物的冬季對策，我們需要花時間保留精力、休息、復原，準備好以煥然一新的活力繼續生活。更進一步來看，我們不需要等到「精力正在下滑，需要休息」的訊號出現，而是可以在筋疲力盡之前就主動休息，恢復元氣。大自然透過晝夜節律告訴我們要分清輕重緩急，打破那些由文化壓力強加在我們身上的人爲時間表，運用我們身爲人類的自主權去反擊。相較於人類其他基本需求，這麼做並不自私，也不任性。休息時間是大腦能量循環的一個重要階段。它是必要的，而不是一個可有可無的選項。

新加坡國立大學的金秀烈（Sooyeol Kim，音譯）、北卡羅萊納州立大學的趙成希（Seonghee Cho，音譯），以及伊利諾大學的朴英雅（YoungAh Park，音譯）發現，就算是微休息——在工作中非常短暫的放鬆，工作會更專心，並降低工作結束後的疲憊。他們指出，微休息是「一種在工作期間用來有效管理精力的策略」，他們鼓勵組織採用微休息「積極促進有益健康的文化和高度自主性」。[5]

樂器練習就提供了一個很有啓發性的比喻，正如莫莉．蓋布里安在觀察音樂家的最佳練習方式後說的，練習會刺激大腦建立新的或更強的突觸連結，但這並不是發生在練習當中。她說：「學習發生在練習之間的休息時間……大腦必須確實經歷實體變化才能學習，也就是記住資訊。你無法在大腦進行這類重組的同時使用它。」在忙碌生活中，開放、「空白」的空間，就像音符與音符之間的休止符，對於創造力和所有心理過程非常重要。正是在這些停頓當中，大腦得以鞏固並恢復能量儲備，爲執行新一輪的工作做好準備。

如果將停頓和音樂結合，那就更理想了。音樂對任何人都能產生顯著的效果。根據一項探討音樂對音樂家和非音樂家的影響有何不同的研究指出，音樂會影響我們心血管和呼吸系統，也會喚醒注意力或讓人專注，影響多寡取決於節奏，以及我們的呼吸與節拍的同步程度。這兩組人都能獲得聆聽音樂帶來的好處，有趣的是，音樂中的停頓反而能額外促進放鬆。看來，無論學習或放鬆，停頓對我們都具有重要作用。[6]

正念是一種暫停——
在刺激和反應之間的空檔，就是選擇所在的地方。
——塔拉．布萊克，美國心理學家⑦

## 一項令人興奮的無常實驗

拉馬克里希南說，大腦「喋喋不休、自我對話和漫無目標的念頭流動，讓大多數人難以長時間靜坐、和自己的念頭相處」。與其覺得受到這些事煩擾，我們可以和它們交朋友。刻意引導自己進入停頓狀態，有助於重新教育大腦並培養這項能力。拉馬克里希南說：「『觀察』這個行爲本身可以改變大腦處理資訊的方式，以及它如何評價人生的高峰與低谷。它改變你覺察的門檻——你不需要很強烈的興奮才能得到快樂。如果事情不如你意，大腦也不會武斷地認定它沒有價值。你可以訓練大腦留意日常生活中的細微變化，而這種察覺所帶來的微妙喜悅，來自於開始看到：變化本身其實可以如此美麗。」⑧

思緒漫遊畢竟還是按自己的方式在工作。把它想成隨機漫步，就像早期人類橫越稀樹草原採行的方式，對周遭環境保持警覺和覺察，對威脅或有趣的事物保持警戒。新興研究指出，這種漫無目標的思緒流具有促進個體在環境中生存與發展的「適應性價値」，因爲它能透過隨機連結帶來洞察力。如果你處在需要專心和持續關注的情況下，這種現象可能很令人困擾。但是當壓力解除，你的預設模式網絡就會變成一種資產，但是除非你給自己時間，並允許自己滿懷熱情地「去那裡」，才能進入這樣的狀態。從純實用的角度來看，預設模式網絡就像是一個隨時在播放你心裡眞實想法的「實況直播」。在低耗能模式下，我們往往把這股思緒流視爲雜訊，如同科學家過去認爲的那樣。如今我們知道它是一種可以隨意利用的創意流。

當我們的實驗室成員嘗試進行無常計畫活動時，有些人專注在拍攝某個東西的照片，並且在拍照當下，停下來把照片主體和自己的感受聯繫起來。無論你選擇用什麼方式觀察大自然的細微差別，無論是否使用相機，欣賞都是最重要的事。它會重組大腦的神經迴路來提高投入程度。

我決定連續幾天拍攝同一朵花的照片，了解自己通常會錯過的細微變化。我看見一棵枝葉茂密的樹，卻要等到半數葉片掉落後，才會注意到它正在落葉。透過每天拍攝這朵花的照片，我開始注意到許多有趣的變化，比如花朵顏色和朝向的改變。儘管這些是相當明顯的改變，但我天天看它竟然渾然不覺。我可能還是沒辦法一直察覺這些個別的變化，但我開始習慣這一切的動態活力，對此我感到一股敬畏。最近我發現自己會注意在風中搖動的樹梢，過去除非特別留意，否則我是看不見的。現在每天吃早餐時，我會試著看向窗外，留意大自然中有無任何動靜，想捕捉一點點驚奇做爲一天的開始。

我們已經習慣生活節奏的壓力，這讓大腦必須格外努力，才能放慢速度或暫停。我們需要學習這種技能，練習它，並堅持下去，尤其當人造環境（人造物品、商業媒體和訊息傳遞）

能施展如此強大的吸引力時。生活中有很多事是在教會自己：你有哪些能力？如何沿著你選擇的道路前進？定期停下來檢查自己的生活發生了哪些細微變化，並遵循大自然的提示，有意識地專注於自己的方向，這會有幫助。

> 活得美好的人生，往往不在於追求目標。
> 我最欣賞的朋友，正是那些能單純活在當下喜悅中的人。
> 我也得時常提醒自己：
> 眺望地平線、仰望天空、凝視愛犬的眼睛，
> 然後，就只是去感受。
> ——黛安娜．奈德⑨

## 過勞：成了新常態？

早在神經科學能解釋個中原因之前，民間智慧就已經警告：「只工作不玩耍，聰明的孩子也變傻」——過度工作讓人對什麼都提不起勁，也認爲一切都很無聊。如今我們知道原因，而這也是爲什麼許多高科技公司和其他重視創造力和創新思維的工作場所會看見乒乓球桌、撞球桌、手足球桌和小睡區。這也是四萬年前的早期人類將猛獁象牙雕刻成橫笛的理

由。玩耍能點亮大腦，具體來說是小腦這個部位。就連放空發呆也能觸發隨機的念頭和畫面，將預設模式網絡轉變成新點子與新見解的來源。孩童透過玩耍發展執行功能——監控行爲、注意力、計畫、決策、任務切換——成人也能這麼做。即使在繁重工作、複雜考量或強大壓力下，短暫休息能讓大腦平靜下來，或是變得有活力，使它能鞏固新資訊，稍微調整狀態後，以清醒的狀態再出發。

只工作不玩耍其實是迫使大腦進入低耗能模式，讓它過度負荷，並積極尋找最省力的認知路徑來節省能量。無聊、沮喪和焦慮、心神耗竭、睡眠不足，都是不足爲奇卻令人擔憂的後果。

賓州大學佩雷爾曼醫學院精神病學系睡眠與時間生物學組主任、教授大衛．丹哲思（David F. Dinges）感嘆，我們已經內化了「全天候工作」這種不健康期待。他指出：「眾人是如此看重時間，結果，將睡覺視爲一種惱人的干擾。認爲這是你沒有足夠的意志力更努力、更長時間工作時才會落入的一種浪費狀態。可是睡眠對清醒時的認知非常關鍵——這指的是思緒清晰、充滿活力且警覺，以及保持注意力的能力。」換句話說，睡眠是自我調節不可或缺的條件，而自我調節是讓我們能管理壓力、正常運作的關鍵。[10]

跨領域藝術家、教育工作者珍妮．奧德爾（Jenny Odell）也是《如何「無所事事」：一種對注意力經濟的抵抗》一書作者。她寫道，書中許多想法是她在史丹佛大學多年教授藝術工作坊、倡導休息對設計的重要性，以及安排主修課程的過程中形成的，「有些人就是無法理解它的重要性」。她安排了一趟簡單的徒步旅行做爲設計課的校外實地考察。他們會在途中的某個地點停下來「什麼都不做」十五分鐘。這令某些學生很困惑、很難忍受。「我在學生和我認識的許多人身上看見很多能量、很多緊張，還有很多焦慮。我看見他們陷入……生產力和進步的神話中，不僅無法休息，甚至連看清自己身在何方也做不到。」⑪

如果我們認清，這其實是自我調節——大腦和身體如何在生理上管控壓力——決定如何分配我們的精力和注意力給任何任務，就不需要如此辛苦地動用意志力來對抗自己。有助於恢復健康的休息是有效的自我調節所必需的。就在大腦渴望刺激以求運作順暢時，它也需要減輕過度刺激。但是我們從沒有節制地狂打電動和瘋狂追劇的行爲知道，有意識的心智並非總是知道它需要「介入干預」、改變狀態設定。自我覺察是自我調節很重要的一部分，因爲我們需要注意到自己需要休息的跡象，否則會忽略或錯過這些訊息，最終遭受原本可以避免的苦果。這跟你的生活品質有關，也跟你在清醒時做出的貢獻有關。

幸好，你一旦承認休息時間的價值，會更容易把它當成優先事項，就此打開各式各樣的選項。

> 我們嘴上說要「內心的平靜」，
> 但真正渴望的其實是「從思緒中解脫的平靜」。
> ——納瓦爾·拉維肯，矽谷傳奇天使投資人⑫

找出能讓你放慢步調或在所處空間靜下來的日常事物。

↓

留心聆聽身、心、靈和其他感官對這個改變的反應。

↓

給它一個機會——細細品味這個改變。

↓

多按下「暫停」鍵，與你的核心連結、滋養整個自我。

## 如果思緒想到處遊蕩，就幫它開門吧！

大腦思緒漫遊模式的弔詭之處在於，儘管它可能是令人分心的麻煩事，但遊蕩的思緒也可以是豐富的資源，只要你給自己時間，就能有意識地利用它。心理學家吉兒．蘇蒂（Jill Suttie）撰寫了大量有關正向心理學的文章。她說：「思緒漫遊算不算壞事取決於許多因素，比如它是刻意的或自發產生、你沉思的內容，以及你所處的心情。在某些情況下，遊蕩的思緒可以帶來創意、更好的心情、更高的生產力，以及更具體的目標。」⑬

我喜歡梭羅提出的「漫步」（sauntering）概念，他描述這是「本著不朽的冒險精神」踏上即使最短的步行。神經科學指出，仔細觀察大自然能爲大腦和身體帶來附帶的好處，它因此值得我們重新關注。

我認爲它是一種心靈融合，一種進入思緒漫遊狀態的方式。在這種狀態下，大自然不只是被觀察的對象，也引導著漫遊。這種由大自然領著我們漫步的融合精神狀態，對大腦有格外正向的影響，因爲大腦可塑性是圍繞著經驗形成的。

有個週末，我和女兒喬汀帶著愛犬去住家附近的樹林裡散步。儘管起初她百般不情願——她說很討厭走進這片樹林——但在散步過程中，我們遇到不少其他的狗，她顯然很喜歡這一點。這段經歷和她原本預期的完全不同。

我還試著留意這趟散步會不會影響自己接下來的時間，我很驚訝地發現它確實會。那天晚上當我上床睡覺時，雖然平常的擔憂和未解決的問題依然浮現腦海，但散步的一些片段也會跑出來。我個人的觀察是：我們在白天接觸的事，會在反思和思緒漫遊時刻銘印在腦中，進而讓休息時間的大腦成爲更豐富的資源。

我喜歡散步，對大自然打開所有感官。
我特別喜歡在沙灘上散步，看著沿路的石頭進行視覺冥想。
任何能讓心平靜下來的事物，都讓我更有活力。

我也喜歡小寐片刻，我最棒的一些點子來自淋浴時。你得給自己空間，不管是安靜的房間或散步，讓自己釋放緊張。

——史蒂芬·威爾克斯

## 睡眠中的腦祕密

睡眠長久以來被認定是一種獨特的休息狀態，是生理與心理健康所必需的。哈佛醫學院精神病學教授羅伯·史提高德（Robert Stickgold, M.D.）說，人在面對重要或難以定奪的決定時，之所以建議「睡一覺再決定」，是有充分理由的。睡眠對大腦可塑性有貢獻，讓大腦能鞏固記憶並形成新的神經元連結。史提高德和同事馬修·沃克（Matthew Walker）在他們發表於《心理學年度評論》上的論文〈睡眠、記憶與大腦可塑性〉中指出：「現在已經明確知道，睡眠在學習與記憶處裡中扮演著重要的調節角色。」⑭精神科醫師吉恩·柯翰也是創造力和老化方面的專家，他曾描述一道讓他很傷腦筋的方程式，答案竟然在夜間睡夢中降臨，在字母湯裡拼出答案。⑮

然而，也許最迷人的是，當透過**發亮**的視角來看，新興研究正在挑戰傳統對睡眠中的大腦運作「全有或全無現象」的觀點。根據近期發表在《自然通訊》期刊上的一項研究，研究人員發現局部「慢波」，這是一種大腦活動模式，是逐漸過渡到睡眠的特徵，但也被認爲與作夢和夢遊有關，而且對記憶鞏固很重要。⑯

這代表大腦的不同部位可能處於不同的睡眠階段，也就是所謂的「局部睡眠」。世界各大宗教都指出，夢境是自我轉化、與靈界溝通的重要精神活動。⑰大腦慢波活動的某些特徵，也有助於我們理解清醒狀態下出現一時注意力失焦時（比如做起白日夢、神遊太虛或腦子突然一片空白），腦中究竟發生了什麼事。研究指出，這種慢波局部睡眠現象也可能在反應遲鈍或衝動中發揮某種作用，而且不只累過頭的人，就連充分休息的人偶爾也會出現大腦當機。

這一切都突顯出大腦在同一時刻以多種方式運作的潛力——無論目前的腦波是什麼狀態，一種局部的**發亮**效應會與局部皮質迴路交會作用。特別讓人興奮的是，在暫停一下時，依據你採取的方式不同，在大腦這個多變、充滿創造力的場域中，竟然可以展現出如此截然不同的效果。

你可以拿自己的睡眠做實驗，找出「特殊的休息時間」和「清醒後的感覺與表現」兩者間的關聯。舉例來說，留意你睡前多久吃東西（也就是直到下一餐之前禁食的時間長度）、看電子螢幕、是否服用褪黑激素，或者嘗試各種睡前放鬆儀式來降低自己就寢前的心率，並觀察第二天的感覺。不妨使用穿戴式裝置監測你的靜止心率、呼吸頻率、深度睡眠或快速眼動睡眠時間、心率變異度（HRV）。

每個人都該享有一天的喘息，
不必面對問題，也不用尋找任何對策。
每個人都需要從那些揮之不去的憂慮中抽離。
——瑪雅．安傑羅，美國詩人⑱

## 一項冥想實驗

我以前從來沒有認真看待過冥想，直到研究所畢業後，順利留在波士頓和蘭格實驗室。我非常興奮，想要盡可能發揮自己的潛力，做更多事，追隨我對他人方法的興趣和自己的好奇心——而且做得更有效率。後來我發現（而且持續學到這個教訓），當過度投入又分身乏術時，會感覺自己快被壓垮。我本來都是選擇忽略它，並硬撐下去，但久而久之，我意識到自己的心理健康開始出問題。

在尋找新方法的過程中，我安裝了冥想應用程式，也聆聽冥想方面的podcast，重複聽幾次後，終於降低我對嘗試冥想的活化能，讓我願意親身嘗試它，再加上新冠疫情期間的「迫降式停擺」，也讓我覺得，它對我可能有效。我想起高中時的一次催眠經驗：那是領袖營裡一項活動，我自願接受催眠。到現在我都還記得當時的大腦感受。催眠狀態下，我的意識運作慢了下來，平常的壓抑和過濾機制彷彿消失了。我想自己那時的潛意識應該變得更警覺、開放，也更能運作。在短短幾分鐘裡，我好像抽離了平常雜念紛飛的狀態。這段經歷一直留在我心中。多年後的現在，我對靈性、冥想和正念練習抱持開放態度。後來發現，原來潔西卡多年來一直在閱讀靈性相關書籍。我聽她提過這件事，但從不覺得它跟自己有關。

聽到好萊塢知名喜劇演員傑瑞．史菲德（Jerry Seinfeld）談論超覺靜坐後，我決定嘗試這個方法。我在波士頓找到一名超覺靜坐老師，下載了應用程式，跟著練習，也看了相關影片。我開始每天練習超覺靜坐兩次，每次二十分鐘，學會不執著於那些分散注意力的念頭。光是能放下這些雜念，就是一種解放。現在每當感覺開始走神、分心或想轉換能量時，我就會運用超覺靜坐。我只是閉上雙眼，複誦自己的咒語十五到二十秒。這個方法的效果很強，分心的拉力會逐漸消散。它創造了我迫切需要的停頓，不會困在那些從大局來看無關緊要的念頭中。

別把正念冥想想得太複雜。用來中斷大腦原始本能反應的神經迴路、透過簡單的冥想練習取得控制的方法，其實你早就有了，而且近在咫尺，就像你的下一口呼吸一樣。只要安靜下來，集中注意力就好了。太糾結在技巧，反而會搞砸本該好好放鬆的冥想時光。

專攻慈悲研究的史丹佛大學神經外科醫師詹姆斯．多堤建議，只要安安靜靜地坐在房間裡。腰桿打直坐好，雙手輕鬆地放在膝蓋上。「只要呼吸，其他什麼都不用管，甚至不用想到冥想，你就處於冥想狀態了。透過鼻子吸氣、嘴巴徐徐呼氣這麼自然的一件事，就能讓你慢慢進入那種狀態。」（你現在就可以試試看。）

許多冥想方式和修行方法，比如步行冥想，甚至不要求坐姿。拉馬克里希南認爲他的「無常攝影」練習就是一種冥想。

無論你的姿勢是什麼，冥想經驗帶來轉變，讓你從交感神經系統（負責警覺、快速反應）切換到副交感神經系統，也就是所謂的「休息與消化模式」。好處也隨之而來：你的心律變異度提高、血壓下降、皮質醇濃度下降，免疫系統得到增強。發炎蛋白的繁殖明顯減少。你接觸到大腦的執行控制功能區域，因此能做出更深思熟慮、更明智的決定。

> 如果你拔掉插頭幾分鐘，
> 幾乎每個東西都會再次運作……包括你。
> ——安．拉莫特，美國最具影響力的寫作導師[19]

## 寂靜與刺激

有一天我和潔西卡上車後，順手打開了收音機，我總是不假思索地這麼做。潔西卡提到，這是很常見的無害習慣，不過她有點好奇是什麼促使我們這樣做。我關掉收音機，開始注意到自己做決定的過程——其實也談不上什麼「決定過程」。刺激有一種吸引力，讓人不去細想這麼做的目的，只是爲了刺激而刺激。當然，單純享受音樂，或是想聽廣播節目或有聲書，本身就是很好的理由。只是並非每個空白時段都需要被填滿。你可以有意識地選擇減少刺激，哪怕只是短暫的時間。有時候，受到過度刺激的自我最需要的，就是沉默。

那天坐在車裡，我很驚訝地發現，保持沉默竟可以讓人感覺這麼貼近自己、如此解放。耳邊沒有外界的想法左右我，沒有行銷訊息的轟炸，沒有背景聲音爲我的一天定下基調，甚至也沒有任何出於好意的干擾，我的注意力不可能被挾持用於其他目的——沒有吸引點擊的誘餌。基本上，我的所有感官都回到它們最原始的狀態，休息並爲當天的新體驗養精蓄銳。

沉默其實蘊含著非常豐富的意義。從某種意義上來說，它讓我們偷聽自己的心聲，接觸少被察覺的念頭，這些想法過去也許從未被聽見，直到有了寬廣的空間才得以浮現。

選擇沉默時，我們可以與自己的念頭連結。無論這些念頭感覺多隨意或虛幻，它們就像是意識與無意識資訊中的生物標記，是能讓我們知道心境狀態的資訊片段。生物標記是醫師爲了做出診斷而尋找的指標，可以揭露疾病或病情。我們可以學著用類似方式（靜下來傾聽自己的想法）找出**發亮**的生物標記。我們可以察覺到自己想要改變的模式，甚至發現不需要過度投入的議題。

靜靜坐在戶外，往往會覺得特別充實，因爲在這裡的寂靜通常會漸漸被自然的聲音填滿。如果側耳聆聽，這些聲音會以獨特的方式在我們心中產生共鳴。這其實不完全是沉默，而是遠離周遭習以爲常的人造環境聲響，獲得喘息的空間。

> 我說的聆聽，是指傾聽人聲以外，超越人類領域的聲響。
> 地球上沒有哪個角落是真正寂靜無聲，
> 因為除了人以外，總有生命在活動與發聲。
> 你一定會聽見什麼——你會開始聽見人聲以外的聲響。
> ——潘朵拉．湯瑪斯，樸門永續設計專家、社會轉型運動人士[20]

你可以透過簡單的方式，主動降低日常的人爲感官刺激的聲量。畢竟這是**發亮**的基本前提——你可以介入自己的思緒，並引導它。我們向來任由外在事物（比如社群媒體、一篇文章、一集播客、一部紀錄片，甚至是廣告）影響自己的感受與思考方式。我們的內在自我也值得擁有一些發聲時間。獨處可以滋養我們。選擇暫停一下，關閉數位裝置和其他干擾或分心源。

公共衛生署長維偉克．莫西在《當我們一起》一書中寫道：「現今這個時代，重新找回獨處的機會，需要刻意的努力。我們需要的是，一片留白的空間，讓自己得以有意識地暫停思緒的雜音，充分體驗感受和念頭。今日，這樣的自由得之不易，也正因爲如此，我們更需要刻意定期保留獨處的時間。」[21]

持續的覺察，能讓我們在一整天當中不斷修正自己的方向。
我們會慢慢熟悉自己卡關的地方，
久而久之，就能更自然地停下來。
這是一次小小的重開機——有時停一下，有時緩一緩。
——凱西·闕利，〈暫停的提示〉[22]

## 意外但有力的暫停

我一直很好奇地關注，暫停如何以許多其他方式展現：當我們遇見的人、經歷的經驗或學到的事物似乎會隨著時間隨機地在我們腦中慢慢淡去——一種不確定的「暫停」。接著，在機緣巧合之下，我們的道路又在新的背景、新的經驗下再度交會，彷彿我們又重新發現了一條麵包屑小徑，突然間這條向前延伸的小徑不再隨機，而是鋪滿新鮮活力、意圖和目標的道路。在人生中，有時某人曾說過一句話，要隨著時間流逝，這句話才會顯得特別重要。創立一家非營利組織的一位朋友最近告訴我，她多年前遇見的某個人那時說，一旦他們接近退休的年紀，就會對幫助開發中國家感興趣。十年過去了。最近她想起這段對話，並與對方聯絡。現在他們組成團隊，致力改善非洲某個偏鄉的醫療照護。

另一位朋友麥可·蓋勒（Michael Gale）努力對抗酒癮長達二十年。但四十歲那一年確診第一型糖尿病後，這才成爲他按下人生暫停鍵的轉捩點。大約在同一時期，他開始接受治療，人生第一次參加瑜伽日活動，也在新冠疫情期間住父母家時，找到祖父的日誌。這些經驗促使他開始寫日誌，爲未來的子孫留下紀錄，也更加了解自己。在這樣的試煉中，他找到擺脫社交飲酒壓力的理由，也得到按下暫停鍵、深入反思的契機。突如其來的健康危機，加上日漸增強的內在覺察，讓他意識到自己還有其他選擇，也激發他想積極採取行動，展開一段至今仍是現在進行式的轉變。他努力更了解自己，也刻意結交能支持他這趟冒險的朋友。

他說：「當我學會說『不』，並與自己的內在世界、家人和大自然建立更多連結時，就發展出這個全新的世界和心態了。我以前的生活，是對每場派對、每趟旅行、每場喝酒、每位新朋友的邀約，一律來者不拒。這樣的生活正逐漸遠去。如今我的思緒清明，終於能意識到自己在這個世界上的全部潛力。愛，對我也有了新的意義。而這一切，和我渴望與自己、身邊的人建立深層連結有關。」

蓋勒說他現在有三本日誌：一本是個人的每日筆記，一本是腦力激盪專用，還有一本是工作的待辦事項追蹤。這三本日誌合起來，就像爲他提供了一種3D視角，讓他看清自己注意力和意圖是否吻合，如果兩者有落差，是否代表了一個機會，讓他能更有意識地反思且讓新的見解引導他。在仔細閱讀祖父（一位醫師）書寫的日誌後，蓋勒找到一種意外的推力，更加肯定他正在轉變的人生重心。他的祖父從十九歲開始寫這本日誌，記錄了大學前兩年的生活。之後，日記停筆多年，直到他六十五歲，才又在同一本日誌裡重新提筆，持續往下寫到他過世爲止。蓋勒注意到，祖父的反思隨著年齡增長而轉變。大學時期的紀錄，是日常觀察與煩惱，但到了人生最後十年，內容就幾乎全是關於子女、孫輩的事情，偶爾提到他當天在沙灘上發現的東西，以及患者的病痛。對蓋勒來說，這本日誌傳達出的一個訊息讓他猛然醒悟：家庭的力量與愛，這也成爲他如今在自己的日誌中刻意著墨的內容。

他補充說：「寫日誌和自我反思讓我與家人更親密。我深刻體會到自己非常愛他們。再加上治療和每天早晨的呼吸與冥想練習，我更明白：我也可以愛自己，而且這種自我關愛無比重要。」

人生中有許多時候，我們的處境會突然發生改變——事故、疾病、受傷、摯親過世，這類的暫停不僅是非自願，也讓人難以接受，甚至破壞性極大。這時，要輕描淡寫地認爲「一切都是最好的安排」，背後可得有一整套複雜的信念系統撐著才行，但是暫停那無法迴避的衝擊是明確且直接的。這段空白，要由我們自己決定如何填滿。這一點不論是最私密的個人體驗，還是因爲疫情而成爲許多人轉捩點的那段停頓，都是如此。無論是我們主動選擇暫停，還是境遇迫使我們暫停，在這段空間打開的那一刻，就已經爲可能性做好了準備。這就是大腦所知的一切。無論暫停只是無法避免的時光流逝（對醫療診所的合夥人來說），還是一個深刻的轉捩點，我們都可以認清生命中的可能性模式，並留心（同時創造）機會，以新的意圖和目標重新投入生活。

## 做讓你開心的事

羅伯特·蘭格之所以能成爲全球頂尖的生物科學創新者，與他每天保留的一段時間密不可分：鍛鍊時間。他說，這是他能把工作做到最好的必要條件。他每天花好幾個小時騎飛輪、踩滑步機、走跑步機（低速、高坡度）。通常打電話給他時，都會聽見健身器材低聲運作的背景聲響。

因爲認識蘭格的人都知道這件事，我問他，運動在他的思考過程中扮演什麼角色。他聳了聳肩說：「我不知道答案是什麼。我想它只是讓我很開心。」

蘭格的創意思考會在他鍛鍊休息時加速啟動，這確實讓他很開心。舉個例子：多年前，他飛到佛羅里達爲美國心臟協會發表晚宴演講，在演說前有個九十分鐘的空檔，他就到那家大飯店的健身房踩健身腳踏車。爲了消遣，他隨手拿起一本《生活》雜誌讀了起來。「裡面有篇文章談到一個未來情境：如果車子發生事故，鈑金凹陷，透過加熱，它就會『自我癒合』。我心想，**哇，也許我可以發明一種材料、聚合物，能具備所謂的『形狀記憶』特性**。換句話說，它們可以癒合——改變形狀。接著我又想到，**如果可以做到這一點，就能讓縫合傷口的縫線自動打結，所有類似的東西也如此**。這一切都是在踩健身腳踏車的時候想到的，但我並不是刻意去想的。」

（附帶一提：後來他眞的發明出來了：可生物分解、有彈性、具備形狀記憶的聚合物，可望用於生物醫學領域。）

蘭格對於「休息時間」的概念包括了許多刺激，所以它可能跟大多數人想像的「休息」不太一樣。不過對他來說，「休息」代表：對所有會議（他通常會開上一整天的會議）和所有電腦上的工作按下「暫停」鍵。無論我們想不想做同樣的事，這個獎賞是值得追求的：做讓你開心的事！你那顆吃苦耐勞的大腦也會比較開心。

人生點燃工具⑪

## 培養與練習按下「暫停」鍵的能力

要讓休息真正恢復精力，那你就算短暫停下來，也應該完全不碰待辦清單。一定要抵擋「趁休息時間補做點事」的誘惑。也事先準備好一個心理提醒，在你的大腦開始急著跳到下一個等著完成的事情時，它可以幫助自己抽離：**它可以等**。**專心在當下**。停下來，讓自己感受到此刻的安住，並對內在和周遭環境給的訊息保持開放的態度。在不同情境下，試試以下建議：

- 重新思考自己對速度的執著。留意自己從什麼時候開始習慣急著把事情完成。別強行犧牲本來該用來休息或讓改變發生的時間。
- 帶著相機，來一段微休息，你可以走到戶外拍攝樹和花，或者為住家或辦公室植物拍照。按下快門之前，不妨暫停一下，讓自己與眼前的生命有更深刻的連結。
- 細細品味日常。留意日常片刻的感官體驗，並製造更多這樣用心體會的片刻。用散步取代上網，或者閉上雙眼聆聽音樂。用慢食取代速食，也細細體會備餐的過程。

- 規畫或即興安排自己的禁語體驗。目標是暫停各種感官刺激：試著在旅行或開車時不收聽新聞、實況轉播、podcast或音樂。
- 運用熟悉的休息提示，提醒大腦和身體轉換節奏。多方嘗試，找出什麼對你最有效。感官提示可以是開窗讓新鮮空氣或聲音流入，也可以是點燃香氛蠟燭。利用放鬆的心理意象或回憶、伸展或冥想，都能幫助你調整能量。
- 想想你特別偏好某種休息方式的深層原因，以及你是否可能刻意選擇不同的方法增強**發亮**狀態。例如：每次想滑社群媒體時，往往是因為我覺得無聊、不安，或者當下的環境讓我想來點變化。因應這些情況的比較好的選擇包括：做二十秒的冥想、閉眼傾聽一會兒、喝一杯水、伸展身體、在屋子裡走動，或者換個座位。
- 調整你對休息成效的期待，這樣才能徹底享受短暫休息帶來的片刻放鬆，也能從長時間休息中獲得不同體驗。
- 在住家和工作之外開發「第三場所」，在這裡你能享受與他人隨興自在地互動，進行與生產力無關的對話，或者只是很悠閒地消磨時間。比如公園、自然保護區、咖啡館、圖書館和書店、健身房、海灘、任何讓人感到自在的公共空間——或是自家後院。
- 嘗試在戶外寫日誌，可以是書寫、素描或塗鴉，讓大自然滲入你的思緒、身心運作和表達的方式。也可以在頁面上夾進一片落下的葉片或花瓣，做為點綴或附註。

- 呼吸。科技先驅琳達·史東指出，我們的高度警戒、隨時待命的狀態，會製造一種人為的持續危機感，導致體內皮質醇和正腎上腺素過度分泌。這些不良後果會更加惡化的原因，是她稱為「螢幕呼吸中止」（screen apnea）的現象。這個現象是指：由於期待或驚訝導致不良姿勢和呼吸方式，讓人在看螢幕時短暫屏住呼吸或呼吸太淺。你的呼吸能主宰注意力、認知、想像力和記憶力。請暫停片刻，多深呼吸幾次。

# 12

# 擁抱大自然：讓你的根煥發活力

擁抱你在自然生態系的位置，
連結生命中強大的資源，讓自己茁壯成長。

我們內心深處依然渴望重新連結大自然，
它塑造了我們的想像、語言、歌曲和舞蹈，
以及神性的感受。
——珍妮．班娜斯，生物學家①

小時候，我會在夜裡聽到狼群在曠野山林中嚎叫，有時聲音甚至就在我家前院。附近的溪流雖然清澈，但即使在夏天，也不是可以赤腳玩耍的地方。那片地盤屬於水蛭、小龍蝦，以及費力爬上我家後院產卵的擬鱷龜。從我有記憶以來，我爸就常召集我姊、我和我媽開車去兜風，沒有明確的目的地，就是到處看看。我在一個人口六萬五千人的小城市長大，我爸是牙醫，他對探索大自然和小鎮、在溪流湖泊周圍散步有著無比的好奇心。我們住的地方遠離市中心，因此兜風路線總是在農田周邊打轉，或是開進鄉間。我們會開入私人道路，只為了一探那條路的盡頭有什麼，也會停在農產品攤位，買些新鮮水果或莓果。我們還常造訪藝術和手工藝節，以及大大小小的跳蚤市場，這些地方販賣各式各樣的藝術品和手作玩意兒。後來這些家庭小旅行變成更長途的公路旅行，而我們最愛的目的地是林中的湖畔小木屋。

這些兜風都很簡單，沒有特別宏大的計畫，沒有累人的長途跋涉，更稱不上什麼探險。儘管它們平凡，卻無損那種隨興、無拘無束親近大自然對孩子的影響。多年後，當我穿越印度、義大利和英國的陌生鄉間、每次途經一片自然多過人造痕跡的土地時，那種感受總是深深觸動我。無論過去或現在，我始終很嚮往自然近在身邊的感受，有機會可以純粹觀察、自在停留，並對它展現的每一個景象心生驚奇與敬畏。

大自然向來是心靈的庇護所，詩人、作曲家、哲學家和宗教經典都明確指出這一點。近年來，科學研究進一步讓我們了解：當感受到敬畏、驚奇、靈性或超然體驗時，大腦功能與這些體驗帶來的益處之間有神經連結（或稱神經關聯性）。

潘朵拉．湯瑪斯（Pandora Thomas）是樸門運動人士，當我追問她說的「樹木對她說話」，具體來說是指什麼？因為也有其他人跟我分享過類似但形式不同的有趣體驗：有人聽到內在的聲音，有人感受到只有他們才聽得見的悠遠聲響，也有些人體會到與更高次元的指導者，或是一個令人安心的守護靈，存在著很深的情感連結。還有人形容，那是某種「靈魂能聽懂的頻率」。

無論能否聽見樹木唱歌、是否感覺自己正與大自然對話，光是你的存在，就已經深深融入這場交流中了。傾聽它，接納它。

在上一章，我提到為什麼暫停、靜默、刻意保持正念等練習對**發亮**如此重要。但是這裡有必要詳細說明其中一個面向：我們與大自然的互動方式，以及這類互動為什麼對我們的心理歷程和幸福感深具意義。

大自然不會像數位裝置和社群媒體那樣，帶給我們劇烈的多巴胺震盪，或是那種一點一滴、持續不斷的刺激和變化無常的獎勵。它不會用同樣方式滿足我們的欲望。但是，當你抬頭仰望繁星點點的夜空、凝視晨曦中靜立於池塘的大蒼鷺、觀看鳥巢與蜂窩的巧奪天工（甚至是建造它們的非凡生物），生起的那份敬畏之情，卻不太可能在網路上體會到。詩人、作家、環保人士蓋瑞．斯奈德在《禪定荒野》一書中寫道：「自然中看似混亂的事物，不過是更為複雜的一種秩序。」②大自然的複雜性也是我們自身的複雜性，是我們與生俱來的，儘管有時讓人難以理解，卻對身心極為重要。斯奈德說：「這是我們生命的一個面向，指導我們的呼吸和消化，因此當我們觀察和體會它，會發現它是深度智慧的來源。」

數十年來，有大量且愈來愈多的研究證實，大自然對我們有益。沉浸在大自然的時間讓人更健康、更快樂，身心更有彈性——甚至更聰明，因爲它對神經系統有益，能提升認知功能，不論老少都能受惠，對於兒童的健康成長與發展更是關鍵。「綠色時光」不僅能降低罹患某些慢性疾病的風險，對焦慮與憂鬱也經過實證是有治療的效果。它還能促進更健全的社交發展與情感成長，並培養歸屬感——這對心理健康至關重要，特別是那些受孤獨或疾病所苦的人。不僅如此，大自然的「藥房」——植物、動物、單細胞生物，以及具有藥用和治療功效的物質——曾無數次拯救人類。大自然清理和滋養地球的過程，讓人類這個物種得以存活下去。③

大自然邀請我們——更精確地說，大自然**讓我們有能力**改變心態、集中注意力、放慢速度，使那顆對刺激反應很敏感的大腦平靜下來，也讓不堪負荷的感官回到平靜狀態。**你在大自然中會感到無聊嗎**？光這一點，就值得深思。這顯示，你已經與自然世界漸行漸遠。覺察這件事很有用，可以反過來運用這份無聊找出**發亮**因素。來自大自然的刺激和人工環境中體驗到的刺激截然不同。在大自然中的一切體驗，包括那份無聊，都會促使（或輕推、提醒）我們轉換心態、集中注意力、與自然環境互動。給它一個機會。走出戶外，找一株自己以前從未認真細看的植物或花朵；聆聽鳥叫和蟲鳴、微風的呢喃、樹木與植物的窸窣聲響……這些往往是我們日常生活中微弱、被忽略的背景音。以這種方式全心活在當下，並投入其中，能讓心靜下來，減少一心想尋求更多感官刺激的急切衝動。

做一些實驗，體會大自然如何影響你的心情和活力。在各種戶外環境下，留意你的身心有何感受：無聊、沉著、寧靜、焦慮、陷入負面的鑽牛角尖等等。接著，換個方式投入，看看你的狀態會有何變化，例如：靜靜站著或坐著，全心沉浸在環境中、散步、悉心照料花園。無論變化多輕微，你的心境有什麼轉換？停下來，仔細觀照這種連結的感受——這就是「體現智慧」、全然投入的狀態。

> 遵循大自然的步調：她的祕訣就是耐心。
> ——愛默生，美國著名哲學家

## 總有新鮮事

回想你曾花多少時間摸索新手機、新裝置或新遊戲。起初感覺很棒：弄清楚新的或不熟悉的功能、系統中的漏洞與變通辦法——有時花上好幾個小時尋求技術支援。我就曾經這麼做過。追求新穎、更多、更好，似乎是天經地義的事。「享樂適應」又名「享樂跑步機」，這個概念的意思是：無論擁有多少，我們最終都會對現有的生活條件感到習以為常，進而想要更多；我們覺得自己唯有擁有更多才會快樂，否則會不滿足。

然而，「獲取新事物」（get new）和「做新鮮事」（do new），是有差別的，我正努力時常提醒這一點，自然界可以幫忙我們做到。身為消費者，我們沉浸在一個「獲取新事物」的環境中，並且不加質疑地接受它鼓勵、養成消費習慣——儘管我們知道，這些物品再有價值和用途，總有一天還是得捨棄。相較之下，走進大自然，獲得「做新鮮事」的體驗（即使你以前做過無數次），就能跳脫消費者角色，進入一個獎勵純粹連結的環境。我們知道新經驗能塑造大腦，成爲自己身分不可或缺的一部分。那麼，還有什麼比自然界更適合融入我們的生命呢？

停下來，暫時遠離螢幕和科技一段時間，以各種可能的方式接觸自然環境。當我們暫時放下人造物品，大自然就有法子抓住並擁抱我們。而且大自然**始終**都在——缺席的，是我們！我們也要回應這個擁抱。大自然中永遠有微妙、嶄新的細節。

我記得小學時玩過一項叫做「生存遊戲」（又名「掠食者/獵物」）的戶外挑戰，當時我扮演的是草食動物。這個遊戲搭配了一些充滿知識又趣味的輔助教材（正好是我的腦袋瓜喜歡的內容）在在令人著迷：在林間奔跑，從教室裡熟悉的社交生態系，切換成完全不同的團體互動與階層結構。這遊戲幫助我更理解生態系的重要性、多元性和平衡，以及互相依存的關係——以及身爲獵物時必須奔逃、只有片刻平靜與安全的感覺。每個參與者各有優勢和限制。對我來說，這眞的是一種思維轉變，也令我**極度**興奮。這項遊戲對大大小小生態系的描述至今還留在我的記憶中，特別是在**發亮**的背景下。生態系必須保持平衡，生命才能繼續。但什麼才能維繫生命呢？答案是能量，以及進出生態系的能量流。生態系中的每個生物根據自己如何取得與釋出能量，發揮一定的作用。今日，將能量——**發亮**能量——帶進我們生態系的需求非常關鍵。

這個多玩家、跨平台（樹林和教室）的遊戲非常有吸引力，以新穎迷人的方式傳遞知識，刺激大腦，開啓學習管道。但大自然無法總是以如此誘人的方式呈現自己。這裡頭有雨、有小蟲子，還有一切的重要細節。如果我們能花時間學習自然環境的「語言」，就可以接觸到遊戲永遠無法提供的事物，包含精神層面的體驗。

我常想，許多人都知道自己需要大自然，卻不願去親近它。我們拖延擱置，把它當成有空再做的事——但時間永遠不會自己空出來。我們不斷鞭策自己更努力、撐久一點，直到身體發出警訊——生病、筋疲力竭或過勞，才終於覺得「現在該去一下」。但這就像已經脫水了才喝水，或者（無限期地）等待「對的時機」才去健身房、向人求援、安排健康檢查等等。當過度聚焦在和大自然脫鉤、甚至斷絕的生活，無論這種生活表面看起來多美好，我們的認知歷程都過度投入其中，導致無法騰出心力來與大自然建立關係，也無法與身爲大自然一部分的自己連結。如果你正等待來自宇宙的訊號提醒自己重新連結，也許本書就是那個訊號。

思考這一章的訪問人選時，我想到幾位與自然有深厚連結，並以此維生的人，其中三位浮現在我腦海（後文就會介紹他們）。他們分別是農民、科學家和精神導師，每一位都在各自領域中守護地球，也是有遠見卓識的人。

仿生學和山丘一樣古老，如同前文分享過的實驗室和生活故事，它如今已經發展成一門精密的科學領域，孕育出許多創新，翻轉了醫療並拯救無數生命。但正如原住民文化的創世神話和傳統提醒我們，遠在科學正式建立這門學科之前，早已有人類將大自然視爲最重要智慧的源泉，也是最具啓發性的參考。無論日常的生活與工作離自然元素有多遠，我們與大自然的關係決定了自己的生活，而我們活出**發亮**生活的能力也會在這種連結中成長茁壯。

步行是偉大的探險、最原始的冥想方式，
是滋養生命力與靈魂的修行，根植於人類本性。
步行是精神與謙虛的完美平衡。
——蓋瑞．斯奈德，《禪定荒野》④

我在林間散步，還有實驗室成員親身走進大自然，都能激發出新鮮的想法，事實也證明，這對於推進我們的研究是絕對必要的。除了這類見證性的經驗（當中也可能包括你的難忘體驗）之外，研究顯示，置身大自然的時光不僅提供各種有益身心健康的好處，也能促進自我調節與精神層面的成長。每一種人生點燃工具的核心，多少都與大自然有關，正如人們常說的，我們無法與自然分割，**我們本身就是自然**。我們的思考歷程深植其中，無論身體、心理、社會、情緒和精神面都與它密不可分。忽略其中任何一個，都是在切斷能量來源，削弱自己的潛力。如果能全方位投入這些層面，就會**發亮**！

## 戴夫．庫爾欣長老：一種願景，一種追尋

儘管各種科學與哲學試圖解釋「那些塑造人類、相互作用的能量如何互動」，但我認爲，

最有說服力的模式來自原住民傳統的「靈境追尋」——一種進入荒野的成年儀式，也是沉浸在自然的體驗。在導師的指引下，這種獨自一人的探索可以是一種蛻變、甚至是超越性的突破體驗，帶來清晰、熱情和目標感。

已故的庫爾欣長老說：「站在這片土地上，必定會有一些感受。你肯定能聽見大自然的聲音，甚至聞到土地本身的氣味；有這麼多感受，是因爲我們人類被賦予的感官能力。如果能讓這些感官應和大自然，你就會成長，也會接近自己身而爲人的眞正使命。每個人都被賦予一個普遍與共同的目標，那就是成爲眞正的大地管理者，照料這片土地。」

海龜小屋的夢想和願景，正是多年前庫爾欣長老在一次又一次的靈境追尋中浮現的。不過在這之前，他得先治療內心的傷，祖母告訴他這很重要。他說，這就是自己旅程的起點——從沮喪和憤怒中啓程。

庫爾欣長老在加拿大長大，目睹自己部落的文化遭受強制同化，一如其他原住民族也曾經歷的那樣。許多部落的傳統儀式、語言和文化認同都被強行剝奪，或是在政府敵視原住民存在的學校課程與法律下日漸衰微。年輕時，他眼見加拿大各地原住民的處境，而倍感憤怒。「我想做點什麼，卻不知該做什麼。」於是他去尋求部落祖母們的建議。

在原住民社群中，長者是受尊敬的導師和精神領袖，祖母則是道德與人生指引的獨特來源。自古以來，祖母在原住民社會中的角色很受到各個部落的珍視。當他向族中的祖母們尋求建議時，她們說「靈境追尋」會成爲他人生道路的重心。但是第一步不是走進林間獨居；一位祖母給他的建議是：「我們要做的第一件事，是消除自己內心的憤怒，因爲怒氣不會爲你的生命帶來任何正向的結果。你只會傷害自己，也傷害別人。憤怒就像一個小黑點，它會鑽進你的心，很輕易就擴散開來。」

庫爾欣長老將她的智慧銘記在心。從二十歲出頭的他很快就被引導參與神聖的儀式。他開始感受到生活發生重大轉變。在以大自然爲基礎的儀式中，傳統擊鼓格外有影響力，他說：「我開始感受到一種讓自己覺得很美好的東西。我在參加的儀式中找到些許安慰，也漸漸被族人的鼓聲深深吸引。每次聽到鼓聲，我都會激動萬分，甚至多次落淚。當中有很多感受或體驗，我不大了解。因此，我常去請教族中長者，得到更多教導，這幫助我走上一條帶給自己喜悅、安慰的人生道路，但途中當然也有許多挑戰。」

此外，他深入學習原住民文化的七大神聖法則，始於母親和她立下的榜樣，隨後透過在儀式和修行中建立的新基礎，他進一步成長。他說：「直到進行了一連串的靈境追尋，試著找到內心的安定時，我才找到自己正在尋找的東西。我看見海龜小屋的願景，後來建造這個地方的美夢眞的成形……當時沒有錢，什麼也沒有，只有一個夢想。我想，這就是我的生命眞正癒合的起點。」

對我來說，靈境追尋的傳統，尤其是庫爾欣長老的靈境追尋，體現了**發亮**經驗是一種過程。在庫爾欣長老的例子當中，憤怒是最初促使他尋求祖母們建議的痛點，進而扳動開關，讓煩惱的覺察化爲行動。透過長者的指導，以及源自社群、全部深植於自然中的儀式和價值觀，他對海龜小屋的夢想浮現，而後得已實現：一個適合所有人的地方，來自世界各地、不同文化的人可以直接接觸原住民的知識和智慧、儀式、傳統和教育，是一條透過自然得到療癒的神聖途徑。也許最重要的是，這個傳統根植於我們與自然的關係，而不是像當代生活中常見的那樣，與自然脫節。

> 我們族人常說的簡單道理就是：
> 「你對土地做的事，就是對自己做的事；你就是土地」。
> 今日我們比以往任何時候更清楚看見，
> 我們對土地做的一切，確實就是對自己做的。
> ——戴夫．庫爾欣，阿尼希納貝族的長老

## 大衛．鈴木：尋找你在生命網中的位置

加拿大科學家大衛．鈴木（David Suzuki）是個坦率的環保人士，當我們在他八十五歲生日過後不久碰面時，他把話說得很直白。他分享自己與一家大型石油公司執行長會面的故事：對方希望和他聊聊一些有爭議性的開發問題。鈴木同意會面，但有個條件：他們先以人與人的身分交談——不帶任何其他立場，不提鈴木的、石油巨頭的，或其他人的訴求。要找出身而爲人的共同關注點，做爲進一步對話的基礎。畢竟，他說：「如果我們無法同意這個前提，討論輸油管、碳稅和碳排放又有什麼意義呢？」對方同意後，會面就此展開。據鈴木

說，他先開口，提到最基本的人類共通性：生理特性。他們能否就四項基本的生理事實達成共識呢？

第一，「如果你持續三分鐘吸不到空氣，就會死。如果你只能吸進受汙染的空氣，就會生病。因此，你是否同意我說乾淨的空氣是大自然的餽贈，我們收下這份禮物，就有責任保護它，因爲所有陸地上的動物都得使用這片空氣？」

第二，「人類體重超過七成是水。我們其實就是一團水，只是添加了足夠的增稠劑，所以水才不會滴落地板，但是會透過皮膚、嘴巴、鼻子和胯部流失水分。如果你四到六天沒喝水，就會死。如果你不得不喝受汙染的水，就會生病。因此，乾淨的水就像乾淨的空氣，是自然的禮物，我們有責任保護它。」

他繼續說：「食物有點不同。就算沒進食，我們也可以撐比較久，但是四到六週沒吃東西，就會死。我們的食物大多來自土壤，因此，乾淨的食物與土壤，就像乾淨的空氣、乾淨的水。」

然後他繼續往下談。他主張：「光合作用是一種重要、神聖的自然元素」。光合作用代表火，是植物吸收陽光（能量）並將它儲存爲化學能的過程。當吃下植物或動物時，這些化學能會轉移到我們身上。我們燃燒植物能量做爲自己的燃料，正如同我們從化石燃料、木頭、糞便或泥炭中取得並利用太陽儲存的能量。他說：「這個奇蹟在於，原住民稱爲『風、火、水、土』的四元素，是我們生命的最基本來源，這四大元素是透過生命網傳遞給我們。就我看來，這個星球的生命奇蹟是，我們存活所需的一切都是由這張生命網淨化、創造和放大的。這就是我們的生命和福祉的根本基礎。」

鈴木說，這位執行長是「一個好人」，但是一提到我們都是動物、擁有這些相同的基本需求時，他被激怒了——鈴木一本正經、又語帶幽默地說：「嘿，我是生物學家。如果你不是動物，那就必定是植物。」在我們談話時，那場對話早已過去許久，但是鈴木數十年來還是得繼續向企業執行長、政治掮客和廣大的群眾說明這些不變的基本事實。這也可以說明，爲什麼他對人類的傲慢如此不耐煩。

他說，自負只是加速人類滅亡。缺乏乾淨的空氣、潔淨的飲水、安全的食物，以及將陽光轉化成我們能攝取能量的植物，人類不過是塵土。這些生命的生物學事實是——我們生存的根基，是永遠不會改變的。

他說：「我們大肆吹噓人類有多聰明，讓自己創造的東西凌駕於自然之上。」他指的是我們犧牲所有生物全都賴以生存的重要環境系統，去製造產品和建構支持這些產品的系統。

研究人員持續找到證據顯示，地球上各種生命之間的複雜連結，也常發覺，我們向來毫不在意的生物，正因爲人類而受苦：舉凡蜘蛛、蠕蟲、蝸牛、龍蝦、章魚、昆蟲等等。⑤一旦知道牠們也會感受到痛苦，該如何把牠們納入我們的道德範圍內，彌補過去的忽略呢？

鈴木說：「我們這個時代的挑戰是，重新發現人類在歷史長河中早已知道的事：我們在這張關係網中的位置。接著再塑造各種制度，確保我們不會在一路前進時摧毀這張網。」

關注大自然，就能超越光透過閱讀或聆聽所知道的事，以及自對我們的心理健康和存活有多重要。我們可以讓個人經驗和覺察成爲採取行動的動力。儘管我們還處在艱難的學習曲線上——畢竟損害已經累積了數十年，正導致環境來到了臨界點，但我們可以做的是：不再以「我們人類」和「我們」這種高高在上的角度看待這世界。⑥

光是愛上這個世界，就會開始讓它變得更好。
人類會竭盡全力拯救自己心愛的事物。
愛上這個野生世界，就是踏出拯救它的第一步。
——瑪格麗特．倫克爾，《紐約時報》專欄作家⑦

## 潘朵拉．湯瑪斯：樸門做爲遺澤和藍圖

潘朵拉．湯瑪斯形容自己大部分的人生都是「變化多端的人」。她指的是她總是傾聽宇宙的提示，決定下一步該怎麼走。在這樣的指引下，她在人生的頭三十年裡不斷學習、教學，並投身社區營造。她設計課程，並在超過十二個國家任教，學員涵蓋各種背景，包括伊拉克和印尼青年、在加州聖昆汀監獄的服刑者，以及出獄返家的男女。她學過四種語言，曾是紀錄片主角，並獲得哥倫比亞大學人權研究所、紐約布朗克斯動物園和美國全國性環保組織「全民環保」（Green for All）的實習機會和獎學金。她在豐田汽車工作了六年，研擬豐田綠色計畫並擔任聯盟成員。最近她回到自己的起始點——加州柏克萊，遵循她一生敬仰的

祖先做法，也就是聆聽自己身爲非裔美國人與非洲原住民家族傳承的聲音。她說，這份遺澤包括與自然界的強烈聯繫，「我意識到自己尋求指引的對象不只是宇宙，還有萬事萬物——人類、非人類的動植物，以及神靈的世界。」

二十八歲那年，她突然頓悟，心中有了明確的答案。後來她在一封電子郵件中寫道：「我辭去工作，成爲自然觀察者。我把所有的時間都花在這上面，儘管收入微薄，但自然觀察者是我做過最棒的事。是樹木救了我，它們傾聽、愛護，並且持續支持我，還反映了我的美，卻別無他求，只希望我持續呼出二氧化碳，供它們做爲食物。」她在來信內容加了一個笑臉表情符號：「跟它們在一起，我可以呼吸！」⑧

她感受到召喚，投身於一個能弘揚祖先遺澤的角色，不僅僅是爲了自己，而是透過全球樸門運動，讓這份遺澤發揮更大的影響力。樸門是一種永續生活的方法，也是一種具修復力與再生性的農法，將人類、農業與社會視爲自然生態系的一部分。⑨大多數人生活在以人爲中心而設計的生態系，行動的主要目的是支持人類和其牲畜的需求，但是在樸門的概念中，人類只是生態系的一小部分。舉例來說，從屋簷收集雨水，是一種與大自然更融合共生的生活方式。所有動植物都被視爲這個群體中很重要的存在，彼此互惠互利。食物、能源和住所都是以永續的方式提供。

人類的生存向來需要順應大自然的系統與節奏，但是現代化使得大自然和原住民智慧被邊緣化，樸門這種有意識的選擇，在一九七〇年代重新受到關注。今日，它已成爲全球面對威脅人類的氣候變遷、環境惡化和社經不平等的一種回應。

地球是我們最古老的老師——它孕育我們——我們該如何在日常行動中實踐對它的敬意呢？
——潘朵拉·湯瑪斯⑩

在大學時，湯瑪斯原本打算成爲都市規畫師。如今，她本質上是「地球規畫師」。身爲教師和課程研發者、童書作家、設計師和社會運動者，她將生態原則引入社會設計中，推動「社會樸門」做爲實踐永續理念的另一種方法。她在二〇二〇年創立地球種子樸門中心（EARTH-seed Permaculture Center），這是一處占地約六公頃的勞動樸門農場兼教育和靜修中心，坐落在加州索諾馬谷酒鄉的中心地區。這是第一座非裔美國原住民的後裔全權擁有和經營的樸門農場，而且對湯瑪斯來說，它實現了她想將非裔和原住民的地球智慧傳統的遺澤，以眾人都能理解的方式傳承下去。她解釋說，她特別融入了瑪亞特（Ma'at）的祖輩原則，也就是古埃及對眞相、正義、和諧與平衡的概念。這對我們與大自然的關係格外重要：你不該對聖地不敬、傷害人或動物、貪取超過自己應得的食物、汙染水源或土地。

> 對於害怕、寂寞或不快樂的人來說，
> 最好的療癒就是走出戶外，
> 去一個能與天地、大自然和上天安靜獨處的地方……
> 我堅信大自然能為所有煩惱帶來安慰。
> ——安妮．法蘭克，《安妮日記》

湯瑪斯在樸門原則中聽見自己的成長經歷和家庭價值觀的回響：「所有人都擁有這份來自祖先的遺澤，但是對我來說，我的非裔原住民血統、人類與自然的祖靈經驗，引領我走上這條路。我的父母教我**傾聽**。儘管他們有種種缺點，無論出於什麼原因，他們教我要愛別人、地球，以及那個超越自我的精神力量。因此，我學會了傾聽，而非總是**滔滔不絕**。我覺得自己在生活中能傾聽與觀察後，有人把樸門介紹給我。有趣的是，樸門的首要原則之一就是『觀察與互動』。後來我習慣聆聽，而這包括有一定程度的相信，必定有高於我的力量在指引——只要我願意傾聽。」

## 仿生靈感與生物掠奪：你和大自然的關係型態是什麼？

從一般定義來看，人類在萬物的自然秩序中，並不算是很厲害的掠食者。位於食物鏈頂端、沒有天敵的頂級掠食者包括獅子、虎鯨，或者同屬優勢掠食者的猛禽和爬蟲動物。一個手無寸鐵的人在掠食者環伺的環境下，根本談不上威脅，恐怕更像是開胃菜。然而，換個角度從「對環境造成的影響」來看，人類這個物種的表現就完全不一樣了。靠著自視過高的特權意識、一切以盈利爲優先，以及爲所欲爲地使用工業工具，人類對所有生物都構成致命威脅。（事實證明，我們自己也受到威脅。當我們消滅了生活環境中的掠食者，留下的唯一掠食者就是其他人類，反而威脅自己的健康與安全。）如果我們能改變與人類、非人類世界的關係，少一點功利心——**這對我有什麼好處**？——同時體認到自己也是同一個自然生態系的一部分，就會成爲更能發揮作用、更成功、也更繁榮的人類。在這樣的意識上，我們是一體的，經常被引用的原住民智慧在此也適用：**我們對地球做的事，就是對自己做的事**。

正如日本農夫、哲學家福岡正信所說，我們就是「自然在運作的樣子」。我們**就是**自然。一旦愈明白，驅動和維持整個自然界的循環是地球動態平衡的本質，就愈能創造出追求健康、安全和能源效率的住宅與社區，採取永續的作爲來種植、飼養，並且根據對自然力量的深入了解、而非恐懼或貪婪，去應對新的挑戰。

> 在我們的文化中，從不會走向大地取走任何東西，
> 無論是食物、衣服或菸草，
> 除非先舉行一場感恩儀式，獻上祭品表達：
> 「謝謝您，大地之母。儘管我們這樣對待您，
> 您無條件的愛始終存在。」
> ——戴夫．庫爾欣，阿尼希納貝族的長老

大衛．鈴木記得自己展開遺傳學者職業生涯的那一年——一九六二年，瑞秋．卡森的著作《寂靜的春天》也在同年問世。這本書是警鐘，呼籲人們正視一項證據：濫用殺蟲劑，特別是DDT，會造成毀滅性後果。身爲剛入門的遺傳學者，鈴木專注於生命微觀粒子最微小的片段，他對此大感震驚。

「我意識到過度聚焦的時候，會失去原本讓研究內容變得有趣的背景脈絡。我們會無法理解這一切是如何運作的。接著我意識到，當保羅．穆勒發現DDT能殺死昆蟲，並因此在一九四八年獲得諾貝爾獎時，大家都覺得：『**哇，好厲害的病蟲害防治法！**』我很驚訝當時生態學家沒跳出來說：『等等，聽著，也許有一、兩種昆蟲對人類來說是害蟲，但是何必用殺光所有昆蟲的方式去對付其中一、兩種害蟲？昆蟲可是這個星球上最重要的一群動物。這才不是什麼了不起的創新。』遺傳學家還可以說：『瞧，你陷入永無止境的循環。一旦這麼做，就等於是促進那些對農藥有抗性的突變種存活下來，然後你必須不斷發明新的殺蟲

劑，永遠沒完沒了。』但是當時我們當然根本沒注意到這些，只是一心讚嘆DDT的威力多麼強大。」

他說：「我們一而再、再而三地追求看起來很棒的點子，卻沒看見它發揮作用的整體背景，最終就得付出極大的代價。」

我們需要克服對「驚豔效果」的迷戀，避免盲目讚嘆那些控制自然的創新，卻沒有通盤考量其後果，尤其是這些措施最終會破壞生態系穩定。在任何背景下，我們都可以問：針對這一點，我們可以從自然當中學到什麼？

仿生研究所（Biomimicry Institute）的共同創辦人珍妮・班娜斯（Janine Benyus）認爲：「我們的問題，其實到處都有答案，只是需要先改變自己看待世界的角度。」[11]她在《人類的出路：探尋生物模擬的奧妙》一書中寫道：「人類的世界運作得愈像自然世界，我們就愈有可能在這個家園繼續生存，但它並不僅僅屬於我們。」[12]

> 那些靜心觀賞地球之美的人會發現，
> 一輩子源源不絕的力量……
> 大自然周而復始的規律中蘊藏無限的療癒力——
> 夜晚過後必定是黎明，寒冬過去就迎來春天了。
> ——瑞秋・卡森，《驚奇之心：瑞秋卡森的自然體驗》[13]

庫爾欣長老說：「人類被賦予的一項恩賜，就是選擇的能力，動物沒有這樣的權利。每天早晨醒來，你都有選擇的機會，能選擇按照自己想要的方式生活。每個人都有這樣的選擇，但我想，在某個時候，我們必須停下來問：『我們現在的生活方式真的能持續嗎？』」

## 自然的祕密就藏在顯眼之處

在仿生學領域中，當我們向大自然尋求靈感——觀察歷經地質時間演化而來的想法、策略、機制和適應時，往往會發現，大自然早就給解答，或者用一種我們能借鑑的方式提供了解決方案。但我們通常無法單純模仿大自然解決問題的方法，而且遺憾的是，我們未必知道如何提問，而大自然的作品也沒有「總索引」查閱。我們愈是嘗試找出這些祕密，並學習調整運用，就愈能豐富這份知識索引，讓其他人可使用——這件事本身就很令人興奮。

舉例來說，我們實驗室和皮膚科專家合作，想開發一款外用乳膏，對抗一種常見的皮膚過敏——鎳過敏。鎳是日常用品中常見的金屬成分，很容易與皮膚接觸。如同某些防曬產品在皮膚上形成一層奈米顆粒層來阻絕陽光，我們的目標是開發出安全的奈米顆粒，可以塗抹在皮膚上，並與鎳結合，阻絕皮膚吸收它。最後我們確定碳酸鈣（存在貝殼和粉筆中的物質）可以配製成具有這種效果的皮膚乳膏。我們進行分子研究，檢驗結合過程，並找出最合適的奈米顆粒尺寸和配方，期望能達到最大的功效和安全性，然後迅速將這種隔離霜做成容易取得的護膚產品，供患者使用。後來我發現大自然早就解決了這道難題——就在浮游植物身上。浮游植物對海洋生態系極爲重要。有些浮游植物生活在含有天然重金屬的海洋層，研究人員發現這些浮游植物會運用碳酸鈣在其表層建立起防護板。無論這些防護板還還有什麼其他功用，都很可能就是用來防止浮游生物吸收重金屬。

雖然這類發現很少成爲新聞頭條，也時常埋沒在科學期刊中，但它們正不斷發生。而且大自然的才華能激發人持續探索的毅力。大約十年前，有位同事和他的團隊開發出一種方法，將針葉樹吸管般的木質部做成濾芯，用來淨化水質，可以濾除細菌，讓水能安全飲用。植物的木質部具有特殊細胞，能將水分和溶解的礦物質從樹根運送到其他部位。研究人員借鑑大自然的方法，開發出一種低技術門檻的濾芯，並且運用這種隨手可得、便宜、可生物分解的拋棄式素材製造了一套原型。這種濾芯能爲世界上某些地方帶來巨大的影響，因爲受汙染的飲水導致水媒傳染病猖獗，這個問題亟待解決。最近，這個團隊的原型濾芯在印度成功進行了測試，他們正在研究如何擴大規模，供更廣泛的社區採用。⑭

> 無論我多久沒幫花園澆水，或是冬天有多寒冷，
> 新芽仍舊努力冒出頭，葉子也依然會長回來。
> 儘管數千年來經歷種種災難，比如小行星撞擊，
> 但地球不斷孕育出美與奇蹟，而且會持續下去。
> ——山巴夫．桑卡，地球正義組織資深營運副總⑮

人類在與大自然那個非人類層次進行深刻對話時，往往心不在焉，因此即使我們指望從中找到解決對策，也會忽視擺在眼前的警告訊息。庫爾欣長老指出：「大自然會向你傳遞訊息，也許起初是輕微的暗示，如果你沒領會，它會再傳一次，逐漸加重力道或痛苦。痛苦是高明、大師級的老師。如果你覺得痛苦，就會竭盡全力擺脫。從靈性層面來看，痛苦是一個信使，提醒你：『或許，你該好好想一想。或許，你必須改變。』」

重點是，大自然不會等我們回應，如果我們忽略訊息，就會使自己處於危險的境地。當新冠肺炎「發聲」時，它可沒在客氣。在這場疫情的頭兩年，將近一千五百萬人喪生，這無疑是給人類的一記警鐘。⑯來自不同領域的科學家——流行病學者、病毒學者、公衛學者和其他科學家，早在新冠疫情爆發前幾年，就已經持續發出愈來愈急切的警告，提醒大規模流行病出現的風險正在升高。許多造成抗藥性超級細菌演化的「完美風暴」條件，尤其是工廠化的養殖環境，早就被列爲高風險條件，會助長像新冠這樣大流行病出現。科學沒有說謊，自然界展現的模式清楚地說明了一切。它們至今仍舊如此。抗藥性超級細菌引發的感染案例持續增加，專家正密切注意，並警告下一場大流行的條件已經再次成熟。

根據二〇二一年一項英國研究指出，大多數傳染病都是人畜共通，由動物傳染給人類。儘管科學尚未完全釐清，但人畜共通傳染似乎與人類密切接觸野生動物、工廠化養殖環境密切相關。這些傳播過程，又和用水不安全及生物多樣性減少的狀況密不可分。然而，公眾討論往往將矛頭指向病原體本身，可是集體的否認態度忽視了已有根據的資訊和預防未來疫情的建議措施。無論我們認爲自己離這些問題有多遠，它們都是所有人必須共同解決的事。

即使到了現在，新冠疫情最重要的教訓，我們多數人卻都忽視了：把病毒當成惡棍，其實是壞主意。湯瑪斯說：「當我們談論病毒，說的是『對抗』它們。對我來說，這感覺不是此刻該做的事。我們眞正該做的，是了解其中的模式──培養對模式的覺察。」

威斯康辛大學麥迪遜分校的流行病學家東尼．郭德堡（Tony Goldberg）說，其間的模式很清楚：「如果所有的病毒突然全都消失了，這個世界大概只有一天半是美好的，然後我們全都會死亡──這就是關鍵所在。病毒對世界的重要貢獻遠遠超過它們帶來的壞事。」有些病毒甚至能維持個別生物的健康，從眞菌、植物、昆蟲和人類，無一例外。

我常說，演化是最出色的問題解決者，因爲大自然擁有所有的智慧。人類往往是透過自己有限的理解去觀看，所以只能領會其中一小部分。透過顯微鏡觀察一滴溪水，或是透過望遠鏡觀看夜空中閃爍的一點，你會瞥見更大、更深的眞相：有太多我們看不見或不知道的事物，早已存在，並對小溪、宇宙與人類施展影響力。我們該如何在與自然界互動時，從觀察、研究、聆聽新見解中去承認這個眞相？

> 低伏於地、緊貼泥土、與大地為伍，讓我心滿意足。我的靈魂自在地在土壤和沙礫中扭動，無比快樂。
>
> ──林語堂，《生活的藝術》⑰

## 解決滑溜問題的黏性對策

幾年前，我收到來自波士頓兒童醫院心臟外科主任佩卓・德尼多（Pedro J. del Nido）的電子郵件，他正在治療許多心臟房室中膈有孔洞（中膈缺損）的嬰幼兒。但運用外科用縫線閉合這些孔洞，往往會撕裂脆弱的心臟組織。他解釋，心臟科的現有裝置在成人身上效果很好，但它們是永久性，不會移除的；光是縮小它們的尺寸無法解決這個問題，因爲當孩子的心臟愈長愈大，這個裝置也會不合用。

他問我們：「能不能發明某個東西解決這個問題呢？」我們構想出一種貼布，可以在跳動的心臟內封住缺損的孔洞。這個貼布會逐漸分解，讓病患自身的心臟組織逐漸生長並覆蓋那個孔洞，修補區域會隨著心臟的發育而自然擴展。

回到實驗室，我們開始腦力激盪各種可能性，但什麼方法都無法奏效。所以最後我們重新開始——帶著新鮮、好奇、興奮，因爲知道大自然充滿解決對策，和解決問題的**點子**。畢竟演化進行了數百萬年的研究與開發。考慮到這一點，我們問：有哪些生物生活在潮濕的動態環境中？這是模擬我們置入貼布的環境。

負責主導這項任務的是瑪麗亞・佩雷拉，當時還是研究生，她請實驗室的每個人把生活在潮濕環境下的黏答答生物的照片傳給她。我們找到蝸牛、蛞蝓和蠕蟲，牠們會分泌黏稠如蜂蜜般的液體，而且含有疏水性（排斥水分）的成分。我們著手運用從這些微小生物身上學到的知識，最終設計出一種黏著劑，能將心臟表面的血液推開，進而緊密接觸。最重要的是，要在潮濕的組織上實現牢靠的黏著性就必須仿效常春藤的生長之道。常春藤爬上建築物靠的是送出根毛深入隙縫，等根毛捲縮後就能緊密咬合牆壁。要是我們能開發出一種黏著劑，不僅像OK繃黏在心臟組織上，還能如常春藤上牆那樣滲入其中，創造出如同魔鬼氈那樣牢固的黏合呢？

我們在啓動這項專案好幾年後，開發出一種有彈性、輕薄透明的貼布，塗上黏著劑後貼在心臟上，透過光照使黏著劑產生密封效用。這款黏著劑在歐洲得到批准，可在血管重建手術中用於密封血管，另外還有多項研究正在進行，希望它的運用能拓展到歐洲以外的地區。

這項技術未來可望用於各種手術中，包括無縫線神經重建和疝氣修補術（移除固定釘），可減少併發症並加快康復速度。從蛞蝓、蝸牛到常春藤，大自然早就握有致勝策略。

大自然提供許多面向的協助，我們也從它得到源源不絕的大量好處。我們需要想一想庫爾欣長老說的獻上祭品，爲我們向大地之母索取一事表達感謝。科學家、作家、麥克阿瑟「天才獎」得主羅賓．沃爾．基默爾指出，這麼做的其中一個方法是，將我們的焦點從一味索取，轉移到比較溫和地取用和回饋。基默爾將她得自波塔瓦托米族的原住民智慧，與自身的科學訓練交織在一起，她認爲，「肆無忌憚的剝削世界觀」正是「對你我周圍的生命最大的威脅」。要修正我們與地球的關係，必須從改變這樣的世界觀開始。她說：「與其問『我們還能從地球取得什麼？』，眞正該問的是『地球對我們提出什麼要求？』」⑱

留意你在大自然中的感受。

↓

觀察不可思議的生命網。

↓

讓相互連結的支持力量扶持你。

↓

體驗復原、再生、無窮的生命奇蹟。

將習以爲常的事物和大自然創造的內在歷程連結起來，就能更深刻體會到大自然的奧妙。運動能促進健康？背後有自然撐腰。我們擁有豐富的情緒，也有對社交與情感的需求？背後也有自然的參與。在不需要思考怎麼呼吸或每天吃喝什麼的情況下，我們就能活下去？依然源於大自然。我們能感受到他人支持和感到平心靜氣？這背後也有大自然的運作。**我們就是大自然**。

自然世界就像一場爲心進行的排毒療程、一處能放慢步調的療癒所，讓我們重新回歸自己的原始狀態。即使我們沒有馬上感受到好處，但光是徜徉在大自然中就有恢復活力的效果。只是要先遠離充滿干擾的人爲體驗（由毒品、酒精、科技裝置、行銷與商品化主導），走入大自然，我們才能感受到這種效益。除了這個基本的生理事實之外，自然還帶來一個或許令人驚訝的啓示：自我慈悲。我們的確需要它，卻常常吝於給予自己。欣賞大自然中的事物，本質上也是在欣賞我們內在的某些特質。看見美麗的夕陽，我們體驗到的不只是外部事物（環境），還有內心感受（包括身體感官和更深層的情感）。當我們由衷讚嘆自然，就能試著在這些片刻中認可自己的美，欣賞其中的人性層面，然後對自己和別人慈悲。

只要願意，大自然也能幫助我們培養耐性和毅力。

查爾斯．亨利．特納觀察到螞蟻行爲中幾乎察覺不到的差異，讓人深受啓發。儘管我們常認定螞蟻就像機器人，但如果我們跟特納一樣願意花時間仔細觀察，培養對於細微差異的意識和好奇心，就會發現螞蟻的行爲其實展現出創造力——這是螞蟻版的神經多樣性！人類從未失去自己的神經多樣性，學習表達它永不嫌遲。想一想，對你來說，你在什麼樣的體驗中感到最自然？你是如何理解世界的？在你的腦部化學機制與神經系統所形成的獨特感受中，什麼與你產生共鳴？什麼讓你身心都覺得眞實又踏實？多多嘗試每天以這種方式互動，藉此擁抱大自然——你的神經多樣性，這本來就是大自然狂野又生機勃勃的拼圖的一部分。

有一天，我到樹林裡遛狗時，看見一對母子蹲下細看一塊石頭。那位媽媽掀起石塊，對孩子說：「不知道我們今天會在這下面發現什麼可怕的小蟲子！」這是多麼迷人的比喻：今天我們會翻開哪些石塊，激發自己對大自然與生俱來的好奇心呢？翻開石塊，看看下頭有什麼是突然扳動開關的瞬間——像是仰望繁星點點的夜空，驚喜不已。這是我們可以培養的習慣，可以開心練習的技能。

人生點燃工具⑫

## 擁抱大自然，成為提出創新解決對策的人

潘朵拉．湯瑪斯說：「我們要有決心，開始去了解那些賦予我們生命的系統，以及人類與這些系統之間的關係。」我們要成為採取實際行動的解決者，而不是倚賴別人來做這件事。在自然面前，我們必須成為重建這些關係的人。」下列這些簡單的入門方法由湯瑪斯和其他仿生學者提供，它們全都是低活化能的選項：

- **放慢腳步**。放慢你的一天節奏。放慢你的反應速度。放慢腳步，留意、觀察，完全專注於當下的感官體驗。
- **了解你所在的地方**。深入認識與理解自己居住的環境，能在各方面帶來穩定感。居住或工作與土地關係密切的人，向來都很清楚這一點。他們學會解讀天氣、土壤、植物的生命和動物的遷徙模式。住在都市和郊區的人也可以找到自己的實踐方式。了解你的用水來源和供水系統。種植花草，實際參與大自然養育萬物的過程。湯瑪斯說：「如果你是有房一族，可考慮轉用太陽能。別讓你的房子只有科技層面的智慧，卻對它整體如何運作一無所知。」
- **親眼看**。在了解與鄰里或整個社區息息相關的資訊時，請留意你有多依賴應

用應用程式、社群媒體、刊物和別人。請盡可能直接參與。

- **聚焦你的注意力**。焦點放在與自然有連結的親友身上，創造機會向他們學習，並一同體驗自然。就算只是觀察別人如何與自然產生連結、培養這種覺察，並表達對它的好奇，也是一種開始。
- **開發學習資源**。去看看自己或其他社區的資源回收廠、發電廠、淨水廠、實驗花園、永續計畫等導覽活動。
- **弄髒手**。如果可以，種植一座花園；如果不方便，在花盆裡種下一粒種子或一個球莖，然後照顧它。為植物換盆、耙草。嘗試製作堆肥。研究樸門農法和其他探索大自然結構與智慧的主題。湯瑪斯說：「生態意識、系統意識很重要，因為這也能幫助我們社區生存的關鍵。我們不能只靠專家幫助我們理解如何增強韌性，否則等到專家離開後，接下來該怎麼辦呢？」
- **改變問題**。與大自然從功利交易關係——你可以為我做什麼？——轉變成我們的生命、命運與大自然密不可分的關係：我可以做什麼回饋地球？我在生活方式做出什麼改變，可以節省、保護和培育自然資源？我們如何改變問題，找出能修補並強化人類與自然關係的對策？除了在林間散步，我們如何將這些原則納入現代生活的環境中？
- **一次專注一件事**。養成不分心、提高覺察力、充分投入當下的習慣。分辨自己何時正在一心多用，刻意選擇全神貫注於一事——一個人、一件任務、一項活動。這項技能會隨著練習而精進。一心多用會讓效率低下，更糟的是，如我朋友約書亞・符雷旭（Joshua Flash）所說，它會讓思緒變得混亂，增加壓力，使人散發焦慮的能量，不但影響身邊的人，也縮減我們與人建立連結的可能性。練習一次只處理一件事，能讓我們放慢速度，得到更完整、更豐富的體驗，並將這樣的能量傳給別人。

- **擁抱有意識的節奏，創造自己的世界**。我們可以透過療癒自己、療癒所處環境，又轉而療癒自己。就從以人道的節奏生活開始，這讓我們保持清晰的思緒，能採取深思熟慮的行動。

# 13

# 照亮世界：創造勇敢、關懷的文化

## 專注於對美好生活的深切渴望，也關注能讓所有生命蓬勃發展的世界。

對我來說，這個問題很簡單：
如果現在我們不承擔改善世界的挑戰，
未來誰會接受這樣的挑戰？那會是何時呢？
——雷金納·「雷吉」·舒福德，
北卡羅萊納權益促進中心總幹事

以下這段反烏托邦的情節，可能來自漫威或環球影業的編劇室。地球上，森林大火正熊熊燃燒，部分地區洪水氾濫，其他地方的農作物因爲久旱而枯萎。一場大疫讓數百萬人喪命，其他災禍也迫在眉睫。戰爭和私刑暴力引發恐懼，迫使數百萬人離開家園，向資源早已吃緊的地方尋求庇護。復仇心切的權力掮客和特定意識形態追隨者，以失控行爲脅迫世界，揚言要發動大規模毀滅攻擊。一些科學家口中的「人類世」就此展開。這個即將到來的地質年代，是人類對地球的地質與生態系統造成的衝擊將推動這顆星球（或至少是人類自身的存在）走向滅絕。

我們都知道這不是電影，因爲我們正在經歷這一切，但不知道結局會是如何，因爲我們還在撰寫它。現在是我們的機會。我們擁有全世界所需的工具：資源、技術、獨創性，以及機會。但如果希望這個故事能實現我們期盼的轉變，不僅僅爲了自己，也爲了後世的子子孫孫，那就必須在回應的作爲上變得**發亮**。如同我在本書開頭曾說過，每個人生來就具有**發亮**思考與行動的能力。它很容易取得，我們可以隨時隨地有意識地使用它。人生點燃工具可以點燃活力，激發我們生活的每個面向。你可以運用它們爲某個時刻注入活力，或是擬訂方法創造自己渴望的生活。

花點時間想像一個這樣的世界：我們以最深思熟慮的想法、最鼓舞人心的行動，扭轉了全球災難的局勢，把自己從危機邊緣拉回來。在這個世界中，**發亮**能量與行動爲地球帶來新的向善力量。這像是好萊塢編劇室的烏托邦故事，但它並不是科幻小說，而是我們要寫下的故事。打造這樣有遠見的世界，正是我們的任務。無論是電影中或生活中，打造世界都是一件刻意的創造行動。我們現在正共同面臨這場創造性的挑戰——我們正在創造世界，可以讓它成爲一個**發亮**的世界。

我們並不是從零開始。一群諾貝爾獎得主和其他頂尖專家組成了委員會，在二〇二一年召開一場全球高峰會並發表「我們的星球、我們的未來」宣言。他們指出：「人類對於積極管理地球的挑戰與機會雖然認識得有點晚，但我們正在覺醒。」他們在這份宣言中緊急呼籲各界採取行動，關注我們與自然的關係，並且以服務地球的新方式調整我們的能量。

他們在宣言中寫道：「我們需要重塑人類與地球的關係。」

> 地球所有生命的未來，包括人類和我們的社會，都有賴我們成爲全球共有資源的有效管理者。這些共有資源包括氣候、冰雪、土地、海洋、淡水、森林、土壤，以及調節地球狀態的豐富生命多樣性，它們構成了一個獨特且和諧的生命維持系統。如今，我們面臨生存存續的迫切需求，必須建立能支持地球系統和諧、而非破壞它的經濟體制與社會。①

> 如果人類製造出任何問題，那也必須成為那個解決問題的答案。
>
> ——莫妮卡·畢爾史基特，進托邦未來（Protopia Futures）創辦人②

生物學家與博物學家愛德華．威爾森在他的書《半個地球：探尋生物多樣性及其保存之道》中，不僅指出當前地球面臨的危險，也強調我們擁有前所未有的希望，因爲我們正處在一個獨特位置上，可以採取行動產生影響：「這是有史以來第一次，那些眞正能思考十年以上未來事的人已經形成一個信念：我們正在打一場全球性的終局之戰。」③

要是想解決面臨的難題，開展那些令人振奮的可能性，此時在所有領域都需要採取突破性策略和行動——**發亮**行動。這種承諾不只是「嘗試」，而是持續不懈地努力，成功回應此刻的挑戰；而這一次，始於個人的行動——每個人都在自己影響力範圍內盡己所能。我們必須在自己的生活中提出能產生高價值的問題，推動我們周遭的日常對話，催生出負責任、具同理心的行動。

人類在解決問題上很有創意，這一點很令人振奮。畢竟，曾幾何時，航空旅行、太空探索，以及世界各地的人能即時通訊，還只是幻想。然而，如果將「最終能解決問題」的假設變成輕視或忽略問題的正當理由，我們就有麻煩了。

我們擁有處理當前問題所需的創造力和解決問題的能力。尚待發揮的能量早就存在，但除非我們啓動它，否則它不過是潛力。你可以擁有世上最頂極的音響系統，但不打開電源開關，什麼也聽不見。除非在花園播下種子，它們才會成長。我們需要一種文化，能爲充滿活力的生命創造條件，並將資源集中在解決最迫切的問題。我們該如何創造這樣的文化呢？

> 總有一刻，人類會受到召喚，轉換到一個新的意識層次……
> 而那一刻，就是現在。
> ——旺加里．馬塔伊，二〇〇四年諾貝爾和平獎得主④

想一次就思考所有問題和潛力，可能令人望而生畏。邁出第一步，讓球動起，會遇上本能的抗拒。但是培養覺察力本身，就是邁出第一步。一件事沒在你心中留下痕跡，你根本不可能因爲它而煩惱。況且，進展的意思不一定都是向前邁出可行的一步，儘管有些人確實比較容易做到這一點。覺察可以帶來動力；「受困擾的覺察」可以降低活化能，進而繼續往下發展。如果你還沒有準備好採取行動，也別小看或否定自己。對問題和自己的不作爲感到煩惱，反而更好，你可以運用這股能量，轉化爲行動，實現自己的初衷。

實際上，與其覺得「要麼拯救世界，不然就是一事無成」，不如將覺察焦點轉回自身，意識到自己是這個世界的一部分，也屬於這個世界，思考其中的意涵，每天做出一個能爲**發亮**生活注入能量與動能的選擇。你可以從最簡單的方式起步，比如樸門運動推廣人潘朵拉．湯瑪斯建議的：從你與腳下土地的關係開始。反思億萬年來指導地球上生命永續生存的集體智慧和承諾，這份能量遺澤是人類和非人類長久投注於地球，最終也到我們身上。感受這股能量，讓它感動你。你不需要耕耘一整畝地，只要播下一顆種子，照料一株植物，或**觀察**一棵植物，並對它、對你在自然界中的位置心存感謝。喚醒他人的意識——投入、投入、再投入。說出困擾你的事、不對勁的感受、該做卻未進行的工作。提出「禁忌的問題」——那些感覺對情勢至關重要，卻沒有人提出的問題。這個詞源自一九七三年，當時一位空軍少校負責在接獲總統指令後，奉命啟動核彈攻擊。他問上級：「我怎麼知道自己收到的核彈發射命令是來自神智正常的總統呢？」[5]

無論身在何處，盡你所能。做個積極探索機會的人，環顧四周，尋找靈感、點子和機會，盡你所能投入。鼓舞人心的楷模就在自己身邊，或者可以最簡單的地方開始——相信他人，並支持那些需要幫助才能實現潛能的人。

> 當你強烈懷疑人類的良善時，問問自己：
> 誰會從你的悲傷和憤怒中得利？
> 誰會靠製造你的恐懼而發大財？
> 這樣的人，一定存在。
> ——瑪格麗特．瑞寇，《紐約時報》專欄作家[6]

## 雷吉．舒福德：從身邊開始，不要單打獨鬥

當我訪問雷金納．「雷吉」．舒福德時，他描述「正因爲我們面臨的挑戰艱巨」，當前

這個時代才充滿巨大的潛能，並建議「可以從個人層面開始做起」。當時舒福德是美國公民自由聯盟賓州分部總幹事，他長年擔任民權律師，畢生致力於爲所有人爭取平等和正義。

他說：「小小的善行和慷慨之舉，可能意義深遠，還會引發骨牌效應。『全球化思維，在地化行動』這句話是有道理的。從身邊開始、從熟悉的地方著手。不要孤軍奮戰，和相同價值觀的在地人及在地組織建立良好關係。他們就在那裡。」

舒福德如今是北卡羅萊納權益促進中心總幹事，他就像本書中分享故事的許多人一樣，回憶起年輕時帶給他影響的人。這些人塑造了他的價值觀，更因爲他們展現出的信任，讓他有了自信，這一點也改變了一切。

從幼年到整個青春期，學校對他來說是很難熬的地方。他遭受霸凌，家庭也不和樂，行爲時常失控，國中時期狀況特別嚴重。七年級時，他多次因爲違規行爲被記過並叫進校長室或輔導室。但一位由教師轉任輔導老師的米妮．威廉斯（Minnie Williams）不是只把他當成問題學生看待。

「威廉斯老師對我很有耐心，但時常又氣又無奈。她會說：『我眞不知該拿你怎麼辦。你的成績很好，但是態度和行爲有待加強。』」到了該學年快結束前，她終於想好怎麼引導他了。「她說：『我有個主意。我決定在你身上賭一把。』」威廉斯老師認爲，他之所以這樣是因爲課程太無聊、缺乏挑戰性。儘管事實的確如此，但他的行爲讓大多數人都沒看出這才是根本問題。所以隔年，她安排他進入資優班，對他送上祝福與期許，並補上一句：「別讓我失望喲。」

舒福德說：「威廉斯老師對我的信任和看法，讓我相信自己。雖然我以前聽人說過很多次，但這是我第一次眞正相信自己很聰明。而她，一位非裔女性，願意爲我獨排眾議，這讓我決心不讓她失望。我徹底改變行爲和態度，連成績也有進步。學業一旦有所進展後，我就再也沒有鬆懈過。我永遠感激威廉斯老師，我的人生能取得任何成功，她的功勞很大。」

他高中一年級的英文老師邦妮·丹尼爾斯（Bonnie Daniels）是另一個影響他很深的人，不但發現他對英文的熱愛，也培養他對閱讀和寫作的興趣。他說，丹尼爾斯老師會「自掏腰包買票」，帶他去看黑人題材的戲劇，並以各種方式展現出她相信他的潛力。

舒福德說，這一路走來，已故的母親芭芭拉·舒福德對他的人生影響最深遠。他說：「她是非常體貼、心地寬厚的人，雖然擁有的物質不多，但富有同理心、幽默風趣，從不武斷評判。儘管自己的人生過得很辛苦，但她總是同理每個人，從來沒有對任何人說過難聽話。她是我的頭號粉絲，也是我最強大的啦啦隊，從不吝於表達她爲我做的事感到驕傲。讓她的遺澤發光發熱，仍舊是我至今的主要動力來源。」

身爲民權訴訟律師、法庭鬥士和人生導師，舒福德致力於讓這份遺澤化爲現實，並帶入法律中。任何人都能彰顯鼓勵的力量，回顧自己的人生，想想誰曾給自己這樣的支持，並思考如何透過與人互動，傳遞認可、珍惜和鼓勵的方式，也創造出同樣的遺澤。

分享你的故事和出身，無論是什麼，
都能讓後來的人走得更順利，
這可說是一種責任。
我覺得，這正是在這個世界存在的目的。
——亞當．黎朋，花式滑冰選手

律師、地球正義組織董事長艾比蓋爾．狄倫（Abigail Dillen）說：「我們對改變的貢獻，遠比自己以爲的更爲強大。」地球正義是致力於環境議題訴訟的非營利公益組織。她在〈危機時刻的訴訟〉這篇文章中寫道：「我們低估了自己的貢獻力量——在自身影響範圍內採取行動，解決擺在眼前的問題。」此文收錄於《我們能拯救的一切：氣候危機的眞相、勇氣與對策》這部強有力且啓迪人心的選集當中。⑦

幾十年後，從一個相對安穩的處境回頭看，
我想我們會記得數百萬人，
是他們看見前所未有的危機，但沒有轉身逃避；
是他們連結自身的力量，並運用它從基層引領變革。
——艾比蓋爾．狄倫，地球正義

舒福德說，身為社運人士，他珍視從經驗中學到的教訓，將它們視為耐力和堅持不懈的指引。這種耐力和堅持不懈，正是馬丁·路德·金恩說「道德宇宙的弧線雖長，但它最終會趨向正義」時所傳達的信念。

舒福德說：「勝利往往比預期來得更晚。這個過程中難免會有些挫敗。有時我們必須輕推那條弧線，確保它能彎向正確方向。」他已經學會珍惜「看起來和原本預期不同的勝利，而不是一舉改變世界，因為漸進式改變也是有意義的。如果我能幫忙改善一個人的生活或前景，那也算是有價值了」。

在科學界的文化常規中，我們已經習慣遭遇各種阻力和障礙。從實驗室到臨床應用，往往得耗費多年的光陰。延宕和挫折讓人心灰意冷，但如果回顧歷史上的重大進展，大多都有類似的幕後故事。只要看看你身邊正在使用或看得見的任何科技，就會發現這樣的例子俯拾皆是。知道這一點、親眼見證其他長程目標的實現，讓我們對這個過程充滿信心，也持續對自己的工作有目標感和熱情。

大自然也教我們這一點。演化是一場最終極的「延遲享樂」修練——它的時間尺度是以地質時間來計算，走的是一條緩慢且艱辛的生存之路。偏偏人類的天性是追求衝動與即時滿足。當我們推動文化變革來配合這種急促的步調，無意間也加劇了地球危機的規模和急迫性。此刻，秉持刻意的思維方式，我們可以選擇在衝動和行動之間暫停，凌駕那條衝動迴路，選擇有覺察力的**發亮**行動。

想要真正有遠見，我們必須將想像力根植於具體的事實，同時也要超越現實，想像各種可能性。

——貝爾．胡克斯，作家⑧

## 一的力量能扳動開關

我們實驗室從事的轉譯醫學研究，就是要盡可能發揮最大影響力，因此我總是不斷思考：如何為我們要解決的問題開展出可擴充的解方——也就是讓解方的應用範圍愈廣愈好。然而，我與本書提到的人物，以及無數願意分享自己故事、策略和建議的人交談之後，就愈看清「一的力量」：一個人在某個時刻選擇去做一件事，就能轉換能量，為更多行動打開空間。無論你是否打算說服他人，光是透過活出**發亮**，你就能協助**發亮**世界的誕生。如果在這個過程中，你啓發了幾個人相信自己，去發現和追求自己的熱情，並有所貢獻，其實就已經在改變世界了。不妨將它視為無數個「一的力量」**彼此連結**，因為所有人都是緊密相連的。這不只是貼在冰箱上的勵志小語，而是一條大自然法則。一的力量是一顆種子，能成長、茂盛、豐富這個生態系的力量：這是一顆橡實長成橡樹的故事。或者可以想想：你我全都是從單一個細胞開始的！多麼不可思議呀！不妨種下一顆種子，好好照顧它。

類似的能量轉換模式所催生的變革，遍及整個自然界，從細胞、土壤到海洋，甚至是街頭。瑪莉安·巴德主教是社會正義運動人士，曾將產生變革的動力形容為「能量群集」（constellation of energies）。隨著這些能量逐漸累積、逼近引爆點時，她說：「我們該如何**採取行動**，才能在當前浮現的種種問題上真正推動改變？如果我們有足夠的**決心**，而且良善的力量又能長期持續，一個國家是否有可能實現一些長久以來無法完成的事？這些社會運動的崛起，往往取決於一些超出我們理解範圍的更大力量。」

這種純粹、正向、突破性的**發亮**能量，可以打破一切惰性，激發新的靈感與行動。每個人都有能力運用這股能量，將初衷落實為行動。我們產生的能量，或許在特定時間只能照亮自己的路，也可能和他人匯聚，共同點燃更大的潛力。我們無法預測「能量群集」會如何凝聚，但可以預測即使是單一個**發亮**行動，也會點燃更多行動。因此，提出問題，檢視煩惱，與人建立聯繫，集中注意力，動起來，做實驗，對新見解、新點子和新經驗保持開放態度，讓自己置身大自然中，跨出舒適圈，嘗試新事物、為你的生活帶來更多驚喜與意外收穫。自然界是我們的共同立足點，對地球有效的解方，每個人都能受用。望向窗外，走出戶外，照料植物，凝視天空。從以人類為中心、自私自利的系統，轉向生態系統。我們可以從中學到一個生命生存與繁榮的核心法則：適應力和多樣性。即使是最微小的生物都有頑強的毅力，讓自己從中獲得啓發吧！哪怕只是最簡單的一次與大自然重新連結，也能瞬間轉換能量，讓你觸及周遭那股更大的生命力量。

> 此刻需要的是形形色色的聲音——
> 針對如何扭轉局面的全方位想法與見解。
> ——阿雅娜・伊莉莎白・強森、凱瑟琳・威爾金森，
> 《我們能拯救的一切：氣候危機的真相、勇氣和解決方案》⑨

## 修復和重振社區

翻轉那句「苦難喜歡找伴」的俗語，事實上，愛、喜悅、興奮、好奇與探索同樣需要找伴。分享，會增強**發亮**體驗。不過有時我們需要一些助力，才能突破那些讓我們難以在社群中、甚至與自己產生連結的障礙。

許多鄰里和城市已經加強努力，讓人能結識自己熟悉社交圈外的其他人。大約五十年前，都市社會學家雷・歐登伯格提出**「第三場所」**這個詞。他指的是住家與工作場所之外的實體空間，大家可以輕鬆地在這些地方流連，享受與人對話或他人的陪伴，以及共享社區的感覺。⑩

他提到：「沒有社區的生活，讓許多人的生活方式變成一種只有「住家與工作點對點來回」的日常。社會幸福感和心理健康取決於社區。」他鼓勵透過「場域營造」的方式，激發眾人集體重新構思與改造公共空間，讓它們成爲每個社區的中心。「場域營造是爲了強化

人與共享空間之間的聯繫，它指的是一種協力合作過程，透過它，我們可以共同打造公共領域，進而將共享價值觀發揮到最大。場域營造不僅能催生更好的都市設計，更有助於打造具有創意的使用模式，並特別關注那些定義一個場所的實體、文化和社會的特徵，支持它的持續演變。」⑪自行打造「場域營造」的活動，不必很複雜。你可以參考很出色的「公共空間計畫」（Project for Public Spaces）網站上的好點子，但最重要的是從簡單開始，帶著觀察、互動、實驗、合作和即興發揮等心態出發。你可以遛狗、約朋友見面，或是參加社交活動結識新朋友——不管用哪種方式，都能讓這個場所成為充滿連結、社群互動、具創造力，甚至有他人陪伴享受獨處的空間。

戶外設施，比如公園或公共區域的水泥西洋棋桌，會吸引陌生人對弈。針對開放空間的新設計，包括「互動式座椅」和其他鼓勵更多社群互動的設計元素、免費的戶外音樂會、社區花園空間，以及更多的滑板公園，讓孩子能在戶外一起活動。有些社區和線上讀書俱樂部，發展出更多元的閱讀和討論選擇，還有其他匯聚多元觀點和族群交流的活動，也陸續展開。

史密森尼學會特別計畫的副祕書次長麗莎．佐佐木，曾和我聊到包容性和多樣性如何強化一個國家的能力，但前提是我們必須主動培養它們。這樣的機會通常就在眼前，只要可以用嶄新的視角和明確的意圖，就能讓原本是障礙的問題找出解方。佐佐木之前在加州奧克蘭博物館工作時曾看過這樣的實例，當時她負責統籌該博物館的社區參與計畫。但該館正面臨參觀人數低迷的困境，而且在其服務的社區中也幾乎沒有存在感。於是佐佐木推動了一項大計畫，在四年內讓參觀人數翻倍，並改變了這個機構，以及它和鄰近社區的關係。

這座博物館是混凝土打造的龐大建築，採用粗獷主義風格，是一九六〇年代興建當時的潮流。它位於奧克蘭市中心美麗的湖畔，明明很醒目，但當時完全不吸引人注意。佐佐木說：「大家不知道這些又大又醜的混凝土牆背後，其實藏著一個爲眾人而建的迷人空間——有園林、有藝術，也有自然科學和歷史。」博物館周邊的社區隨著時間不斷演變，文化日益多元，新移民社群也逐步壯大，聚集了華人、拉丁裔和來自世界各地的其他族群。

佐佐木解釋：「也就是說，這座博物館周圍正發生一場令人驚豔、充滿活力的文化交融，偏偏這些高牆成了屏障。因此，我們在社區走訪時發現，這些鄰居根本沒有意識到這座博物館是有價值的資源。」爲什麼呢？因爲在他們的經驗裡，它從來不是如此。在訪談中，博物館的孤立原因逐漸明朗：「我一次又一次聽見人們說：『我們住的這些都市空間裡，根本沒有一個安全場所能與家人好好共度。我們一直在工作——工作時間是朝九晚五，而博物館的開放時間也是朝九晚五。傍晚我終於有時間能陪陪家人，但我沒有安全的地方可去。』」

該館顯然與它本應服務的社區脫節。於是，博物館的管理層開始著手解決問題。一連串新的問題推動他們的工作：「該如何打破這些高牆？有哪些障礙讓人不願造訪，讓我們無法創造人流和共享空間？」佐佐木說，在與社區成員組成的討論小組中，「我們很仔細地傾聽」。後來博物館推出一項企畫，回應社區提出的需求。

館方推出「博物館週五夜」，在館內爲社區居民創造一處活動空間。管理層敞開平時封閉博物館的大門，擺放野餐桌，這裡成了餐車、現場音樂表演匯聚的場地，還能免費或以優待票價進入博物館。由於奧克蘭市中心的這個區域在傍晚五點後通常人煙稀少，因此館方特別邀請當地消防隊參與活動，並提供免費餐點給他們，這解決了安全上的疑慮。他們很感謝有這些第一線的救援人員在場應變。

> 我想，從許多角度來看，博物館是最理想的餐桌，
> 而且可以是我們國家的餐桌，
> 因為博物館可以促成並引發一些深思熟慮的重要討論。
> ——麗莎·佐佐木

佐佐木說：「創造這個過渡空間的那一刻，兩個截然不同世界的交會處發生的事，眞的很美好。」雖然「博物館週五夜」在新冠疫情期間暫時取消，但在鼎盛時期，它曾在週五夜晚吸引將近四千人到場，而且「讓人覺得社區眞正擁有這座博物館」。與社區的關係恢復，博物館管理層決定改變博物館堡壘般的建築結構，最終徹底改造了外牆並移除障礙物，開設數個新的入口，讓大眾能從梅里特湖的園區自由進入，並使用那個空間。佐佐木說：「這其實等同於拆除了外牆。」

在個人層面上，我們可以用許多不同方式拆除文化的高牆。加州奧克蘭博物館這個例子帶來的啓發，放在更小規模的社區環境中也同樣適用。在各個領域中仍然存在許多阻礙，讓許多人沒有機會充分參與，而且邊緣化或剝削他們寶貴的貢獻。我們可以主動努力消除這些

阻礙。

僅舉一例：前文提到昆蟲行爲研究的先驅查爾斯・亨利・特納，他探討鳥類大腦神經解剖學的大學論文於一八九一年發表在《科學》期刊上，整個職涯共發表超過七十篇涵蓋不同領域的論文。儘管他的成就斐然，也在一九〇七年從芝加哥大學取得博士學位，但當時社會和科學界根深柢固的種族歧視，大大限制特納這樣的非裔美國人能取得的機會和資源。⑫正如《自然》期刊撰稿人查爾斯・艾布蘭森（Charles I. Abramson）在〈懷念查爾斯・亨利・特納〉一文中提到，直到最近，大家才同心協力解決他的科學貢獻被「可恥地漠視」的遺憾。如今，愈來愈多來自科學界內外的人正努力爭取一個更公正的未來。⑬

## 史無前例的時代、技術與機會

在健康、教育、環境、人權等諸多領域，我們正站在一個令人興奮的地平線上，眼前展現的是具有幾近無限潛能的**發亮**世界。和歷史上的其他時代不同，我們能利用快速發展的新技術解決大規模的難題。例如：奈米技術使我們能操縱分子與原子，在學術研究界、在所有實驗室都能使用它。我們現在還擁有全球性的通訊平台，不僅促進社群媒體的發展，也支援各類專業平台和網絡，在科學、社會行動、外交、政府和其他跨文化領域交流。我們從未擁有過如此先進的工具，使溝通變得如此迅速又方便。

新冠疫情初期，讓許多科學界和醫界人士深刻體認到這一點。一個科技發達、充滿問題解決者的國際社會，面臨一場迫切的全球挑戰，它可能會對地球上的每個人造成負面影響，因此動員全球社群，積極維護我們所知的文明。我們形成了一個全球社區，合力應對接踵而至的挑戰，並產出過去可能需要數月、甚至數年才能實現的關鍵解方——從疫苗、口罩、改良呼吸器來拯救更多病患、新的治療法、檢測方式、追蹤疫情擴散情況，到透過同儕審查研究傳播眞相、破解迷思。

當新冠疫情來襲時，我受邀共同領導麻省總醫院與布萊根婦女醫院新冠創新中心的N95口罩工作小組，協助擬定醫院的口罩備援方案。這個工作小組成員迅速增長爲三百二十人，其中包括工程師、基礎科學家、學生、產業界人士，以及熱心的社區人士。

我們的眾多努力之一，就是爲第一線醫院工作人員解決小尺寸N95口罩短缺問題。（這種短缺也反映出一項公平議題，因爲超過九成的護理人員是女性，她們通常需要較小尺寸的口罩，才能確保貼合臉部，達到有效防護。）庫存很快就見底了。此時出現一項非常特別的任務是，一批捐贈的N95口罩，有數千條鬆緊帶在儲存過程中受損，我們得設法修復這些口罩。運動鞋公司New Balance主動幫忙，使我們能迅速擴大生產規模，並將修復的口罩即時送達醫院供。

社區、目標和集體能量的拉力，對所有人來說都是強大的。看見身旁和世界各地有許多人展現鼓舞人心的熱情，讓這種力量更加放大。**發亮**能量的顯而易見，能催生更多跨領域的合作，聚焦在預防疾病傳播（不只針對新冠肺炎，而是未來的全球大流行病）的創新觀念與方法上。

N95工作小組只是一個例子，說明一支高度多元化的團隊如何因應新冠危機齊聚一堂，帶著明確的意圖，迅速發展出一套運作結構，最終形成決策和執行流程。能量在快速演變的流程中凝聚，有可能產生立竿見影的效果。這一切需要跨學科、跨機構、跨組織系統的複雜協作。儘管在應對即時發展的危機時，難免出現誤判和挫折，但也顯現出我們這個時代前所未有的合作潛力。

> 我沒有能力摧毀孟山都，但我能做的，是改變日常生活方式和看待世界的方法。我只需要相信，當我們改變思考方式，隨即就會改變自己和周遭人的作為。這就是世界的改變方式，從改變人心和想法開始。而且這是會傳染的。
>
> ——羅賓·沃爾·基默爾⑭

這使我想起史黛芬妮·斯特拉次迪分享的一段故事：多年前，她丈夫因爲感染具抗生素抗藥性的超級細菌，生命岌岌可危。而一場驚人的合作行動，救回他的性命。身爲頂尖傳染病專家，斯特拉次迪憑藉自身的知識和人脈，向許多素未謀面的研究人員和臨床醫師求助，試圖打造一種實驗性療法，不僅可以拯救丈夫，也可望為其他人帶來希望。她在《強菌天敵：一個打敗致命超級細菌的真實故事》一書中寫道，在時間非常有限、成功機率很渺茫的情況下，她寄電子郵件給陌生人、在社群媒體上發文、上網搜尋各種可能性，最終拼湊出許多建議、策略，以及由一群科學家和其他重要人士組成的團隊，他們創造出一種實驗性療法，最後救了丈夫的命。

斯特拉次迪如今這麼說：「我只是火花。」她解釋，這種綜效來自其他人，往往是偶然對話和相遇促成的。她說：「他們能從中看出一些對更大群體有益的事。他們體現了一種集體意識。我見證到這樣的事，非常振奮——即使我們所處的時代令人不安，但正是身為個人與人類的脆弱讓我們團結起來，共同解決問題。」

這同樣適用於人類的各種探索，從博雅通識課程到社會責任企業、社會與環境運動。這是所有人與生俱來的無限潛能的一部分，會吸引我們周遭類似的能量。當有人確立一個問題，並展現出解決它的承諾與熱情，這股能量會產生巨大引力，而且不僅僅只存在那個特定情境下。它會向其他人發出訊號：任何人都能這麼做，我們全都有這樣的力量——與海龜小屋的庫爾欣長老和設法拯救丈夫性命的斯特拉次迪身上蘊含的能量是一樣的。

如果有人對於追求某個目標充滿熱情，其他人就會想加入並出手相助，這是人類的天性，也是人類DNA的一部分。通常第一步是最困難的，很難想像我們將能募得多少人的幫忙。不過我們一旦帶頭採取行動，事情的發展就會加快速度和動力。因此必須決定：我們要專注在展開新事物，或是加入運作中的事物。

與其等待別人採取行動或想等到累積足夠集體動力才加入，不如運用日常機會產生動力——就我們認爲最急迫的議題播下對話種子，並激發行動能量。你永遠不知道自己說的話或做的事何時會成爲火花，促使別人伸出援手、採取行動、點燃必要變革所需的能量。當一個人以善行爲目標，其熱情和承諾的核心基礎是慈悲，這會產生巨大的引力，神奇地說服眾人參與討論，幫忙解決問題。

環保運動人士琳恩．崔斯特在她的書《活出投入的人生：在比自己更大的目標中找到自由與成就感》中寫道：「人們常認爲傑出的領導者是天生的，而非後天養成——他們在某種程度上注定會成就偉業。然而，我相信事實正好相反——致力承擔鼓舞人心的事業，才能讓你成爲一個傑出人物。正是這種投入將你塑造成實現它所需的樣貌。這並不是說你必須夠聰明、夠有才華、夠博學才能投入。而是在你投入之後，相關的才華、知識、熱情和資源就會開始變得明顯可見，並且向你靠近。」⑮

## 詹姆斯．多堤：慈悲是人性共通點

史丹佛神經外科醫師詹姆斯．多堤發起研究「慈悲的神經學基礎」的活動。他說，即使我們天生具有慈悲的能力，但這種反應未必是自動出現的，尤其在面對讓自己感到壓力的人或情境時。在心疼一個人或對其處境感同身受時，很容易產生慈悲心。可是如果對方的外貌、行爲或信念讓我們反感，要生出慈悲心就困難得多。但多堤和其他積極倡導慈悲的人說，這其實是練習和培養慈悲的沃土。

> 慈悲是願意用最寬容的眼光看待另一個人。
> 即使這個人做了你完全不認同的事，或者犯下大錯，
> 你都要竭盡所能思考、仔細觀看這個人，
> 並試著用對方的父母或最親密朋友的角度來看，
> 或是問問自己：如果此人是我的摯愛，我會如何對待他？
>
> ——瑪莉安．巴德主教⑯

我認爲慈悲心是**發亮**的同理心，也就是付諸行動的同理心，不僅透過別人的角度看待事物並理解他們的觀點，還要積極運用這股能量創造改變。你實際上是把同理心的潛能轉化成動能、動態的慈悲心。這可能發生在個人層次上，也可能發生在家庭、職場或社區中。

多堤和這場新興慈悲運動的其他導師建議，提高你的慈悲意識，將它視爲人類與生俱來的能力和自己可以控制的強大能量來源。你可以從實踐自我慈悲開始：接納自己和自身的不完美，對自己說些寬容的話。我常會接觸一些強調慈悲心或觸動自己內心的媒體內容，包括相關的故事、研究和實用技巧。當我們花時間欣賞大自然，同時認識到自己是它的一部分，值得慈悲對待，大自然本身就會給予我們慈悲的體驗。布芮尼．布朗研究過去以慈悲聞名的

許多偉人，結果發現他們有個共通性：他們全都爲自己的生活設下明確的界線。例如：慈悲的人往往會維護自己的個人界線，保護自己的空間，也保衛別人的安全空間。

慈悲不僅僅是擁有慈愛、悲憫的心態，它是在掐一下我們的大腦，啓動所有感官，更仔細地傾聽他人，讓我們關切卻沒耐性的心平靜下來，不急著解決問題，或者做出本能反應，想要迅速將對話導向舒適、能掌控的方向。

想關懷別人是人類的天性。憐憫且寬容的溝通會帶來親密感。我發現在工作環境中，除了打開心房、傾聽他人之外，和人分享我的掙扎或脆弱也很有幫助。對於我遭遇的拒絕和失敗坦率以對，多幾分透明公開，就能邀請他人也這麼做。我會在想法形成的過程中分享它們，接受我們不需要把每件事都說得很周全，畢竟人生本就是個不斷迭代的過程。

我在實驗室這個環境中，爲了隨時間變化，將工作的嚴謹性和影響力提高至最大程度而開發的工具和區隔化早已融入我的本能反應中，但是它們並非完全不受變化的影響。畢竟個人進化才是重點，這是個**發亮**的過程。秉持慈悲心，你可以用最簡單的方式培養**發亮**。

現在與人會面時，我會盡量觀察自己對他們的反應。由於我時常做出被動反應，而我想改變這一點，因此正努力培養慈悲技能。從對自己慈悲開始，減弱內心的自我批評，轉而關注別人和他們在此刻的經驗。我會留意他們如何回應我，然後隨著會議的進行，試著調整與實驗我的措辭、語氣和肢體語言。這對許多人可能是小菜一碟，但是對我們這些不擅長解讀社交線索，也拙於按照自己的心意做出回應的人來說，這種自我慈悲的實踐和憐憫寬容的傾聽就是**發亮**——這是個開始。練習能讓這項習慣更加自然，也更省力。

# 挖掘靈性源泉

科學在解釋人類擁有超然或靈性體驗方面的能力，一直是落後的。⑰直到最近，這個領域才打破長久以來的沉默，開始談「靈性智商」（和認知或大腦智商一樣眞實存在的智力）這個概念。長久以來，人們認爲它無法量化，因此無法以科學方式證明，它甚至不被承認是一種正當存在的能力。但是這並沒有阻止人類經歷這類體驗並描述它們，從夢境、瀕死經驗到靈光乍現、和無所不在或更高層次合而爲一的感受。

研究靈性的科學也不斷發展，比如腦部磁振造影的影像和其他方法，讓我們可以一窺在冥想、在其他被認定是高層次意識境界或超然狀態下，大腦有哪些活動。靈性修練和經驗，與其他人生的各種經歷一樣，都會在大腦中留下紀錄。怎麼可能不會呢？正如庫爾欣長老指出，靈性和科學並不互斥，它們提供兩套的途徑來不同理解我們所處宇宙，是兩種洞察現實的寶貴領域。

> 當一個生態系運作健全時，萬物都在。
> 而所謂荒野，指的正是這種完整無缺的生命整體。
> ——蓋瑞．斯奈德，詩人、作家、環保人士

無論你以哪種方式（透過大自然、文化傳統或制度性宗教）觸及靈性，它都提供了一種特殊的**發亮**元素，做為能量來源。愛默生和梭羅的作品展現了十九世紀美國超驗主義哲學，主張萬物本源一體、人類的基本良善，以及洞察力與靈性智商優於邏輯。這套思想很大程度上是以自然做為我們靈性信仰的基石。如今，我們談論氣候變遷和環境破壞等全球挑戰時，也稱它爲「超然的議題」，因爲地球上生命的未來端賴我們如何解決這些問題。我也認爲，靈性能力是一種獨特資源，甚至是我們生命中的再生能源。靈性層面的投入，是我們本於自然、體現智慧的一個面向。

**發亮**的回應邀請我們擴展對靈性價值觀和教誨的探索，尋找新方法，將其運用於全球福祉的實現。在這樣的追尋中，培養靈性的空間，充滿發現的契機與推動人類進步的可能性。

> 我們今日的生存取決於自己能否保持清醒、適應新想法、時刻警醒，以及面對變化的挑戰。
> ——馬丁·路德·金恩⑱

## 瑪莉安·巴德主教：經過省察的人生

瑪麗安·巴德主教告訴我：「靈性道路具有一種普世性，但你在這條路上走得愈遠，就會愈顯獨特。如果你對它的教誨抱持開放態度，也眞的被它改變了，它又會變得有普世性。你看，馬丁·路德·金恩是浸信會牧師，但影響他最深的人是印度聖雄甘地，對吧？南非聖公會大主教戴斯蒙·屠圖終身爲終結種族隔離制度奮鬥，而達賴喇嘛是他的摯友之一。你看出這些人身上的連結了吧？在每一種莊嚴且有深度的宗教核心，都有一些基本眞理，而這些眞理是普世的。」

巴德說，靈性道路總帶著某種力量，「不斷將我們引向反思的生活——它邀請我們審視自己的人生、看清自身的缺點，並過著一種不再只以自我爲中心的生活。擁有這樣的視角，你對人生的定位就再也不只是關心自己或自身族群的生存，而是爲了一個更高的目標。而靈性追尋的一部分，就是走上這條路，無論你是怎麼受到它的吸引。」

每個人的靈性道路各不相同。有的人會透過祈禱或冥想、正式的宗教儀式或傳統、從服務他人或保護地球的社會運動中探索。攝影師史蒂芬·威爾克斯在攝影的視覺語言中找到超凡體驗，因此他著手爲觀看其作品的人開啓這樣的感官空間。比如在他的紐約艾利斯島攝影專題中，他說自己啓程去捕捉這些房間豐富的視覺質感，「房間裡斑駁的油漆、文藝復興風的色彩，還有非常簡單優雅的構圖。」

但是他解釋說，這些照片中還有更多肉眼看不見的東西。他說：「那是曾在這些房間裡生活、逝去的人們留下的歷史。這些移民的經驗活在我的照片中。在島上拍照時，我對這一點的感受特別強烈。當我拿到某幾張照片時，就會再次感受到當初在房間裡、在街上拍照的感覺。艾利斯島上的這些房間裡明明沒有任何人，卻彷彿有人在說：『可以，你可以拍我。

不行，我不想被拍。』我在一個空蕩蕩的房間裡感受到一種眞切的人性，彷彿是燈光讓那個房間的歷史又活了過來。」

當他開始更深入探索這種經驗後，他說：「我看到這股巨大力量——在照片中看起來像空房間的地方，其實充滿了情感。」當他最後從數千張影像中篩選出七十六張來展覽時，他說：「每一張照片都承載著那種感覺，暗藏著這個房間曾有過的人性痕跡。這個房間曾經發生過一些事。」

> 我們始終處於進化的狀態。我們不斷進化，此刻我們正處於人類進化歷程中的關鍵時刻，準備進化至更充分理解身為人類該如何生活、如何行事。但靈性的理解向來都被忽略。
>
> ——戴夫·庫爾欣，阿尼希納貝族的長老

要培養**發亮**的靈性連結，可以試著想像：在一天當中的不同時刻，將主導權交給你的心和靈魂，而不是你的邏輯腦。尤其當你覺得緊張或不耐煩，給靈性一個機會讓你放慢腳步，這樣你才能交流、傾聽和回應。

## 「發亮」世界的餐桌智慧

在我們家，不一定都能圍坐餐桌共進晚餐，但我們本著這種精神，盡力做到每天一起吃頓飯、交談或反思。當然這樣的時光未必充滿歡笑，有時也會發生爭執。儘管如此，我們逐漸明白，能說出想法、甚至心中的感受，進行開放式的討論，這一點非常重要——在這段時間裡，我們給予彼此信任，盡量帶著好奇心交流，練習不評判和慈悲心，真正傾聽並理解不同觀點。孩子尤其需要有人聽見他們的心聲。但是所有人都能從反思中受益——反思昨天或過去一段時間我們怎麼處理某件事，並且意識到我們有能力重新調整自己的思維和行為，再向前邁進。每一天都帶來新的可能性，每個人也能爲每個時刻帶來新的潛能。我們會如何運用它呢？關鍵在於，把重大議題和普世訊息落實到每天面臨的挑戰、做出的選擇，以及指引我們的價值觀。

> 彼此陪伴能激發樂觀精神和創造力。
> 當人們有歸屬感，生命會更堅韌、更豐富，也更喜悅。
> ——維偉克·莫西，《當我們一起》⑲

因此，無論你提的問題是「該將注意力和資源投入眼前的家人，還是全球人類？」，都可以練習跳脫老套的對話模式，進行一些**發亮**思考、想像願景和打造世界的創造力。即使在我們家庭這個相對較小的行動範圍內，腦力激盪也能讓自己集中注意力，努力做出對自身和地球都有益的選擇。

我喜歡想像將一些餐桌智慧應用到迪士尼「科技進步旋轉劇院」的概念中，重新構思出一個屬於**發亮**年代的版本。這樣的想像並不困難。我們可以不再一面倒地讚嘆科技的進步，而是改用更深思熟慮、更全面的觀點，看待創新的代價與回報。也將大自然納入考量，把這顆有生命的星球當成我們的家園和家人，而不是背景看板。我們得認清，世界本來就是充滿複雜性，因此得拿出最強的解決問題技能和**發亮**投入去應對它。在這個過程中，我們會看見需要迎擊的挑戰，而不是無所作為的藉口。

## 照亮世界：保持貼近，熱情就能找到目標

我們花了很多時間待在自己的世界裡，彷彿不斷往內收縮。這也許是一種生存機制，為了應對所有雜訊和不間斷刺激的策略。可是如果要活得久、更蓬勃發展，我們就得擁抱彼此的連結，接納這個多元世界中各種不同的想法與心態。舉例來說，當我們外出搭地鐵或公車時，在超市或咖啡店排隊時戴上耳機，就可能錯過那些偶然的相遇與交流機會，錯失了觀察

或思索他人生活樣貌的時刻。有時，我們在人際互動中確實需要獨處，特別是自己容易受到他人負面能量影響時。但我們也該意識到，在選擇與外界隔絕時，還封鎖了什麼可能性？培養慈悲心有一部分屬於內在工作：花時間思索他人，讓偶然的互動隨機且頻繁地觸動我們的注意力和情緒。這些都是跳脫狹隘思維、培養個人進步的機會。

我們不可能總是坐在同一張餐桌旁，或待在同一座社區花園，不過可以更加投入，明白「貼近彼此」爲我們帶來的潛力。專注於目標、心無旁騖可以增強動力，也能降低邁出第一步的活化能。假如實體上的靠近不可行，也可以提高社群媒體和其他平台的**發亮**價值，讓你能從遠處參與對話或共享存在。重點在於拉近距離、消除障礙，並以眞誠的關懷培養人際關係。

儘管全球關切的問題很多元，有時甚至感覺離自己很遙遠，但我們仍有可能接近幸福的源頭——只要擁抱大自然，將它視爲我們自身的存在和本質，並從周遭汲取靈感，做爲培養慈悲連結的方式。

創造**發亮**世界的機會，就在我們身邊。栽培的意思就是細心照料，懷著讓某樣事物成長的意圖去呵護它。農夫栽培農作物、園丁談「養土」，讓它成爲植物最理想的成長環境。我們在實驗室中培養細胞來深入理解生物過程，進而用於醫療創新上。放大來看，我們栽培各種事物：想法、興趣、人際關係、情感連結，同樣的我們也可以栽培**發亮**的生活和**發亮**的世界，秉持關懷和意圖，運用我們擁有的工具啓動向善的能量，並用它照亮世界。

更新火花

## 人生啟動工具問題

什麼樣的能量群集可以創造條件，為你的一天注入新鮮能量：工作、家庭、戶外活動時光、社交場合、休息與放鬆？什麼能讓你的好奇心、慈悲和意圖發揮到最大？你不需要立刻回答。這個問題和下列其他問題是讓你反思，讓你的意圖更清晰。無論你心裡浮現了某個想法，還是毫無頭緒，都請好好反思，仔細研究某段回憶或你想到的任何事，朝自然界尋找點子和靈感，讓這成為你投入**發亮**的起點，並問：接下來呢？

- **扳動開關**。你能否舉出一個阻礙自己的固定模式，並做出簡單改變，讓球動起來的例子呢？這可以是你曾經對自己抱持、但現在已經改變的某種看法或信念。哪些生活中的事物是你想要更用心對待的？又是什麼讓你裹足不前？
- **從提問出發**。你曾經有意識地提出一個讓你的心充滿活力的問題嗎？請舉例說明。你對於「自己如何思考」有何看法？你如何看待自己身為解決問題的人、身為學習者、身為觀察他人和周遭世界的人？
- **檢視煩惱**。請舉出一個例子，說明某件事激勵你去關心，並將你的精力傾注於上。是什麼原因激勵你投入行動？

- **做個積極探索機會的人**。以**發亮**為核心的機會探索者，是以貢獻為導向，透過建立連結與關係，催生出能服務更大善意的行動。你能否舉出自己積極識別並回應這類機會的例子？你如何積極創造這些機會？
- **招你的大腦**。你能否舉出自己如何抵擋導致無意間分心的拉力，讓注意力專注在你希望的事物上的例子？在這樣的時刻，什麼是你願意讓思緒流連其間的奇妙事物？
- **樂於動起來**。你曾經邁出怎樣的小小步伐讓自己感覺更有活力嗎？你可以輕鬆地做什麼，為你的生活帶來更多進展？
- **愛上練習**。你曾有過練習某項技能帶給你喜悅的經驗嗎？什麼樣的動機讓你堅持練習？
- **做不同的新鮮事**。有沒有例子可以說明會阻擋你去做令人振奮或有趣的新鮮事？你通常會怎樣遇見驚奇或意想不到的經歷？你想做卻遲遲不敢嘗試的新鮮事是什麼？
- **失敗不是重點**。你曾遭遇過什麼挫敗，其中獲得的新見解徹底改變了你前進的心態嗎？面對情緒面和策略面的挫折，你的直覺反應是什麼？
- **展現人性，保持謙虛**。你能舉出自己用心、而不是反射性回應某人所言所行的例子嗎？你可以採取哪些步驟多疼惜自己一點？

- **按下「暫停」鍵**。請舉出你遠離生活的忙亂嘈雜，振作精神、補充活力的例子。當你定出界限、保護自己的休息時間，曾面對什麼挑戰嗎？
- **擁抱大自然**。有沒有例子可以說明在大自然中遇見的事物，讓你心情平靜或撫慰了你的心靈？你會如何定義自己與自然的關係，隨著時間流逝，這可有什麼演變？

# 後記 答案盡在提問中

在旅行途中，或是觀看各種文化的紀錄片時，我常浮現一個問題，它就像北極星一樣照亮了「固著觀點的局限」：我們認爲理所當然、視爲「正常」的事物，有多少在其他文化中是不同的？換句話說，「正常」是可塑造的，是一種文化建構出來的結果。我們可以從大自然中尋找靈感，同樣的，也可以從其他文化中汲取點子——不論是傳統或創新想法，都能爲自己的生活和工作播下新構想的種子。正如管理顧問、教育家和作家彼得·杜拉克說：「重要且困難的工作，從來不是找到正確答案，而是提出正確的問題。」①

我每天都在實驗室努力實踐這個道理，也把它納入人生點燃工具，因爲我見識過提問如何激發難以想像的洞見和創新。《創意提問力：麻省理工領導力中心前執行長教你如何說出好問題》一書作者海爾·葛瑞格森說：「提問具有奇特力量，能提供新見解，也爲生活的各個方面帶來正向行爲改變。無論人們遭遇什麼問題，提問能讓人擺脫困境，開創新的前進方向。」②

有個問題太重要了，我覺得值得一再重申：**我們該如何定義「村莊」，才能涵蓋大自然和全人類，擁抱各種多樣性，擴展我們的連結；而不是對不認識或不了解的一切設下歸屬的**

**界限？**

下列問題來自為了撰寫本書而進行的研究與訪談，可能也會是很有用的提示。

- **詹姆斯・多提**

我能為改善某人的日常生活帶來什麼影響，無論影響多麼小？

- **大衛・鈴木**

怎樣才算足夠呢？

- **潘朵拉・湯瑪斯**

今日你該怎麼做才能加深與自然界的連結呢？你如何對待他人呢？

- **戴夫・庫爾欣長老**

該如何找到團結的方法，讓直指我們人類該如何生活、如何對待彼此的聲音更強而有力？

- **珍妮・班娜斯**

如今我們已醒來，但問題是：我們如何對這個有生命的世界保持清醒？

怎樣才能讓「請教大自然的意見」成爲日常創造的一部分，變得理所當然？

- **瑪莉安・巴德主教**

如果這個人是我的摯愛，我會怎麼對待他？

- **潔西卡・西蒙尼特**

你用什麼策略讓生活變清晰？

你能做什麼或發現什麼方法，可以帶來這份清晰？

我鼓勵各位以自己的方式爲這些問題而活，走進它們爲對話、反思和最終採取行動開啓的空間。創造你自己的**發亮**人生！

# 致謝

我得到妻子 Jessica Simonetti 莫大的支持，很感謝她無盡的耐心、理解、醍醐灌頂的開導與愛。謝謝妳。

給我的母親 Suzie Vanston、父親 Mel Karp 和姊姊 Jen Karp：如果沒有你們，我早就被我的學習困難擊垮、飽嘗孤立和徹底憂鬱！媽媽，謝謝您在我爲課業掙扎時緊緊牽著我的手。爸爸，謝謝您讓我對大自然產生好奇。它是我重要的推動力！

給我敬愛的老師 Lyle Couch、Ed McAuley 和 Glen McMullen，以及包括 Robert Langer、John Davies、Molly Shoichet 和 Jaro Sodek 在內的導師：謝謝你們看見我的潛能，激發我的好奇心，點燃我對醫療創新的熱情和興趣。

我的一雙兒女：Jordyn 和 Josh，每天都帶給我很多快樂和鼓舞。我對他們、對我們家的兩隻查理士小獵犬 Ryder 和 Ginger 的愛，實非言語所能道盡！我妻子無量的智慧與靈性連結幫助我成長，也讓我更了解自己；她令人振奮的關懷和改變我的觀點與心態的能力是很寶貴的禮物。我也要感謝妻子的家人和朋友的支持，包括 Mike、Gil、Jason、Ryan、Dan、Ben、Michael、Koen 和 Josh，還有已經離開我們的 Angela Haynes 和 Dick Butterfield。

感謝我的優秀合作夥伴 Teresa Barker，她對於建構世界有很深的熱情，我和她的合作產生了神奇的綜效。謝謝妳用才華、體貼、支持、指導和活力幫助我，我從妳身上學到很多關於有目的的溝通和生命的奇蹟。妳幫助我界定，也讓我重新看清什麼才是最重要的。

給 Mariska van Aalst、Alisa Bowman、Elaine St. Peter、Steve Weiner、Rebecca Barker、Sue Shellenbarger、Aaron 和 Lauren Weiner、Dolly Joern：謝謝你們。

我很感謝 Cassie Jones、Jill Zimmerman，以及 William Morrow 出版社所有爲本書貢獻心力、優秀且樂於助人的各位。

我要大大感謝我的經紀人 Heather Jackson 一路上提出重要建議，還幫本書找到很棒的家。我還要感謝 Teresa 的經紀人 Madeleine Morel 的熱情支持。

爲了撰寫本書，我採訪了很多人，包括我偶然邂逅和平日素有往來的人，從 Uber 司機到在咖啡館工作的數位游牧族。我非常感謝所有受訪者的慷慨，你們的故事、見解和熱情啟發了我，現在終於能將這發亮火花傳遞給更廣泛的讀者。我的學生和合作夥伴、我的家族親戚和朋友，還有在布萊根婦女醫院、哈佛醫學院、哈佛幹細胞研究所、布羅德研究所，以及哈佛與麻省理工醫療及技術聯合部門的所有教職人員，謝謝你們。

最後，我想要向擁有無限潛力卻遭人忽視、有時覺得自己格格不入，或者像我一樣被告知「別好高騖遠」、「你的方式錯了」、「你做不到的」等評語的人致敬。你得知道大自然從來不評判，而且你是自然生態系中重要的組成部分。當你秉持善意與正直對待大自然，它總是會站在你這邊。

# 參考文獻

## 前言：男孩的旅程


1. Eden Phillpotts, *A Shadow Passes* (New York: The Macmillan Company, 1919), 17.
2. Megan Brenan, "Americans' Reported Mental Health at New Low; More Seek Help," Gallup, December 21, 2022, https://news.gallup.com/poll/467303/americans-reported-mental-health-new-low-seek-help.aspx; Joan P. A. Zolot, "Depression Diagnoses Surge Nationwide," *American Journal of Nursing* 118, no. 8 (2018): 18.
3. Shriram Ramanathan, "Nickel Oxide Is a Material That Can 'Learn' like Animals and Could Help Further Artificial Intelligence Research," The Conversation, December 21, 2021, https://theconversation.com/nickel-oxide-is-a-material-that-can-learn-like-animals-and-could-help-further-artificial-intelligence-research-173048.
4. Krista Tippett, "The Thrilling New Science of Awe," February 2, 2023, *On Being*, podcast, https://onbeing.org/programs/dacher-keltner-the-thrilling-new-science-of-awe.
5. Library of Congress, "Life of Thomas Alva Edison," https://www.loc.gov/collections/edison-company-motion-pictures-and-sound-recordings/articles-and-essays/biography/life-of-thomas-alva-edison/.
6. David S. Yeager et al., "A National Experiment Reveals Where a Growth Mindset Improves Achievement," *Nature* 573, no. 7774 (2019): 364–69.
7. David S. Yeager, *The National Study of Learning Mindsets*, [United States], 2015–2016 (Ann Arbor, MI: Inter-university Consortium for Political and Social Research, 2021).
8. National Center for Education Statistics, "Students with Disabilities," U.S. Department of Education, May 2022, https://nces.ed.gov/programs/coe/indicator/cgg/students-with-disabilities.
9. Temple Grandin, "Temple Grandin: Society Is Failing Visual Thinkers, and That Hurts Us All," *New York Times*, January 9, 2023, https://www.nytimes.com/2023/01/09/opinion/temple-grandin-visual-thinking-autism.html.
10. Jessica Shepherd, "Fertile Minds Need Feeding," *Guardian*, February 10, 2009, https://www.theguardian.com/education/2009/feb/10/teaching-sats.
11. Ken Robinson, *The Element: How Finding Your Passion Changes Everything* (New York: Penguin, 2009), 238.
12. Ken Robinson, "Bring On the Learning Revolution!" TED Talk, 2010, https://www.ted.com/talks/sir_ken_robinson_bring_on_the_learning_revolution.

13. Temple Grandin, scientist, author, autism education advocate, in discussion with Jeff Karp and Mariska van Aalst, July 6, 2018; discussion with Jeff Karp and Teresa Barker, July 19, 2021.
14. Arthur Austen Douglas, *1955 Quotes of Albert Einstein*, ebook (UB Tech, 2016), 60.
15. Ed Yong, *An Immense World: How Animal Senses Reveal the Hidden Realms Around Us* (New York: Random House, 2022).
16. James Bridle, *Ways of Being: Animals, Plants, Machines: The Search for a Planetary Intelligence* (New York: Farrar, Straus, and Giroux, 2022), 10.
17. Lisa Feldman Barrett, "People's Words and Actions Can Actually Shape Your Brain—A Neuroscientist Explains How," ideas.TED.com, November 17, 2020, https://ideas.ted.com/peoples-words-and-actions-can-actually-shape-your-brain-a-neuroscientist-explains-how/.
18. Zahid Padamsey et al., "Neocortex Saves Energy by Reducing Coding Precision During Food Scarcity," *Neuron* 110, no. 2 (2022): 280–96.
19. Baowen Xue et al., "Effect of Retirement on Cognitive Function: The Whitehall II Cohort Study," *European Journal of Epidemiology* 33, no. 10 (2018): 989–1001.
20 Allison Whitten, "The Brain Has a 'Low-Power Mode' That Blunts Our Senses," Quanta Magazine, June 14, 2022, https://www.quantamagazine.org/the-brain-has-a-low-power-mode-that-blunts-our-senses-20220614/.
21. Rudolph Tanzi, neuroscientist at Harvard Medical School, leading Alzheimer's researcher, author, keyboardist, in discussion with Jeff Karp and Mariska van Aalst, September 20, 2018; discussion with Jeff Karp and Teresa Barker, June 26, 2020, and June 18, 2021.

## 寫在前面：先讓球動起來！降低活化能

1. Robin Wall Kimmerer, *Gathering Moss: A Natural and Cultural History of Mosses* (Corvallis: Oregon State University Press, 2003), 8.
2. Mingdi Xu et al., "Two-in-One System and Behavior-Specific Brain Synchrony During Goal-Free Cooperative Creation: An Analytical Approach Combining Automated Behavioral Classification and the Event-Related Generalized Linear Model," *Neurophotonics* 10, no. 1 (2023): 013511-1.
3. Lydia Denworth, "Brain Waves Synchronize When People Interact," *Scientific American* (July 1, 2023), https://www.scientificamerican.com/article/brain-waves-synchronize-when-people-interact/.
4. Annaëlle Charrier et al., "Clock Genes and Altered Sleep-Wake Rhythms: Their Role in the Development of Psychiatric Disorders," *International Journal of Molecular Sciences* 18, no. 5 (2017): 938.

## 1. 扳動開關


1. Lynne Twist, cofounder Pachamama Alliance, in discussion with Teresa Barker, May 3, 2022.
2. Eckhart Tolle, *A New Earth: Create a Better Life* (New York: Penguin, 2009), 274–75.
3. Marcus Aurelius, *Meditations*, Book 5.20, trans. George Long, http://classics.mit.edu/Antoninus/meditations.html.
4. James Shaheen interview with Jan Chozen Bays, "How to Break Free of the Inner Critic," *Tricycle: The Buddhist Review*, August 7, 2022, https://tricycle.org/article/jan-chozen-bays-burnout/.
5. Joyce Roché, in discussion with Jeff Karp and Teresa Barker, May 26, 2021.
6. Reggie Shuford, executive director, North Carolina Justice Center, in email discussion with Jeff Karp and Teresa Barker, May 10, 2022.
7. Diana Nyad, author, motivational speaker, long-distance swimmer, in discussion with Jeff Karp and Mariska van Aalst, May 30, 2018.
8. Tom Rath, *StrengthsFinder 2.0* (New York: Gallup Press, 2007).


## 2. 活在提問中


1. Krista Tippett, "Foundations 2: Living the Questions," October 20, 2022, *On Being*, podcast, https:// www.ivoox.com/foundations-2-living-the-questions-audios-mp3_rf_94396875_1.html.
2. Frequency Therapeutics, April 8, 2023, www.frequencytx.com.
3. Julia Brodsky, "Why Questioning Is the Ultimate Learning Skill," *Forbes*, December 29, 2020, https:// www.forbes.com/sites/juliabrodsky/2021/12/29/why-questioning-is-the-ultimate-learning-skill/?sh=7ff9bc2c399f.
4. jamesclear.com, https://jamesclear.com/quotes/if-you-never-question-things-your-life-ends-up-being-limited-by-other-peoples-imaginations.
5. Michael Blanding, "The Man Who Helped Launch Biotech," *MIT Technology Review*, August 18, 2015, https:// www.technologyreview.com/2015/08/18/166642/the-man-who-helped-launch-biotech/.
6. Lily FitzGibbon, Johnny King L. Lau, and Kou Murayama, "The Seductive Lure of Curiosity: Information as a Motivationally Salient Reward," *Current Opinion in Behavioral Sciences* 35 (2020): 21–27, https://doi.org/10.1016/j.cobeha.2020.05.014.
7. Behnaz Nojavanasghari et al., "The Future Belongs to the Curious: Towards Automatic Understanding and Recognition of Curiosity in Children," Proceedings of the 5th Workshop on Child Computer Interaction, 2016, 16–22.

8. Pierre-Yves Oudeyer, Jacqueline Gottlieb, and Manuel Lopes, "Intrinsic Motivation, Curiosity and Learning: Theory and Applications in Educational Technologies," *Progress in Brain Research* 229 (July 2016): 257–84.
9. Margaret Ables and Amy Wilson, "Fresh Take: Katherine May on 'Enchantment,' " March 17, 2023, *What Fresh Hell: Laughing in the Face of Motherhood*, podcast, https://www.whatfreshhellpodcast.com/fresh-take-katherine-may-on-enchantment/#show-notes.
10. https://achievement.org/achiever/francis-ford-coppola/.
11. Vivek Murthy, "Protecting Youth Mental Health," *The U.S. Surgeon General's Advisory*, 2021, https:// www.hhs.gov/sites/default/files/surgeon-general-youth-mental-health-advisory.pdf.
12. Clay Skipper, "Surgeon General Vivek Murthy Sees Polarization as a Public Health Issue," *GQ*, March 11, 2022, https://www.gq.com/story/surgeon-general-vivek-murthy-interview.
13. Karen Heller, " 'Braiding Sweetgrass' Has Gone from Surprise Hit to Juggernaut Bestseller," *Washington Post*, October 12, 2022, https://www.washingtonpost.com/books/2022/10/12/braiding-sweetgrass-robin-wall-kimmerer/.
14. Natasha Gilbert, "Funding Battles Stymie Ambitious Plan to Protect Global Biodiversity," *Nature*, March 31, 2022, https://www.nature.com/articles/d41586-022-00916-8.
15. Dave Asprey, "Use Atomic Habits to Upgrade Your Decisions," *The Human Upgrade*, https://daveasprey.com/wp-content/uploads/2019/11/Use-Atomic-Habits-to-Upgrade-Your-Decisions-%E2%80%93-James-Clear-%E2%80%93-645.pdf.
16. Henry David Thoreau, *Walden; or, Life in the Woods* (Boston: Ticknor and Fields, 1854), 6, http://www.literaturepage.com/read.php?titleid=walden&abspage=6& bookmark=1.
17. Trisha Gura, "Robert Langer: Creating Things That Could Change the World," *Science*, November 18, 2014, https://www.science.org/content/article/robert-langer-creating-things-could-change-world.
18. Steven D. Goodman, "The Spiritual Work of a Worldly Life: Buddhist Teachings Offer More than an Escape from the Samsaric World," *Tricycle: The Buddhist Review*, August 14, 2020, https://tricycle.org/article/buddhist-attitudes-worldly-life/.

## 3. 檢視煩惱

1. Diana Nyad, in discussion with Jeff Karp and Mariska van Aalst, May 30, 2018.
2. David Courchene, Anishinaabe Nation elder and founder of the Turtle Lodge Centre of Excellence in Indigenous Education and Wellness, in discussion with Jeff Karp, August 8, 2021.
3. Reggie Shuford, executive director, North Carolina Justice Center, in email discussion with Jeff Karp and Teresa Barker, May 10, 2022.

4. Carl Jung, *Psychological Reflections*, edited by Jolande Jacobi and R. F. Hull (New York: Bollington, 1953).

## 4. 積極探索機會

1. Lisa Feldman Barrett, "People's Words and Actions Can Actually Shape Your Brain—A Neuroscientist Explains How," ideas.TED.com, November 17, 2020, https://ideas.ted.com/peoples-words-and-actions-can-actually-shape-your-brain-a-neuroscientist-explains-how/.
2. Daniel Câmara, *Bio-inspired Networking* (Washington, D.C.: ISTE Press, 2015), 50–51.
3. Hanne K. Collins et al., "Relational Diversity in Social Portfolios Predicts Well-Being," *Proceedings of the National Academy of Sciences of the United States of America* 119, no. 43 (2022): e2120668119.
4. Google English Dictionary. Google's English dictionary is provided by Oxford Languages. Oxford Languages is the world's leading dictionary publisher, with more than 150 years of experience creating and delivering authoritative dictionaries globally in more than fifty languages.
5. Michael Fricker et al., "Neuronal Cell Death," *Physiological Reviews* 98, no. 2 (2018): 813–80.
6. Câmara, *Bio-inspired Networking*, 81–102.
7. Câmara, *Bio-inspired Networking*, 81.
8. Annie Murphy Paul, *The Extended Mind: The Power of Thinking Outside the Brain* (Boston: Mariner Books, 2021).
9. "Thinking Outside the Brain, Interview and Q&A with Annie Murphy Paul," youtube.com, February 16, 2023. https:// www.youtube.com/watch?v=Y6zgaSiDcFk.
10. James Bridle, *Ways of Being: Animals, Plants, Machines: The Search for a Planetary Intelligence* (New York: Farrar, Straus and Giroux, 2022), 10.
11. "Phillip A. Sharp—Interview," Nobel Prize, April 7, 2023, https://www.nobelprize.org/prizes/medicine/1993/sharp/interview/; Infinite History Project MIT, "Phillip Sharp," YouTube, March 8, 2016, https://www.youtube.com/watch?v=1ihodN7hiO0&t=214s.
12. "Phillip A. Sharp—Interview."
13. Michael Blanding, "The Man Who Helped Launch Biotech," *MIT Technology Review*, August 18, 2015, https:// www.technologyreview.com/2015/08/18/166642/the-man-who-helped-launch-biotech/.
14. Phillip Sharp, in discussion with Jeff Karp and Mariska van Aalst, June 1, 2018.
15. Becky Ham, "Phillip A. Sharp: Supporting Science and Engineering as Innovative Forces," American Association for the Advancement of Science, February 20, 2013, https://www.aaas.org/

news/phillip-sharp-supporting-science-and-engineering-innovative-forces.
16. Neil Postman, *The Disappearance of Childhood* (New York: Vintage, 1994), xi.
17. Chris Hadfield, astronaut, engineer, fighter pilot, musician, in discussion with Jeff Karp, June 22, 2021.
18. Edward O. Wilson, *Consilience: The Unity of Knowledge* (New York: Vintage, 1994), 294.
19. "What Are the Odds of Making a Hole in One?," American Hole 'n One's Blog, https://www.ahno.com/americanhno-blog/odds-of-making-a-hole-in-one.
20. Stephen Wilkes, visionary landscape photographer, in discussion with Jeff Karp and Mariska van Aalst, July 5, 2018.
21. Max Nathan and Neil Lee, "Cultural Diversity, Innovation, and Entrepreneurship: Firm-Level Evidence from London," *Economic Geography* 89, no. 4 (2013): 367–94.
22. Temple Grandin, "Temple Grandin: Society Is Failing Visual Thinkers, and That Hurts Us All," *New York Times*, January 9, 2023, https://www.nytimes.com/2023/01/09/opinion/temple-grandin-visual-thinking-autism.html.
23. Lisa Sasaki, Smithsonian Deputy Under Secretary for Special Projects, in discussion with Jeff Karp and Teresa Barker, July 15, 2021.
24. Graham J. Thompson, Peter L. Hurd, and Bernard J. Crespi, "Genes Underlying Altruism," *Biology Letters* 9, no. 6 (2013); Jennifer E. Stellar and Dacher Keltner, "The Role of the Vagus Nerve," in *Compassion: Concepts, Research and Applications*, edited by Paul Gilber (London: Routledge, 2017), 120–34.
25. Dacher Keltner and David DiSalvo, "Forget Survival of the Fittest: It Is Kindness That Counts," *Scientific American*, February 26, 2009, https://www.scientificamerican.com/article/kindness-emotions-psychology/.
26. Edward de Bono, *Serious Creativity: Using the Power of Lateral Thinking to Create New Ideas* (London: HarperBusiness, 1992), 52–53.
27. Mark A. Runco, "Enhancement and the Fulfillment of Potential," in *Creativity: Theories and Themes; Research, Development, and Practice*, 2nd ed. (Burlington, MA: Elsevier Academic Press, 2007), 335–87.
28. Michael J. Poulin et al., "Giving to Others and the Association Between Stress and Mortality," *American Journal of Public Health* 103, no. 9 (2013): 1649–55.

## 5. 刺激你的大腦

1. Alexandra Horowitz, *On Looking: A Walker's Guide to the Art of Observation* (New York:

Scribner, 2014), 3.

2. Medical College of Georgia at Augusta University, "Scientists Explore Blood Flow Bump That Happens When Our Neurons Are Significantly Activated," ScienceDaily, July 15, 2019, www.sciencedaily.com/releases/2019/07/190715094611.htm; Amy R. Nippert et al., "Mechanisms Mediating Functional Hyperemia in the Brain," *Neuroscientist* 24, no. 1 (2018): 73–83.
3. Marcus E. Raichle and Gordon M. Shepherd, eds., *Angelo Mosso's Circulation of Blood in the Human Brain* (New York: Oxford University Press, 2014).
4. Herbert A. Simon, "Designing Organizations for an Information-Rich World," in *Computers, Communications, and the Public Interest, edited by Martin Greenberger* (Baltimore: Johns Hopkins Press, 1971), 37–72.
5. https://lindastone.net/.
6. Athanasia M. Mowinckel et al., "Increased Default-Mode Variability Is Related to Reduced Task-Performance and Is Evident in Adults with ADHD," *Neuroimage: Clinical* 16 (2017): 369–82; Luke J. Normal et al., "Evidence from 'Big Data' for the Default-Mode Hypothesis of ADHD: A Mega-analysis of Multiple Large Samples," *Neuropsychopharmacology* 48, no. 2 (2023): 281–89.
7. See, e.g., Melissa-Ann Mackie, Nicholas T. Van Dam, and Jin Fan, "Cognitive Control and Attentional Functions," *Brain and Cognition* 82, no. 3 (2013): 301–12; Marcus E. Raichle et al., "A Default Mode of Brain Function," *Proceedings of the National Academy of Sciences of the United States of America* 98, no. 2 (2001): 676–82.
8. Mackie, Van Dam, and Fan, "Cognitive Control and Attentional Functions."
9. Richard B. Stein, E. Roderich Gossen, and Kelvin E. Jones, "Neuronal Variability: Noise or Part of the Signal?," *Nature Reviews Neuroscience* 6, no. 5 (2005): 389–97.
10. Ayelet Arazi, Yaffa Yeshurun, and Ilan Dinstein, "Neural Variability Is Quenched by Attention," *Journal of Neuroscience* 39, no. 30 (2019): 5975–85; Ilan Dinstein, David J. Heeger, and Marlene Behrmann, "Neural Variability: Friend or Foe?," *Trends in Cognitive Sciences* 19, no. 6 (2015): 322–28; Mark M. Churchland et al., "Stimulus Onset Quenches Neural Variability: A Widespread Cortical Phenomenon," *Nature Neuroscience* 13, no. 3 (2010): 369–78.
11. Arazi, Yeshurun, and Dinstein, "Neural Variability Is Quenched by Attention."
12. Paul Buyer, *Working Toward Excellence: 8 Values for Achieving Uncommon Success in Work and Life*, ebook (Morgan James Publishing, 2012).
13. Akşapāda, *The Analects of Rumi*, ebook, 2019.
14. Sapna Maheshwari, "TikTok Claims It's Limiting Teen Screen Time. Teens Say It Isn't," *New York Times*, March 23, 2023, https://www.nytimes.com/2023/03/23/business/tiktok-screen-time.html.
15. Jonathan Bastian, "How Habits Get Formed," October 15, 2022, *Life Examined*, podcast, https://

www.kcrw.com/culture/shows/life-examined/stoics-self-discipline-philosophy-habits-behavior-science/katy-milkman-how-to-change-science-behavior-habits.

16. Michelle L. Dossett, Gregory L. Fricchione, and Herbert Benson, "A New Era for Mind-Body Medicine," *New England Journal of Medicine* 382, no. 1 (2020): 1390–91.
17. Vrinda Kalia et al., "Staying Alert? Neural Correlates of the Association Between Grit and Attention Networks," *Frontiers in Psychology* 9 (2018): 1377; Angelica Moe et al., "Displayed Enthusiasm Attracts Attention and Improves Recall," *British Journal of Educational Psychology* 91, no. 3 (2021): 911–27.
18. Patrick L. Hill and Nicholas A. Turiano, "Purpose in Life as a Predictor of Mortality Across Adulthood," *Psychological Science* 25, no. 7 (2014): 1482–86.

## 6. 愛上動起來的感覺

1. Turtle Lodge Staff, "Indigenous Knowledge Keepers and Scientists Unite at Turtle Lodge," *Cultural Survival*, December 5, 2017, https://www.culturalsurvival.org/publications/cultural-survival-quarterly/indigenous-knowledge-keepers-and-scientists-unite-turtle.
2. Ran Nathan, "An Emerging Movement Ecology Paradigm," *Proceedings of the National Academy of Sciences* 105, no. 49 (December 9, 2008): 19050–51, https://www.pnas.org/doi/full/10.1073/pnas.0808918105.
3. Nisargadatta Maharaj, *I Am That: Talks with Sri Nisargadatta Maharaj*, 3rd ed. (Durham, NC: Acorn Press, 2012), 8.
4. Kelly McGonigal, *The Joy of Movement: How Exercise Helps Us Find Happiness, Hope, Connection, and Courage* (New York: Avery, 2019), 3.
5. Henry David Thoreau, "Walking," thoreau-online.org, Henry David Thoreau Online, https://www.thoreau-online.org/walking-page3.html.
6. Ellen Gamerman, "New Books on Better Workouts That Include Brain as well as Body," *Wall Street Journal*, January 11, 2022, https://www.wsj.com/articles/best-books-2022-workout-fitness-11641905831.
7. Valerie F. Gladwell et al., "The Great Outdoors: How a Green Exercise Environment Can Benefit All," *Extreme Physiology & Medicine* 2, no. 1 (2013): 3.
8. Krista Tippett, "The Thrilling New Science of Awe," February 2, 2023, *On Being*, podcast, https://onbeing.org/programs/dacher-keltner-the-thrilling-new-science-of-awe/.
9. Juan Siliezar, "Why Run Unless Something Is Chasing You?" *Harvard Gazette*, January 4, 2021, https://news.harvard.edu/gazette/story/2021/01/daniel-lieberman-busts-exercising-myths.
10. John J. Ratey, *Spark: The Revolutionary New Science of Exercise and the Brain* (New York:

Little, Brown, 2008); "Physical Inactivity," National Center for Chronic Disease Prevention and Health Promotion, September 8, 2022, https://www.cdc.gov/chronicdisease/resources/publications/factsheets/physical-activity.htm.

11. Steven Brown and Lawrence M. Parsons, "So You Think You Can Dance? PET Scans Reveal Your Brain's Inner Choreography," *Scientific American*, July 1, 2008, https://www.scientificamerican.com/article/the-neuroscience-of-dance/.
12. Einat Shuper Engelhard, "Free-Form Dance as an Alternative Interaction for Adult Grandchildren and Their Grandparents," *Frontiers in Psychology* 11 (2020): 542.
13. Dana Foundation, "The Astonishing Effects of Exercise on Your Brain with Wendy Suzuki, PhD," YouTube, November 23, 2020, https://www.youtube.com/watch?v=Y0cI6uxSnuc&ab_channel=DanaFoundation.
14. Julia C. Basso and Wendy A. Suzuki, "The Effects of Acute Exercise on Mood, Cognition, Neurophysiology, and Neurochemical Pathways: A Review," *Brain Plasticity* 2, no. 2 (2017): 127–52, https://doi.org/10.3233/BPL-160040.
15. Basso and Suzuki, "The Effects of Acute Exercise on Mood, Cognition, Neurophysiology, and Neurochemical Pathways."
16. Yannis Y. Liang et al., "Joint Association of Physical Activity and Sleep Duration with Risk of All-Cause and Cause-Specific Mortality: A Population-Based Cohort Study Using Accelerometry," *European Journal of Preventive Cardiology*, March 29, 2023.
17. Arthur Austen Douglas, *1955 Quotes of Albert Einstein*, ebook (UB Tech, 2016), 60.
18. Daniel Lieberman, *The Story of the Human Body: Evolution, Health, and Disease* (New York: Knopf Doubleday, 2014), 20.
19. "Run as One: The Journey of the Front Runners," CBC, February 6, 2018, https://www.cbc.ca/shortdocs/shorts/run-as-one-the-journey-of-the-front-runners.
20. Jill Satterfield, "Mindfulness at Knifepoint," *Tricycle: The Buddhist Review*, March 21, 2019, https://tricycle.org/article/mindfulness-knifepoint/.
21. Bettina Elias Siegel, "Michael Moss on How Big Food Gets Us Hooked," Civil Eats, April 9, 2021, https:// civileats.com/2021/04/09/michael-moss-on-how-big-food-gets-us-hooked/.
22. Satchin Panda, "How Optimizing Circadian Rhythms Can Increase Health Years to Our Lives," TED Talk, 2021, https://www.ted.com/talks/satchin_panda_how_optimizing_circadian_rhythms_can_increase_healthy_years_to_our_lives/transcript?language=en.
23. May Wong, "Stanford Study Finds Walking Improves Creativity," Stanford News, April 24, 2014, https://news.stanford.edu/2014/04/24/walking-vs-sitting-042414/.

## 7. 愛上練習

1. Nat Shapiro, ed., *An Encyclopedia of Quotations About Music* (New York: Springer, 2012), 98, https://www.google.com/books/edition/An_Encyclopedia_of_Quotations_About_Musi/rqThBwAAQBAJ?hl=en&gbpv=0.
2. Justin von Bujdoss, "Tilopa's Six Nails," *Tricycle: The Buddhist Review*, February 6, 2018, https://tricycle.org/magazine/tilopas-six-nails/.
3. K. Anders Ericsson, Michael J. Prietula, and Edward T. Cokely, "The Making of an Expert," *Harvard Business Review* (July–August 2007), https://hbr.org/2007/07/the-making-of-an-expert.
4. See JoAnn Deak, *The Owner's Manual for Driving Your Adolescent Brain: A Growth Mindset and Brain Development Book for Young Teens and Their Parents* (San Francisco: Little Pickle Press, 2013); JoAnn Deak and Terrence Deak, *Good Night to Your Fantastic Elastic Brain: A Growth Mindset Bedtime Book for Kids* (Naperville, IL: Sourcebooks Explore, 2022).
5. Molly Gebrian, "Rethinking Viola Pedagogy: Preparing Violists for the Challenges of Twentieth-Century Music," doctoral dissertation, Rice University, July 24, 2013, https://scholarship.rice.edu/bitstream/handle/1911/71651/GEBRIAN-THESIS.pdf?sequence=1&isAllowed=y, 31, 32.
6. Mark E. Bouton, "Context, Attention, and the Switch Between Habit and Goal-Direction in Behavior," *Learning & Behavior* 49, no. 4 (2021): 349–62.
7. Leonard Lyons, "The Lyons Den," *Daily Defender*, November 4, 1958, 5; E. J. Masicampo, F. Luebber, and R. F. Baumeister, "The Influence of Conscious Thought Is Best Observed over Time," *Psychology of Consciousness: Theory, Research, and Practice* 7, no. 1 (2020): 87–102, https://doi.org/10.1037/cns0000205.
8. C. H. Turner, "The Homing of Ants: An Experimental Study of Ant Behavior," *Journal of Comparative Neurology and Psychology* 17, no. 5 (1907): 367–434.
9. See Jim Dethmer, Diana Chapman, and Kaley Warner Klemp, *The 15 Commitments of Conscious Leadership: A New Paradigm for Sustainable Success* (The Conscious Leadership Group, 2015).
10. *Running the Sahara*, directed by James Moll, NEHST Out, 2010.

## 8. 做不同的新鮮事

1. "The Dog-Eared Page, Excerpted from *Walden* by Henry David Thoreau," *The Sun*, February 2013, https://www.thesunmagazine.org/issues/446/from-walden.
2. Ariana Anderson et al., "Big-C Creativity in Artists and Scientists Is Associated with More Random Global but Less Random Local fMRI Functional Connectivity," *Psychology of*

*Aesthetics, Creativity, and the Arts*, 2022, https://psycnet.apa.org/record/2022-45679-001?doi=1. See also "How Practice Changes the Brain," Australian Academy of Science, https://www.science.org.au/curious/people-medicine/how-practice-changes-brain.

3. Brandon Specktor, "This 'Disappearing' Optical Illusion Proves Your Brain Is Too Smart for Its Own Good," Live Science, April 11, 2018, https://www.livescience.com/62274-disappearing-optical-illusion-troxler-explained.html.
4. Eleanor Roosevelt, *You Learn by Living; Eleven Keys for a More Fulfilling Life* (New York: Harper Perennial Modern Classics, 2011).
5. Deepak Chopra and Rudolph E. Tanzi, *Super Brain: Unleashing the Explosive Power of Your Mind to Maximize Health, Happiness, and Spiritual Well-Being* (New York: Harmony Books, 2012), 22.
6. Judith Schomaker, Valentin Baumann, and Marit F. L. Ruitenberg, "Effects of Exploring a Novel Environment on Memory Across the Lifespan," *Scientific Reports* 12 (2022): article 16631.
7. Francesca Rosenberg, Amir Parsa, Laurel Humble, and Carrie McGee, "Conversation with Gene Cohen of the Center on Aging, Health & Humanities and Gay Hanna of the National Center for Creative Aging," in *Meet Me: Making Art Accessible to People with Dementia* (New York: The Museum of Modern Art, 2009), https://www.moma.org/momaorg/shared/pdfs/docs/meetme/Perspectives_GCohen-GHanna.pdf.
8. Jon Schiller, *Life Style to Extend Life Span* (Charleston, SC: Booksurge, 2009), 180, https://www.google.com/books/edition/Life_Style_to_Extend_Life_Span/E92Kijnr9tQC?hl=en&gbpv=0p.
9. Denise C. Park et al., "The Impact of Sustained Engagement on Cognitive Function in Older Adults," *Psychological Science* 25, no. 1 (2014): 103–12.
10. Pádraig Ó Tuama, "*On Being* Newsletter," The *On Being* Project, May 22, 2021, https://engage.onbeing.org/20210522_the_pause.
11. Peter High, "The Secret Ingredient of Successful People and Organizations: Grit," Forbes.com, May 23, 2016, https://www.forbes.com/sites/peterhigh/2016/05/23/the-secret-ingredient-of-successful-people-and-organizations-grit/?sh=6e79fe1862ef.

## 9. 失敗不是重點

1. "Michael Jordan 'Failure' Commercial HD 1080p," YouTube, December 8, 2012, https://www.youtube.com/watch?v=JA7G7AV-LT8.
2. Matt Sloane, Jason Hanna, and Dana Ford, "'Never, Ever Give Up:' Diana Nyad Completes Historic Cuba-to-Florida Swim," CNN.com, September 3, 2013, https://edition.cnn.

com/2013/09/02/world/americas/diana-nyad-cuba-florida-swim/index.html.

3. Peter Bregman, "Why You Need to Fail," *Harvard Business Review*, July 6, 2009, https://hbr.org/2009/07/why-you-need-to-fail.
4. Megan Thompson, "The Quirky 'Museum of Failure' Celebrates Creativity and Innovation," *PBS NewsHour Weekend*, November 20, 2021.
5. Allison S. Catalano et al., "Black Swans, Cognition, and the Power of Learning from Failure," *Conservation Biology* 32, no. 3 (2018): 584–96.
6. National Science Foundation, "Scientist Who Helped Discover the Expansion of the Universe Is Accelerating," NSF.gov, February 3, 2015, https://new.nsf.gov/news/scientist-who-helped-discover-expansion-universe.
7. Zoë Corbyn, "Saul Perlmutter: 'Science Is About Figuring Out Your Mistakes,' " *Guardian*, July 6, 2013, https://www.theguardian.com/science/2013/jul/07/rational-heroes-saul-perlmutter-astrophysics-universe.
8. R. J. Bear, "To Learn to Succeed, You Must First Learn to Fail," The Shortform, June 14, 2022, https://medium.com/the-shortform/to-learn-to-succeed-you-must-first-learn-to-fail-34338ac87c92#.
9. Nico Martinez, "NBA Insider Exposes Major Problem for the Milwaukee Bucks: 'There's a Thundercloud on the Horizon,' " Fadeaway World, May 5, https://fadeawayworld.net/nba-insider-exposes-major-problem-for-the-milwaukee-bucks-theres-a-thundercloud-on-the-horizon.
10. Nanomole, "I Forgot My Lines During a TED Talk (and Survived)!!!!," YouTube, October 13, 2020, https:// www.youtube.com/watch?v=1PfpQlRrqHg&ab_channel=nanomole.
11. Stuart Firestein, *Failure: Why Science Is So Successful* (Hong Kong: Oxford University Press, 2016), 47.
12. James Doty, neurosurgeon, professor at Stanford, in discussion with Jeff Karp and Teresa Barker, January 22, 2021.

## 10. 展現人性

1. John C. Maxwell, " 'Have the Humility to Learn from Those Around You'–John C. Maxwell," LinkedIn, https://www.linkedin.com/posts/officialjohnmaxwell_have-the-humility-to-learn-from-those-around-activity-6785592172545617921-aIHB/.
2. Mark R. Leary, "Cognitive and Interpersonal Features of Intellectual Humility," *Personality and Social Psychology Bulletin* 43, no. 6 (2017): 793–813.
3. Christoph Seckler, "Is Humility the New Smart?" The Choice, January 11, 2022, https://thechoice.escp.eu/choose-to-lead/is-humility-the-new-smart/.

4. Robert J. Shiller, *Irrational Exuberance* (Princeton, NJ: Princeton University Press, 2000), xxi.
5. Henry David Thoreau, "Walking," *The Atlantic* (June 1862), https://www.theatlantic.com/magazine/archive/1862/06/walking/304674/.
6. Krista Tippett, "The Thrilling New Science of Awe," February 2, 2023, *On Being*, podcast, https://onbeing.org/programs/dacher-keltner-the-thrilling-new-science-of-awe.
7. Sarah Ban Breathnach, *Simple Abundance: A Daybook of Comfort of Joy* (New York: Grand Central Publishing, 2008).
8. Grounded, "Why Protecting Indigenous Communities Can Also Help Save the Earth," *Guardian*, October 12, 2020, https://www.theguardian.com/climate-academy/2020/oct/12/indigenous-communities-protect-biodiversity-curb-climate-crisis.
9. Gleb Raygorodetsky, "Indigenous Peoples Defend Earth's Biodiversity—But They're in Danger," *National Geographic*, November 16, 2018, https://www.nationalgeographic.com/environment/article/can-indigenous-land-stewardship-protect-biodiversity-.
10. Robin Wall Kimmerer, *Gathering Moss: A Natural and Cultural History of Mosses* (Corvallis: Oregon State University Press, 2003), 100.
11. Tippett, "The Thrilling New Science of Awe."
12. Tippett, "The Thrilling New Science of Awe."
13. Tippett, "The Thrilling New Science of Awe."
14. Nicole Winfield, "Pope Demands Humility in New Zinger-Filled Christmas Speech," Associated Press, December 23, 2021, https://apnews.com/article/pope-francis-lifestyle-religion-christmas-a04d3c12674a14127f8efbdaafd3ae97.

## 11. 按下「暫停」鍵

1. Arianna Huffington, "Introducing HuffPost Endeavor: Less Stress, More Fulfillment," Huffington Post, January 25, 2017, https://www.huffpost.com/entry/introducing-huffpost-ende_b_9069016. Paraphrased quotation approved by Arianna Huffington in communication with author.
2. Vivek Ramakrishnan, "Rewiring the Brain for Happiness," The Awakening of Impermanence, February 27, 2022, https://www.awakeningofimpermanence.com/blog/rewiring thebrain.
3. "Circadian Rhythms," National Institute of General Medical Sciences, May 5, 2022, https://nigms.nih.gov/education/fact-sheets/Pages/circadian-rhythms.aspx.
4. Erin C. Westgate et al., "What Makes Thinking for Pleasure Pleasureable?," *Emotion* 21, no. 5 (2021): 981–89.
5. Sooyeol Kim, Seonghee Cho, and YoungAh Park, "Daily Microbreaks in a Self-Regulatory Resources Lens: Perceived Health Climate as a Contextual Moderator via Microbreak

Autonomy," *Journal of Applied Psychology* 107, no. 1 (2022): 60–77.

6. Luciano Bernardi, C. Porta, and P. Sleight, "Cardiovascular, Cerebrovascular, and Respiratory Changes Induced by Different Types of Music in Musicians and Non-musicians: The Importance of Silence," *Heart* 92, no. 4 (2005): 445–52.
7. Tara Brach, *True Refuge*, ebook (New York: Random House, 2016), 61.
8. See Vivek Ramakrishnan, "Default Mode Network & Meditation," *The Awakening of Impermanence* (blog), April 10, 2022, https://www.awakeningofimpermanence.com/blog/defaultmodenetwork.
9. Diana Nyad, in discussion with Jeff Karp and Mariska van Aalst, May 30, 2018.
10. Susan L. Worley, "The Extraordinary Importance of Sleep: The Detrimental Effects of Inadequate Sleep on Health and Public Safety Drive an Explosion of Sleep Research," *Pharmacy and Therapeutics* 43, no. 12 (December 2018): 758–63.
11. Jenny Odell, *How to Do Nothing: Resisting the Attention Economy* (Brooklyn, NY: Melville House, 2020).
12. Naval Ravikant, "Finding Peace from Mind," Naval, March 3, 2020, https://nav.al/peace.
13. Jill Suttie, "How Mind-Wandering May Be Good for You," *Greater Good Magazine*, February 14, 2018, https://greatergood.berkeley.edu/article/item/how_mind_wandering_may_be_good_for_you.
14. Matthew P. Walker and Robert Stickgold, "Sleep, Memory, and Plasticity," *Annual Review of Psychology* 57 (2006): 139–66, https://doi.org/10.1146/annurev.psych.56.091103.070307.
15. See, e.g., Gene D. Cohen, *The Creative Age: Awakening Human Potential in the Second Half of Life* (New York: William Morrow, 2000), 34–35.
16. Thomas Andrillon et al., "Predicting Lapses of Attention with Sleep-like Slow Waves," *Nature Communications* 12, no. 1 (December 2021), https://doi.org/10.1038/s41467-021-23890-7.
17. Patrick McNamara and Kelly Bulkeley, "Dreams as a Source of Supernatural Agent Concepts," *Frontiers in Psychology*, no. 6 (2015): https://www.frontiersin.org/articles/10.3389/fpsyg.2015.00283.
18. Maya Angelou, *Wouldn't Take Nothing for My Journey Now* (New York: Bantam, 1994), 139.
19. Anne Lamott, "12 Truths I Learned from Life and Writing," TED Talk, 2017, https://www.ted.com/talks/anne_lamott_12_truths_i_learned_from_life_and_writing/transcript.
20. Pandora Thomas, permaculturist, environmental justice activist, in discussion with Jeff Karp and Teresa Barker, May 18, 2021.
21. Vivek Murthy, *Together: The Healing Power of Human Connection in a Sometimes Lonely World* (New York: Harper Wave, 2020), 206.
22. Kathy Cherry, "A Reminder to Pause," *Tricycle: The Buddhist Review*, December 30, 2022, https://tricycle.org/article/pause-practices/.

## 12. 擁抱大自然


1. Janine Benyus, *Biomimicry: Innovation Inspired by Nature*, ebook (Boston: Mariner Books, 2009), 298.
2. Gary Snyder, *The Practice of the Wild* (San Francisco: North Point Press, 1990), 93.
3. Nikita Ali, "Forests Are Nature's Pharmacy: To Conserve Them Is to Replenish Our Supply," Caribois Environmental News Network, March 3, 2021, https://www.caribois.org/2021/03/forests-are-natures-pharmacy-to-conserve-them-is-to-replenish-our-supply/.
4. Snyder, *The Practice of the Wild*, 18.
5. See, e.g., Frans B. M. de Waal and Kristin Andrews, "The Question of Animal Emotions," *Science*, March 24, 2022, https://www.science.org/doi/abs/10.1126/science.abo2378?doi=10.1126/science.abo2378.
6. See, e.g., Melissa R. Marselle et al., "Pathways Linking Biodiversity to Human Health: A Conceptual Framework," *Environment International* 150, no.1 (2021): 106420.
7. Margaret Renkl, "Graduates, My Generation Wrecked So Much That's Precious: How Can I Offer You Advice?" *New York Times*, May 15, 2023, https://www.nytimes.com/2023/05/15/opinion/letter-to-graduates-hope-despair.html.
8. Pandora Thomas, in discussion with Jeff Karp and Teresa Barker, May 18, 2021.
9. Sami Grover, "How Simple Mills Is Supporting Regenerative Agriculture," Treehugger, July 29, 2021, https://www.treehugger.com/simple-mills-supporting-regenerative-agriculture-5194744.
10. Thomas, in discussion with Karp and Barker.
11. Janine Benyus, "Biomimicry's Surprising Lessons from Nature's Engineers," TED Talk, 2005, https://www.ted.com/talks/janine_benyus_biomimicry_s_surprising_lessons_from_nature_s_engineers/transcript?language=en.
12. Janine Benyus, *Biomimicry: Innovation Inspired by Nature* (New York: Harper Perennial, 2002), 3.
13. Rachel Carson, *The Sense of Wonder* (New York: Harper, 1998), 98.
14. Jennifer Chu, "MIT Engineers Make Filters from Tree Branches to Purify Drinking Water," MIT News, March 25, 2021, https://news.mit.edu/2021/filters-sapwood-purify-water-0325.
15. Sambhav Sankar and Alison Cagle, "How an Environmental Lawyer Stays Motivated to Fight the Climate Crisis," Earthjustice, November 17, 2021, https://earthjustice.org/article/how-an-environmental-lawyer-stays-motivated-to-fight-the-climate-crisis.
16. Helen Branswell, "WHO: Nearly 15 Million Died as a Result of Covid-19 in First Two Years of Pandemic," STAT, May 5, 2022, https://www.statnews.com/2022/05/05/who-nearly-15-million-died-as-a-result-of-covid-19-in-first-two-years-of-pandemic/.
17. Lin Yutang, *The Importance of Living* (New York: William Morrow Paperbacks, 1998), v.

18. Karen Heller, " 'Braiding Sweetgrass' Has Gone from Surprise Hit to Juggernaut Bestseller," *Washington Post*, October 12, 2022, https://www.washingtonpost.com/books/2022/10/12/braiding-sweetgrass-robin-wall-kimmerer/.

## 13. 照亮世界

1. Statement signed by 126 Nobel Prize laureates delivered to world leaders ahead of G-7 Summit; "Our Planet, Our Future," Nobel Prize Summit, June 3, 2021, https://www.nobelprize.org/uploads/2021/05/Statement-3-June-DC.pdf.
2. Joshua Needelman, "Forget Utopia. Ignore Dystopia. Embrace Protopia!" *New York Times*, March 14, 2023, https://www.nytimes.com/2023/03/14/special-series/protopia-movement.html.
3. Edward O. Wilson, *Half-Earth: Our Planet's Fight for Life* (New York: Liveright, 2016), 1.
4. Wangari Maathai, Nobel Lecture, Oslo, December 10, 2004, https://www.nobelprize.org/prizes/peace/2004/maathai/lecture/.
5. Michael Rosenwald, "What If the President Ordering a Nuclear Attack Isn't Sane? An Air Force Major Lost His Job for Asking," *Washington Post*, April 10, 2017, https://www.washingtonpost.com/news/retropolis/wp/2017/08/09/what-if-the-president-ordering-a-nuclear-attack-isnt-sane-a-major-lost-his-job-for-asking/.
6. Margaret Renkl, "Graduates, My Generation Wrecked So Much That's Precious. How Can I Offer You Advice?" *New York Times*, May 15, 2023, https://www.nytimes.com/2023/05/15/opinion/letter-to-graduates-hope-despair.html?smtyp=cur&smid=tw-nytopinion.
7. Ayana Elizabeth Johnson and Katharine K. Wilkinson, eds., *All We Can Save: Truth, Courage, and Solutions for the Climate Crisis* (New York: One World, 2021), 58.
8. Needelman, "Forget Utopia."
9. Johnson and Wilkinson, eds., *All We Can Save*, xxi.
10. "What Is Placemaking?," Project for Public Spaces, https://www.pps.org/category/placemaking. See also Lowai Alkawarit, "Ray Oldenburg, Author of The Great Good Place," YouTube, September 20, 2018, https://www.youtube.com/watch?v=5h5YFimOOlU&ab_channel=LowaiAlkawarit.
11. Ray Oldenburg, "Our Vanishing Third Places," *Planning Commissioners Journal* 25 (1997): 6–10.
12. Charles I. Abramson, "Charles Henry Turner Remembered," *Nature* 542, no. 31 (2017), https://doi.org/10.1038/542031d.
13. Abramson, "Charles Henry Turner Remembered."
14. James Yeh, "Robin Wall Kimmerer: 'People Can't Understand the World as a Gift Unless Someone Shows Them How,' " *Guardian*, May 23, 2020, https://www.theguardian.com/

books/2020/may/23/robin-wall-kimmerer-people-cant-understand-the-world-as-a-gift-unless-someone-shows-them-how.

15. Lynne Twist, *Living a Committed Life: Finding Freedom and Fulfillment in a Purpose Larger Than Yourself* (Oakland, CA: Berrett-Koehler Publishers, 2022), 18.
16. Mariann Budde, diocesan bishop, social justice activist, in discussion with Jeff Karp and Teresa Barker, June 11, 2021.
17. Jack Fraser, "How the Human Body Creates Electromagnetic Field," *Forbes*, November 3, 2017, https:// www.forbes.com/sites/quora/2017/11/03/how-the-human-body-creates-electromagnetic-fields/.
18. Martin Luther King, Jr., *Where Do We Go from Here: Chaos or Community?* (Boston: Beacon Press, 2010), 181–83.
19. Vivek Murthy, *Together: The Healing Power of Human Connection in a Sometimes Lonely World* (New York: Harper Wave, 2020), xxi.

## 後記

1. Peter F. Drucker, *The Practice of Management* (Bengaluru, Karnataka, India: Allied Publishers, 1975), 353.
2. Hal B. Gregersen, Clayton M. Christensen, and Jeffrey H. Dyer, "The Innovator's DNA," *Harvard Business Review* 87, no. 12 (December 2009): 4.

Eurasian Publishing Group
圓神出版事業機構
用心與你對話．視野無限寬廣
先覺出版社
Prophet Press

www.booklife.com.tw　　reader@mail.eurasian.com.tw

人文思潮 184

# 完全沉浸LIT：點燃成功之火的哈佛專注力革命

作　　者／傑夫・卡普（Jeff Karp）、泰瑞莎・巴克（Teresa Barker）
譯　　者／陳筱宛
發 行 人／簡志忠
出 版 者／先覺出版股份有限公司
地　　址／臺北市南京東路四段50號6樓之1
電　　話／（02）2579-6600・2579-8800・2570-3939
傳　　真／（02）2579-0338・2577-3220・2570-3636
副 社 長／陳秋月
副總編輯／李宛蓁
責任編輯／林淑鈴
校　　對／朱玉立・劉珈盈・林淑鈴
美術編輯／林韋伶
行銷企畫／陳禹伶・黃惟儂
印務統籌／劉鳳剛・高榮祥
監　　印／高榮祥
排　　版／陳采淇
經 銷 商／叩應股份有限公司
郵撥帳號／18707239
法律顧問／圓神出版事業機構法律顧問蕭雄淋律師
印　　刷／祥峰印刷廠
2025年7月1日 初版



定價 460 元　　ISBN 978-986-134-540-6

抽菸、上網或喝咖啡，並不能算是眞正的休息。因爲在這樣的休息過後，我們常常沒有感覺到眞正的放鬆，反而覺得是因爲休息的時間不夠長。但這其實是誤解，問題不在於時間長短，而是深度不夠。如果不是靜默的休息，就無法帶來任何力量。俗話說的不是「休息中蘊含力量」，而是「靜默中蘊含力量」。

——《51種沉默的技巧：提升溝通層次，更有效的說服》




國家圖書館出版品預行編目資料

完全沉浸 LIT：點燃成功之火的哈佛專注力革命 / 傑夫・卡普（Jeff Karp）、泰瑞莎・巴克（Teresa Barker）著；陳筱宛 譯
-- 初版 . -- 臺北市：先覺出版股份有限公司，2025.7
416 面；14.8 × 20.8 公分（人文思潮：184）
譯自：LIT: Life Ignition Tools: Use Nature's Playbook to Energize Your Brain, Spark Ideas, and Ignite Action
ISBN 978-986-134-540-6（平裝）
1.CST：認知心理學 2.CST：思考 3.CST：自我實現 4.CST：生活指導

176.3 114006481